中国科学院 A 类战略性先导科技专项（XDA20030203）
中国科学院"十三五"信息化专项科学大数据工程项目（XXH13505-07）
中国科学院重点部署项目（KZZD-EW-08-02）　　　　　　　　　　　联合资助
国家科技基础资源调查专项项目（2013FY114600，2017FY101300）
江苏省地理信息资源开发与利用协同创新中心

# 蒙古国土地覆盖与环境变化

王卷乐　　曹晓明　　王宗明　　等　著

气象出版社
China Meteorological Press

## 内 容 简 介

　　蒙古国是蒙古高原的重要组成单元,同时又是"一带一路"中蒙俄经济走廊建设的重要区域。该地区草地资源丰富、地理区位独特,其土地覆盖与环境变化对于整个东北亚地区的资源环境有着重要影响。本书利用遥感解译、模型反演、空间格局分析、时间序列分析等揭示蒙古国的土地覆盖与环境变化。全书主要包括蒙古国概况及土地覆盖遥感解译与数据处理技术、蒙古国土地覆盖及景观格局与变化、中俄蒙毗邻区域的土地覆盖格局与变化、蒙古高原的干旱化环境演变等。

　　本书可供从事地球科学研究、遥感与地理信息系统研究、资源环境调查、自然资源管理与人地关系综合分析等应用研究的科研人员和信息处理的技术人员以及相关学科的教师和研究生参考。

**图书在版编目(CIP)数据**

　　蒙古国土地覆盖与环境变化 / 王卷乐等著. — 北京:
气象出版社,2018.3
　　ISBN 978-7-5029-6749-9

　　Ⅰ.①蒙… 　Ⅱ.①王… 　Ⅲ.①土地资源-资源利用-
研究-蒙古 　Ⅳ.①F331.111

　　中国版本图书馆 CIP 数据核字(2018)第 053466 号

　　审图号:GS (2018) 1627 号


**蒙古国土地覆盖与环境变化**

Mengguguo Tudi Fugai Yu Huanjing Bianhua

---

**出版发行**:气象出版社

| | | | |
|---|---|---|---|
| 地　　址: | 北京市海淀区中关村南大街 46 号 | 邮政编码: | 100081 |
| 电　　话: | 010-68407112(总编室)　010-68408042(发行部) | | |
| 网　　址: | http://www.qxcbs.com | E-mail: | qxcbs@cma.gov.cn |
| 责任编辑: | 王萃萃　李太宇 | 终　　审: | 吴晓鹏 |
| 责任校对: | 王丽梅 | 责任技编: | 赵相宁 |
| 封面设计: | 博雅思企划 | | |
| 印　　刷: | 北京建宏印刷有限公司 | | |
| 开　　本: | 787 mm×1092 mm　1/16 | 印　　张: | 11.25 |
| 字　　数: | 290 千字 | | |
| 版　　次: | 2018 年 3 月第 1 版 | 印　　次: | 2018 年 3 月第 1 次印刷 |
| 定　　价: | 75.00 元 | | |

---

本书如存在文字不清、漏印以及缺页、倒页、脱页等,请与本社发行部联系调换。

# 前　　言

　　土地覆盖是指地球上陆地表面的各种生物或物理的覆盖类型。人类活动和自然过程无时无刻不在改变着土地覆盖的状态。土地覆盖与环境变化息息相关。土地覆盖变化改变了生态系统贮碳能力和地面反照率,对景观的能量分配与物质循环也产生影响。由于上述原因,土地覆盖变化与各种环境问题相伴相生,土地覆盖与环境变化的研究意义重大。

　　蒙古国深居欧亚大陆内陆,地处蒙古高原北部,是世界上第二大内陆国,其东、南、西三面与我国为邻。蒙古国草地资源丰富、地理区位独特,其土地覆盖格局及其变化对于我国北方、蒙古高原乃至整个东北亚地区的资源环境有着重要影响。随着"一带一路"倡议和"中蒙俄经济走廊"建设规划纲要的实施,各界对于了解蒙古国的土地覆盖格局、变化及其环境影响情况有着急迫需求。

　　针对蒙古国土地覆盖与环境变化问题,本书利用遥感解译、模型反演、空间格局分析、时间序列分析等揭示蒙古国的土地覆盖与环境变化。以蒙古国 1990—2010 年土地覆盖数据的获取与分析为出发点,辐射到中蒙俄毗邻区域土地覆盖格局、变化及蒙古高原干旱化环境的长时间序列演变特征。本书内容主要包括蒙古国概况及土地覆盖遥感解译与数据处理技术、蒙古国土地覆盖及景观格局与变化、中蒙俄毗邻区域的土地覆盖格局与变化、蒙古高原的干旱化环境演变四方面内容,共分 8 章。第 1 章介绍了蒙古国概况,包括蒙古国自然地理条件、土地覆盖遥感监测进展,以及蒙古国存在的主要资源环境问题。第 2 章介绍了蒙古国土地覆盖获取技术,包括土地覆盖分类体系、遥感解译技术流程以及精度评价。第 3 章介绍了蒙古国土地覆盖与景观格局,主要包括蒙古国土地覆盖和景观格局的总体分布,及蒙古国中央省的土地覆盖与景观格局特征。第 4 章介绍了蒙古国土地覆盖变化情况,包括分类型变化与分行政单元的变化。第 5 章介绍了中蒙俄跨境区域土地覆盖变化,包括中蒙跨境地区、蒙古国毗邻中国的南戈壁省、以及跨越中蒙俄的东北亚南北样带的土地覆盖格局与变化。第 6 章介绍了蒙古高原地表温度与干旱时空特征,主要利用 $T_s$-NDVI 通用特征空间获取并分析蒙古高原长时间序列的地表干旱分布与变化情况。第 7 章介绍了蒙古高原地表植被覆盖和旱情时空变化差异，包括蒙古高原主要地表参数时间变化，以及植被覆盖与旱情等级变化趋势。本书最后对蒙古国土地覆盖与环境变化研究进行了总结和展望。

全书写作提纲由王卷乐主持完成。第 1 章由王卷乐、王宗明、刘清、于皓撰写。第 2 章由王卷乐、程凯、祝俊祥、柏永青撰写。第 3 章由王卷乐、刘清、李一凡、田静撰写。第 4 章由王卷乐、刘清、赵强撰写。第 5 章由王卷乐、刘清、苏萍撰写。第 6 章和第 7 章由曹晓明、王卷乐撰写。第 8 章由王卷乐、王宗明、曹晓明等撰写。感谢参与蒙古国土地覆盖数据处理和野外考察验证的高孟绪、柏中强、郭海会、周玉洁、刘鹏、吕鑫、李舸、王明明、王玉洁、韩雪华等。感谢提供野外考察协助的 Jaahanaa Davaadorj，Batsaikhan Nyamdavaa、Altansukh Ochir 等蒙古学者。特别感谢程凯、周业智、王艳杰和程婷、王亚平等对全书的审校。

本书的工作是结合有关科研任务实施的，其研究视角和数据获取的时空尺度还很有限，尚不能满足各类需求。限于专业覆盖面和写作能力，可能会有错误或不足，欢迎批评指正，以便更新时改进。

王卷乐

2018 年 2 月于北京

# 目　　录

# 第 1 章　蒙古国概况与土地覆盖遥感监测进展

## 1.1　蒙古国概况

### 1.1.1　地理位置与行政区划

蒙古国深居欧亚大陆内陆,地处蒙古高原北部,位于 42°~52°N,88°~120°E 之间,是亚洲中部的典型内陆国家。蒙古国国土面积约为 156.65 万 km²,是世界上第二大内陆国。其东、南、西三面与中国为邻,边境线长 4676.8 km,北部与俄罗斯交界,边境线长 3485.05 km。

蒙古国行政区划如图 1-1 所示。蒙古国首都为乌兰巴托,全国共有 21 个省份,分别为后杭爱、巴彦乌列盖、巴彦洪戈尔、布尔干、戈壁阿尔泰、东戈壁、东方、中戈壁、扎布汗、前杭爱、南戈壁、苏赫巴托尔、色楞格、中央、乌布苏、科布多、库苏古尔、肯特、鄂尔浑、达尔汗乌拉和戈壁苏木贝尔。

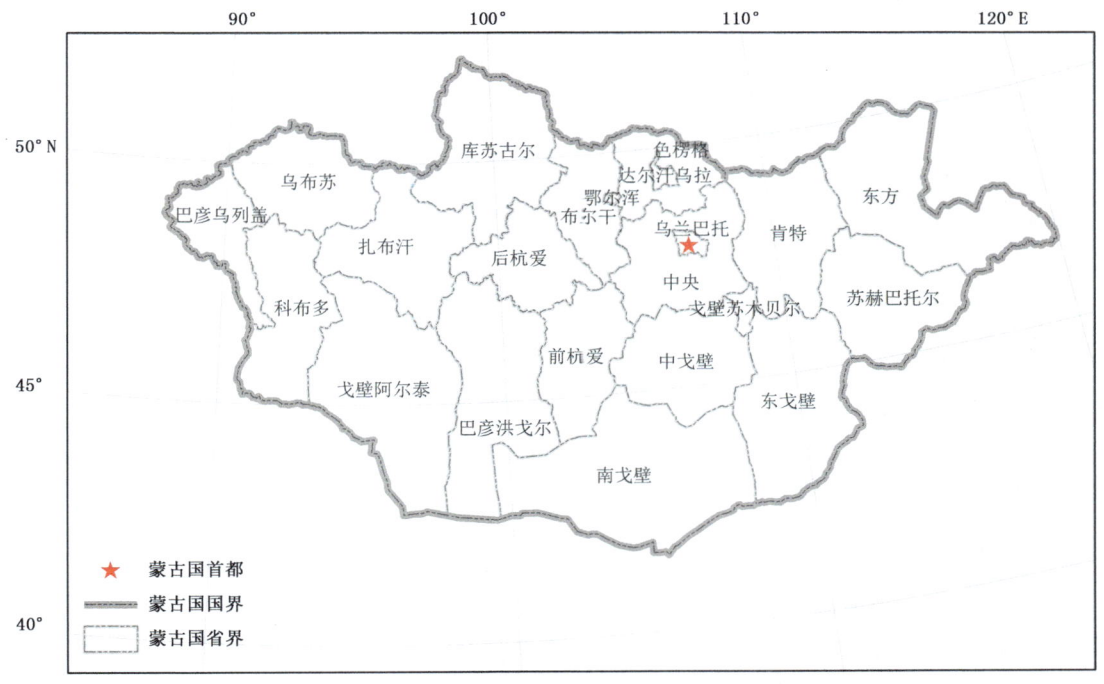

图 1-1　蒙古匤行政区划

### 1.1.2 地形概况

蒙古国地形如图 1-2 所示,整体地势高亢,高程值在 530~4135 m,其中三分之一为高平原。蒙古国地势自西向东逐渐降低,海拔最高点为乃拉姆达勒峰,最低点为呼赫湖。蒙古国西北部为高山区,其沿西部边境向东南延伸,平均海拔在 2500 m 以上。蒙古国的主要山脉有:位于蒙古国西部的阿尔泰山,呈西北一东南走向,平均海拔 3000 m;位于蒙古国中部的杭爱山,呈西北一东南走向,平均海拔 3000 m;位于蒙古国东部的肯特山脉被蒙古人尊为圣山,呈东北一西南走向,山势平缓,平均海拔 2000 m。蒙古国北部山地高原区平均海拔在 2000 m 左右;南部戈壁区,地势低平,海拔约 1000 m;东部平原区,海拔在 1000 m 以下。

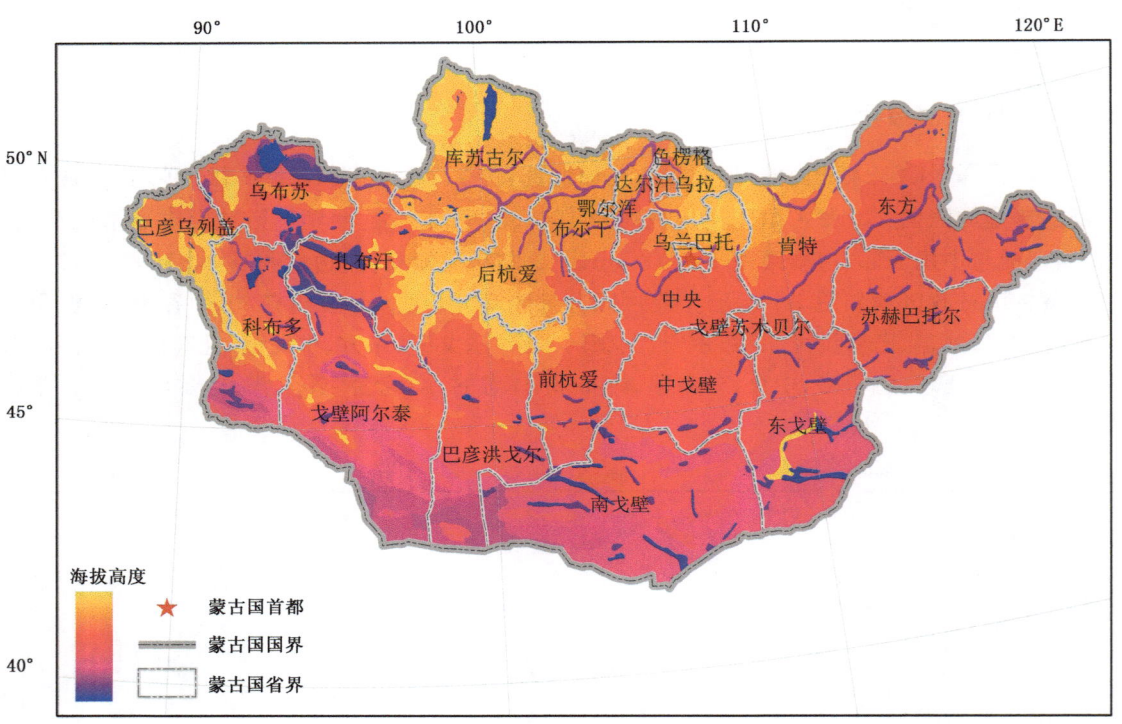

图 1-2 蒙古地势示意图

蒙古国坡度大于 25°的区域主要分布在阿尔泰山峰附近及东方、肯特、苏赫巴托尔、中戈壁和东戈壁地区;坡度范围在 15°~25°的土地主要分布在蒙古国的西部和北部;坡度在 8°~15°的区域占蒙古国土地总面积 10.87%;坡度小于 8°的区域主要分布在科布多、戈壁阿尔泰、巴彦洪戈尔及巴彦乌列盖及乌布苏。

### 1.1.3 气候条件概况

蒙古国平均气温如图 1-3 所示,其大部分地区属大陆性温带草原气候,季节变化明显,冬季长,常有大风雪;夏季短,昼夜温差大;春、秋两季短促。每年有一半以上时间为大陆高压笼罩,是世界上最强大的蒙古高压中心,为亚洲季风气候区冬季寒潮的源地之一(韩佶兴,2012)。无霜期在 6—9 月,仅有 90~110 d。降水很少,年平均降水量 120~250 mm,70%集中在 7—8

月;西北部地区属温带针叶林气候,许多山峰终年积雪。蒙古国一年当中最热的月份和最冷的月份平均气温相差极大,如首都乌兰巴托 1 月平均气温为 $-31$ ℃,而 7 月平均气温为 16 ℃。

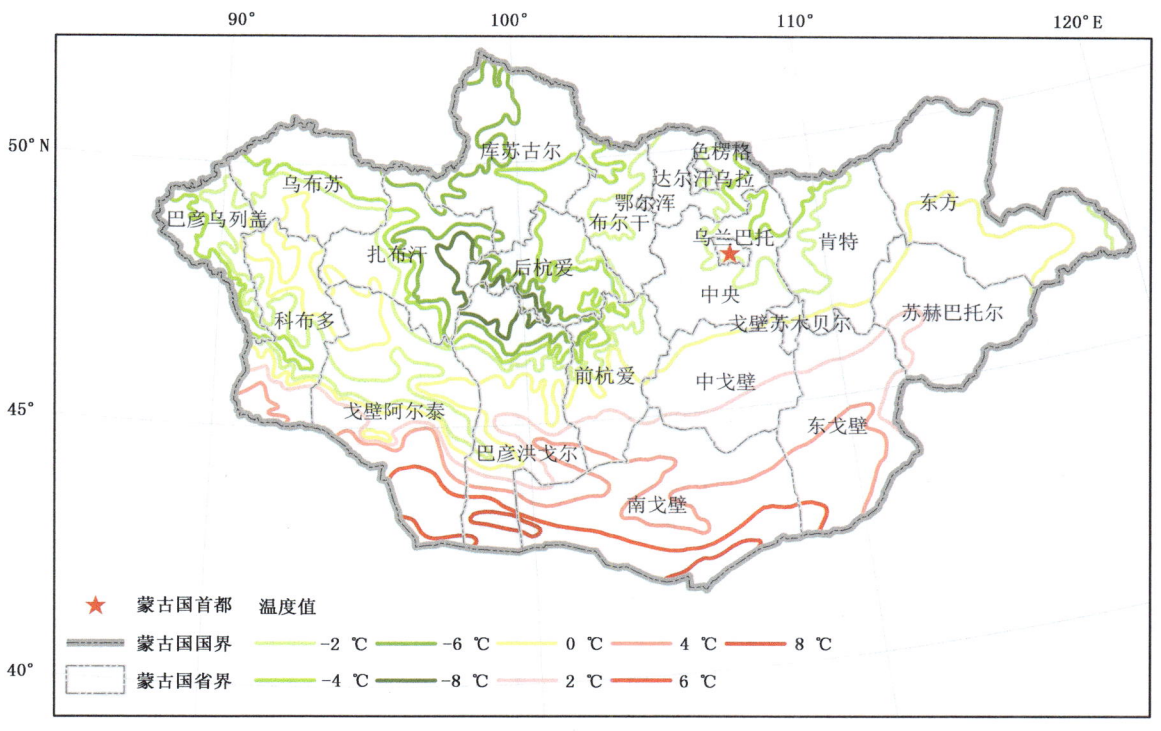

图 1-3　2010 年蒙古平均气温分布示意图

蒙古国冬季(11 月至次年 4 月)寒冷而漫长,最冷时平均气温在 $-30\sim-15$ ℃,最低气温甚至可以达到 $-40$ ℃,并伴有大风雪;春季(5 月、6 月)和秋季(9 月、10 月)短促,并常有突发性天气变化。蒙古的夏季(7 月、8 月)昼夜温差大,光照充足,紫外线强烈,最高温度可达 35 ℃。风大、天气变化快是蒙古气候的最大特点。

蒙古国群山环绕,远离海洋,形成一个强烈的大陆性气候区。随着各地下垫面性质和地理位置的差别,海洋气团所携带的水汽和太阳总辐射量皆因地而异,造成了水热分配的地带性规律。太阳总辐射量的分布是从东向西、自北向南逐渐增大。太平洋季风气团进入蒙古高原区,越往西水汽消耗越多,气候的湿润度越低。杭爱—肯特山区北部的湿润度为 $0.51\sim0.82$,其余的中间地区为 $0.12\sim0.51$。冬季,由于高原地区受到南西伯利亚反气旋的影响,形成蒙古高压中心,此时太平洋广大海面上被阿留申低压所控制,所以蒙古国冬季寒冷,盛行由大陆吹向海洋的偏北、偏西干冷季风。春季,蒙古高压逐步衰退,高压中心退缩至中亚和西伯利亚,而太平洋高压渐渐加强,由于冷暖气团过境频繁,造成春季气温波动、天气多变、干旱多风。夏季,太平洋副热带高压十分强盛,湿热季风向大陆推进,从沿海吹向蒙古高原,7 月至 8 月形成降水丰沛的雨季,蒙古国 2010 年平均降水量如图 1-4 所示。秋季,印度低压和太平洋副热带高压逐渐减弱以至消失,阿留申低压和蒙古高压开始积聚,而印度低压又被干冷的蒙古高压从下层替换,使大气层的结构比较稳定,地面常被反气旋系统所控制,常出现晴朗的天气,但是秋季短暂,蒙古高压快速形成,又过渡到了冬季环流的干燥寒冷季节。蒙古国地处亚洲内陆中纬度地区,季风气候环流形势和太阳辐射总量造就了其温带大陆性气候,并形成了从东部和北部的半湿润地带依次向西南过渡到了半干旱地带、干旱地带和极干旱地带的气候分布格局。

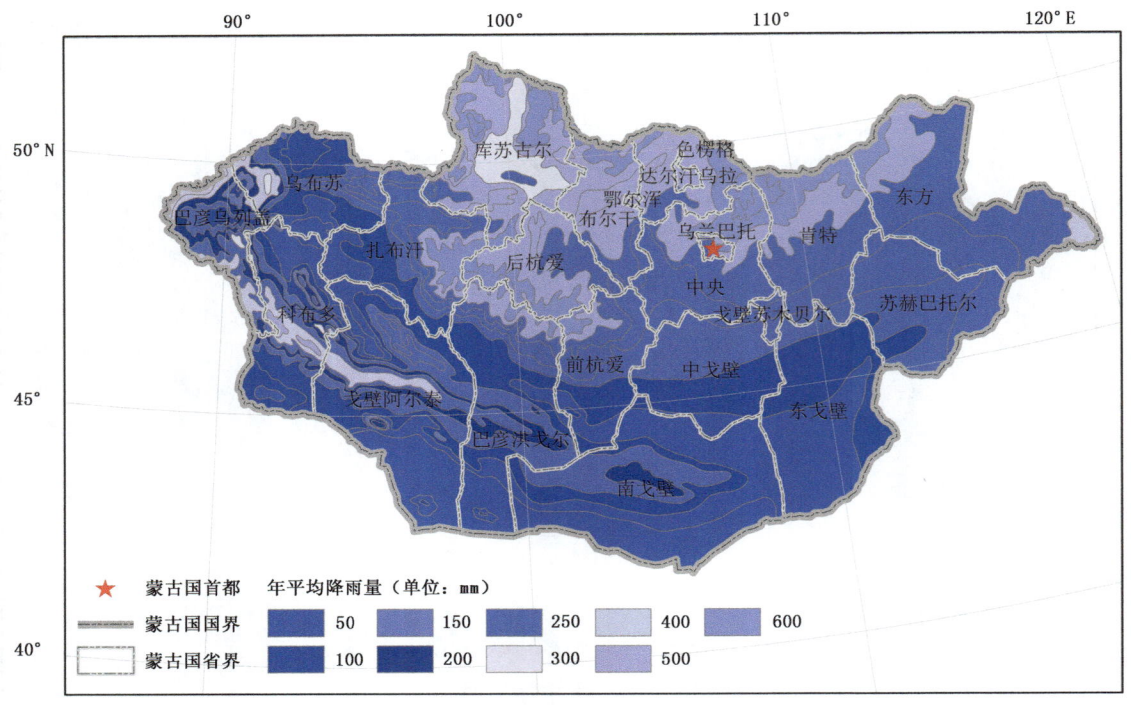

图 1-4　2010 年蒙古国年平均降水量分布示意图

### 1.1.4　水系概况

蒙古国境内约有 3800 条河流,3500 余个湖泊,7000 多处泉眼。主要河流有色楞格河、鄂尔浑河、克鲁伦河、鄂嫩河－石勒喀河和科布多河等 50 多条,大部分分布在北部、中部地区。湖泊大多分布在西北地区,主要湖泊有乌布苏湖、库苏古尔湖、吉尔吉斯湖、哈拉乌苏湖和哈腊湖。南部河流、湖泊较少。

蒙古国水系主要分属于太平洋流域、北冰洋流域和亚洲中部内流流域。太平洋流域的河流,流经肯特山脉、东蒙古高平原部分地区;注入北冰洋的河流发源于杭爱山脉和肯特山脉;亚洲中部内流流域包括杭爱山和肯特山的部分地区、戈壁荒漠、戈壁阿尔泰山、蒙古阿尔泰山。由于土壤的高度透水性,促使蒙古高原山地和山前地带潜水的形成,使得蒙古高原的河流具有高度潜水补给的特色。

### 1.1.5　土壤与植被概况

蒙古国土壤主要包括栗钙土、钙积土、薄层土、黑钙土、石膏土、灰壤、雏形土、黑土、潜育土等。其中,栗钙土面积 63.93 万 km²,占蒙古国土地总面积的 40.87%;钙积土面积 38.74 万 km²,占蒙古国总面积的 24.76%;薄层土面积 14.53 万 km²,占蒙古国总面积的 9.29%;黑钙土面积 9.17 万 km²,占蒙古国总面积的 5.86%;石膏土面积 8.81 万 km²,占蒙古国总面积的

5.63%;灰壤面积 6.79 万 km²,占蒙古国总面积的 4.34%;雏形土面积 5.26 万 km²,占蒙古国总面积的 3.36%;黑土 4.91 万 km²,占蒙古国总面积的 3.14%;潜育土 2.60 万 km²,占蒙古国总面积的 1.66%;其他土壤类型占蒙古国土地总面积的比例均不足 1%。

蒙古国植被主要由北部西伯利亚针叶林和南部的中亚草原、荒漠组成。其中阿尔泰山区植被主要以山地草原为主,高山森林、半荒漠等相对较少;大湖盆地以半荒漠或荒漠草原为主,区域边缘为干草原;杭爱—肯特山区植被主要以森林和草原为主,且草原面积大于森林;东蒙古草原区的河流稀少,占绝对优势的土地覆盖类型为草地;戈壁区植被主要为荒漠草原、半荒漠和荒漠,沙地所占的比重不大(魏云洁等,2008)。蒙古国国内主要植物有蒙古茅草、科尔金斯基茅草、戈尔嘎诺夫旋花、格鲁保夫针叶棘豆、胡杨、山川柳、沙枣、菖蒲、芨芨草等(岳秀贤,2011)。

### 1.1.6　人口与社会经济概况

蒙古是一个地广人稀的国家,人口密度每平方千米不到两人。根据蒙古国家统计局的数据,截至 2017 年 3 月,蒙古国人口 311.9 万。蒙古国人口分布情况如图 1-5 所示。绝大部分蒙古人属喀尔喀蒙古族(也称哈拉哈族),约占全国人口的 80%,他们在很大程度上保留了蒙古的语言和蒙古族的风俗习惯。在语言和习惯上相近的还有杜尔伯特人、土尔扈特人、额鲁特人、扎哈沁人、明阿特人、浩托戈特人、布里亚特人。他们都属于蒙古族,因历史上驻地的不同而单独成为部落。其中以杜尔伯特人最多,大部分聚居在乌布苏省,少数居住在毗邻的巴彦乌列盖省和科布多省。布里亚特人大部分散居住在库苏古尔、布尔干、色楞格、中央、肯特、东方

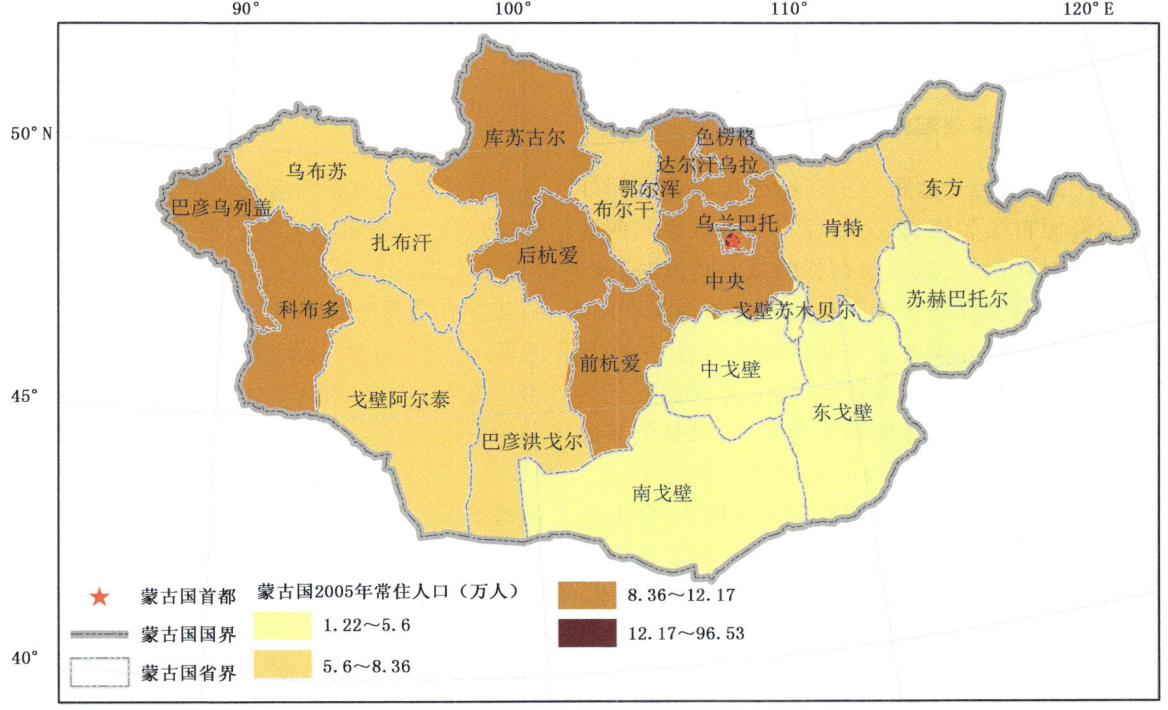

图 1-5　2005 年蒙古国人口分布示意图

等省的北部各县。土尔扈特人、额鲁特人和明阿特人主要聚居在科布多省。浩托戈特人聚居在库苏古尔省和扎布汗省。哈萨克族占全国人口的 5.2%，几乎全部聚居在最西端紧靠中国新疆的巴彦乌列盖省。

20 世纪 90 年代以来，蒙古国人口增长进入了低出生、低死亡、低增长的阶段。受国内人口迁移影响，蒙古国的一些地区出现了严重的人口性别失衡。整体上看，蒙古国人口为年轻型人口，2010 年抚养比为 45%。近几年蒙古国人口虽然在增长，但是增长的速度不快，区域分布极不均衡。从 20 世纪 90 年代开始，由西部地区向中部地区和首都的迁移使得这种不均衡更加严重。人口分布的地区间差异逐渐增大，城镇、铁路沿线人口密度更大。

蒙古国经济以畜牧业和采矿业为主，是亚洲重要的矿产资源输出国，畜牧业和矿业贸易占其 GDP 的 85% 左右。蒙古国曾长期实行计划经济，1991 年开始向市场经济过渡。蒙古国工业经济支撑主要以采矿类企业、燃料动力类企业、加工类企业及畜产品企业为主，但都停留在初加工领域。农业经济是蒙古国民经济的基础部门，分为畜牧业、种植业、狩猎业等部门。农业经济向蒙古国民提供食品，向轻工业、食品工业提供原料。因受国内自然条件的制约，蒙古国种植业比较落后，主要种植蔬菜、小麦和薯类等作物，但不能自给自足，主要从中国和俄罗斯进口。畜牧业是蒙古国传统的经济部门，也是其国民经济的基础，素有"畜牧业王国"之称。蒙古国内主要饲养牛、羊、马、骆驼等畜类，畜产品主要是向中国等周边国家输出羊毛、皮革、牛奶等。蒙古国矿业经济对其国内经济具有非常重要的作用，其中额尔登特钼矿是亚洲第一大钼矿。近年来，蒙古国政府全面启动了资源型经济发展模式，采矿及矿产品加工业逐渐成为该国主要经济领域之一。

## 1.2　土地覆盖遥感监测研究进展

### 1.2.1　土地覆盖解译研究进展

土地利用/土地覆盖的遥感分类是通过野外实测调查结合室内遥感信息判读分析，以获取土地资源自然属性、社会属性及其区域空间配置信息的过程（刘勇洪，2015）。遥感解译已成为获取土地利用/土地覆盖数据的最常用方法，尤其适宜于大范围的研究区域。当前，土地覆盖遥感分类主要以基于像元与面向对象两类方法为主，其各有自身的优势和局限性。

基于像元分类方法主要依据影像本身的光谱信息，通过一定的分类规则，逐像元进行分类。按照是否选择训练样本，可分为非监督分类与监督分类方法。非监督分类法简便易行，由于在分类前不添加任何的先验知识，只是依靠遥感影像中的光谱信息与形状等特征，不需要过多的人工干预，全程由计算机完成自动分类，从而导致虽然其分类效率很高，但是其分类精度往往不能得到保证。因而在实际应用中，非监督分类的结果多作为预分类的辅助数据。

监督分类又称训练场地法，是一种以建立统计识别函数为理论基础，依据典型样本训练进行分类的方法。即根据已知训练区提供的样本，通过选择特征参数，建立判别函数以对各待分类影像进行的图像分类。监督分类是一种模式识别的过程，要求训练场地具有较强的典型性和代表性。依据某判别准则获得的分类结果若达到分类精度的要求，则此判别准则可用；反之，需重新选定训练样本，在新样本的基础上建立新的分类决策规则，利用新判别准则进行分类，直至分类结果达到精度要求为止。目前常用的监督分类法有最大似然、光谱角制图、神经网络、支持向量机、决策树等。已有进展表明,监督分类应用广泛,但在分类手段上的共同趋势是越来越多地依靠多维遥感信息来提高分类精度。

决策树是遥感图像分类中的一种分层处理结构,通过一些判断条件对原始数据集逐步进行二分和细化,并通过地学辅助数据以及训练样区自身的光谱结构特性,以一种知识驱动分类的方式完成遥感影像的分类(赵萍,2003)。决策树方法具有非参数化的特点,能够处理噪声数据、辅助自动选取特征。在每一级树的划分过程中,可以使漏分误差和错分误差最小化。决策树分类法在遥感影像分类中有很大的优势(朱晓荣,2012)。通过决策树分类法加深对多维遥感信息的认识,可以更充分地发掘与利用遥感影像数据中隐藏的丰富知识(曹丽琴,2010)。QUEST(Quick Unbiased and Efficient Statistical Tree),即快速、无偏、高效统计树是应用于土地覆盖制图较为广泛的一种决策树方法,在实际应用中取得了良好的土地覆盖解译效果。

面向对象方法是在一定的同质性标准下,通过影像分割获得基元,利用影像的纹理和邻域信息、GIS 辅助数据等在模糊分类思想的指导下确定分割对象的所属类别(吴健生,2012)。面向对象方法不仅利用了遥感影像中的光谱信息,同时也参考了影像中蕴含的丰富的纹理、形状、结构等信息,更有利于提高分类精度,正受到越来越多遥感应用者的青睐(Chubey,2006)。已有研究中,面向对象的分类方法大多在高空间分辨率影像或者小面积研究区的应用效果良好(余晓敏,2012;郭亚鸽,2012;曹宝,2006;覃先林,2005),在 TM/ETM+以及更低分辨率类型的影像上的应用研究不是很多。

在两种方法的对比研究方面,谭衢霖、Steve Johansen 使用高分辨率的航空正射影像以及 LiDAR 影像对位于加拿大安大略省伦敦市中部的研究区进行城区植被信息提取(谭衢霖,Steve,2011)。该研究分别利用基于像元与面向对象的方法进行制图比较研究,结果表明,基于面向对象分类方法获得的分类结果优于基于像元分类法所获得的分类结果。Dennis C Duro 等利用 SPOT-5 影像分辨率为 2.5 m 的全色波段以及分辨率为 10 m 的多光谱波段作为数据源(Dennis,2012),分别采用基于像元与面向对象的方法,对萨斯喀彻温河附近研究区的农田进行制图研究,经对比发现,两种方法获得结果的总体精度之间没有明显的差异。

### 1.2.2　土地覆盖变化研究进展

20 世纪 80 年代以来,针对气候变化、环境污染、能源短缺等日益严重的全球性问题,国际科学界先后发起并成立了国际地圈生物圈计划(IGBP)、全球环境变化的人文因素计划(IHDP)以及生物多样性计划等组织,就地球系统变化及其可持续发展的影响等问题开展综合研究,以期在科学界形成统一的认识,并探讨在全球尺度内的土地覆盖现状和变化,为区域可持续发展提供服务。

20 世纪 70 年代美国国家航空航天局(NASA)成功发射第一颗陆地资源卫星(Landsat 1),开创了利用卫星遥感技术进行大范围土地利用观测的新纪元。采用遥感探测的方法具有大面积同步观测的时效性、数据的综合性和可比性等优点,并能更好的研究区域的宏观变化。根据 Landsat 系列卫星获取的数据,1990 年美国利用 TM 影像按州进行土地利用调查。Quarmby 等利用 SPOT HRV 影像的插值法监测城市的扩张,通过提取各个时期乡村土地和城市规模的边界,统计因城市扩张引起的土地利用变化面积,并取得比较显著的成果。

国际上土地利用与工地覆盖变化(LUCC)研究兴起于 1992 年(刘纪远,2009)。1992 年联合国在"21 世纪议程"里明确将加强 LUCC 的研究作为 21 世纪工作的重点。1994 年联合国环境规划署(UNEP)亚太地区环境评价计划启动了"土地覆被评价和模拟项目(LCAM)",采用美国航空航天局高分辨率雷达影像和1:100万地形图,对亚太地区进行土地覆被制图和监测,探索东南亚地区的土地覆被现状和变化。1996年美国全球变化研究委员会(USGCRP)开展北美洲土地覆被变化的研究,通过Landsat系列卫星数据,分析了北美地区自1970年以来的土地覆被空间变化以及土地覆被变化与温室气体排放的关系(雷鹏,2009)。为了监测全球的土地覆盖变化和季节植被状况,美国与欧洲空间局等国际组织合作开展高分辨率雷达项目,利用该遥感数据信息编制了全球植被分类图和土地覆盖图,并开展重点区域的生物量估算。1995年国际应用系统与分析研究所(IIASA)开展对欧洲和北亚地区的LUCC模拟研究,通过分析1900—1990年近90年间欧洲和北亚地区LUCC过程的空间分异和时间动态等因素,在地球系统变化的背景下预测该区域未来50年的LUCC时空变化过程和变化趋势,为该区域在宏观尺度上制定区域对策服务(IIASA,1998)。1996年,IGBP和IHDP两大国际组织一起探索未来LUCC的科学研究计划,并于2005年启动了全球土地计划(GLP),此后GLP成为新一轮全球环境变化的核心研究计划。国际上对LUCC的研究主要集中在土地覆盖的时空变化、动力机制和环境效应的研究,以及土地覆盖变化的直接观测与诊断模型研究和土地覆盖变化的综合模型研究。

中国利用遥感技术进行土地覆盖变化研究起步较晚,但后期发展迅猛,在综合分类、全球变化影响、驱动力分析及模型建立等方面取得了大量成果。中国在20世纪70年代开展代号"中科院780工程"的"腾冲县大型综合航空遥感实验研究"项目,采用航空遥感和卫星相结合的方法进行资源调查,完成了75项彩红外航空遥感专题研究。"八五"期间,中国启动全国范围的土地利用调查,中国科学院通过完成"国家环境资源遥感宏观调查与动态研究"项目(朱勋兵,2011),率先完成成果汇交并建立了相应的技术系统。"九五"期间,国家逐渐将遥感、地理信息系统和GPS技术进行综合应用,在全国范围内建立1:10万比例尺土地利用数据库,并于2000年全面完成更新工作(张叶生,2011)。刘纪远等主持展开"国家资源环境遥感宏观调查与动态研究"并建立了中国资源环境数据库(刘纪远,1997)。根据这些数据库和已完成的卫星影像图,中国基本完成了中国土地利用/土地覆盖现状的基础数据,并为后续的LUCC研究提供了便利的平台。

边境口岸地区作为各国经济贸易的重要窗口,具有明显的地缘经济优势,该区域社会经济活动较其他周边区域明显更加剧烈,研究其土地利用/覆盖变化对分析热点区域的土地覆盖变化具有重要参考价值。中国陆地与14个国家接壤,是世界上邻国最多的国家之一,也是陆地边境贸易总量最大的国家。中国边境地区是众多资源输送到国内的贸易通道,例如由中国内蒙古地区输入蒙古国的矿石,由云南地区输入缅甸、老挝等国家的橡胶,由新疆地区输入中亚国家的石油和天然气等。研究边境地区土地资源利用和土地覆盖变化对我国经济发展和边境管理具有重要作用。刘晓娜等(2014)利用Landsat TM/ETM遥感影像,解译获取了西双版纳1990年、2000年和2010年3期的土地利用/土地覆被分类数据,根据研究发现,西双版纳经济种植园(包括茶园和橡胶园)面积在不断扩张。其中,西双版纳2010年土地利用/土地覆被呈现出"林地—园地—耕地"主导的地域结构特征,林地占绝对主导,其次是园地。1990—2010年以橡胶园为主导的园地类型,年增长率为14.51%,远高于茶园的5.46%。刘美玲等(2006)采用遥感和地理信息系统相结合的方法,以1976年的MSS影像和2004年的TM影像作为遥感数据源,对云南边境地区的土地覆盖开展动态变化监测研究,发现森林大幅度减少,耕地大幅度增加,水域面积减少,水资源成为跨境地区资源争夺的焦点。

### 1.2.3　蒙古高原土地覆盖格局与变化研究进展

蒙古高原地处亚欧大陆内部,包括蒙古国全境、俄罗斯南部和中国北部部分地区,中国北方乃至整个东北亚地区的生态环境都与该地区的土地覆盖状态及其变化有着紧密联系。蒙古高原是一个相对封闭的干旱、半干旱内陆高原,平均海拔 1580 m。蒙古高原是欧亚大陆温性草原的核心区,该地区土地荒漠化严重,沙尘天气频发,其生态系统变化对区域生态安全具有重要影响,因此,对该区域展开深入研究具有理论和实践上的重要意义。近年来,随着蒙古高原土地利用程度加剧,由土地利用引起的自然环境问题和社会效应对蒙古高原生态环境和社会经济发展产生了重要影响。目前,针对蒙古高原自然环境和社会经济的研究主要集中于沙尘暴分布及变化趋势、林业状况、农牧业发展和草原退化等方面(魏云洁,2008;刘纪远,2007;包刚,2013),对蒙古高原或者蒙古国的土地利用变化及其驱动因素的分析还比较少。

蒙古高原地理位置独特,近年来众多学者在该地区对土地覆盖方面开展了较多研究,并取得了丰硕的成果。张雪艳等基于 GIMMS NDVI 多年最大值合成数据对蒙古高原 NDVI 空间格局及空间分异特征进行研究,发现蒙古高原 NDVI 的空间分布在全局范围具有空间自相关性,具有相似 NDVI(归一化植被指数)值的像元主要沿着西北—东南方向展布,而且研究区内地表植被无明显破碎化(张雪艳,2009)。包刚等以 GIMMS NDVI 数据为数据源,对其进行时间序列平滑处理,分析蒙古高原 1982—2006 年植被覆盖,结果表明蒙古高原植被覆盖呈上升趋势,其中蒙古国的上升趋势比中国内蒙古更加显著,而中国内蒙古多年平均 NDVI 比蒙古国高(包刚,2013)。巴图娜存、胡云峰等利用 2012 年蒙古高原乌兰巴托—锡林浩特草地样带的野外实地调查数据,分析乌兰巴托、锡林浩特沿线植物物种类型和数量的空间分布格局及变化规律,发现样带上物种数和夏季月均温呈显著负相关关系,物种数与夏季降水量呈显著正相关,即样带上物种数量随着降雨量的增加而增多(胡云峰,2015)。

蒙古国作为蒙古高原重要的组成单元,在蒙古高原的生态系统中具有重要地位。魏云洁等(2008)以 2001、2005 年 MODIS 影像和 1992、2002 年 TM 影像为数据源,利用转移矩阵分析的方法,研究蒙古国土地利用变化的总体特征和土地利用变化的空间差异。结果表明,1992—2005 年研究区耕地和林地面积呈减少趋势,建设用地和未利用土地面积呈增加趋势,水域和草地面积相对稳定;2001—2005 年蒙古国土地利用变化的区域差异明显,土地利用变化主要集中在西部山区和南部戈壁区北部。屈冉等(2013)以中蒙边界蒙古国一侧 400 km 宽范围为监测对象,用 SPOT VEGETATION、MODIS Land Cover、MODIS NPP 作为数据源,对该区域近 10 年植被变化进行监测分析。结果发现植被净初级生产力(NPP)比较低,主要以 NPP<500 g/(cm² · a)为主,植被长势变差;2005—2010 年段土地利用动态度全部高于 2001—2005 年段,土地利用类型变化速度加快。田静等(2014)以在蒙古国中央省和乌兰巴托市为研究区,以空间分辨率为 30 m 的 TM 影像为数据源,采取 QUEST 决策树方法,通过图像目视解译,获取了研究区 2010 年土地覆盖分类数据。结果显示草地是该区域的主要覆被类型,草地占据研究区总面积的 70.88%,其次是森林占 14.83%、裸地占 10.73%、农田占 2.98%、水体占 0.31%、建筑用地占 0.27%、湿地占 0.02%。

国内学者对中国内蒙古自治区的土地覆盖变化开展了大量的研究,并取得了丰富的成果。邵全琴等基于三期内蒙古 LUCC 数据(陈海燕等,2013),借助于变化率指数、动态度指数等参数,在全自治区和地级市尺度上,分析了内蒙古地区 1980—2005 年土地覆被的动态变化特征。研究结果显示,平原耕作区深受国家宏观政策的影响,2000 年之后的"林地、高覆盖草地开垦"总体速度下降了近 35%;平原耕作区北部边缘条带状地区、山区草原区受制于降水不显著的波动呈减少态势,2000 年之后的"草地退化及荒漠化"趋势加强了近 85%。此外,包玉海等(1998)、胡云峰等(2004)、战金艳等(2014)、刘纪远(2009)等对内蒙古的草地、林地、农田等土地利用类型的时空变化和驱动力进行了深入的分析,丰富了内蒙古土地利用变化的研究内容。

### 1.2.4　土地覆盖变化的驱动力分析研究进展

土地覆盖变化的驱动力分析对于解释土地利用/覆盖的时空变化和建立预测模型具有重要作用。影响土地覆盖变化的驱动力主要包括自然地理因素和社会经济因素。自然地理因素主要包括自然环境的特征及气候变化、土壤过程、植被演替和自然界存在的周期性干扰等自然过程(于洪洋等,2015),该因素的影响主要体现在大区域尺度上。气候变化对地表植被的分布产生影响,改变土地的覆被情况,使地表粗糙度、地面辐射和地表热通量等属性发生变化。社会经济驱动力则主要体现在小区域尺度上通常包括六个方面,即人口变化、政治经济、富裕程度、技术发展、政治结构和价值观念。社会经济活动直接作用于陆地表层系统,人类的农业生产、经济建设等对表层生态系统的组成、类别和状态产生直接影响。其中自然因素动力相对稳定,发挥持续的累积效应,而社会经济驱动力则比较活跃,具有突变效应。土地覆被变化的驱动力是由该区域的土地类型变化的驱动因子决定的,区域内的自然环境变化和人类活动是土地覆被变化的基本驱动力(摆万奇等,2011)。随着全球城市化进程加速,人口快速增长,农业化、工业化等社会经济活动的不断推进,深入分析土地覆盖变化的驱动力和机制是加强认识土地覆盖变化规律、准确预测未来土地利用变化趋势和编制土地可持续利用方案的基础,对深化土地利用具有重要科学意义。

气候变化对土地覆盖的影响具有累积性效应,同时其影响的机制和效果具有不确定性,因此探讨在不同时空尺度下气候变化对土地覆盖的影响是当前学术界研究的热点问题。气候变化通过降水、温度和积温等要素直接影响土地生态系统的热量资源分配,进而影响土地覆盖类型的变化。蒙古高原地处亚洲中部,自然生态环境恶劣、经济基础相对薄弱,主要的产业农牧业易受气候变化的影响,中蒙跨边境地区相当一部分区域是气候变化的敏感和脆弱区域。目前国内许多学者已开展对蒙古高原、中国内蒙古或蒙古国的土地利用变化与温度、降水之间的相关性研究。

周锡钦等(2014)利用 1981 年以来蒙古高原的气象资料,结合同期的归一化植被指数(NDVI)和遥感解译的蒙古高原土地利用图,分析了蒙古高原气候变化、土地利用变化与植被盖度的相互关系及空间分异规律,结果发现蒙古高原区域降水是影响植被盖度状况的主要影响因子,温度的变化作用很弱;蒙古高原的 NDVI 与降水的相关性比较突出,但与温度的相关性不明显,水资源是蒙古高原地区植被盖度水平的控制因素,降水通过雨量的时空变化直接控制着蒙古高原植被覆盖类型及其时空变化。包刚等(2013)以 2001—2010 年 MODIS 土地覆盖分类产品和 MODIS NDVI 数据为数据源,并结合同期气象数据,研究蒙古高原气温和降水量与植被覆盖变化之间的季节性关系,结果发现,蒙古高原植被覆盖度在春季和夏季均呈下降趋势,而秋季呈上升趋势,水资源是蒙古高原地区植被盖度的控制因子。缪丽娟等(2014)利用趋势性检验、最大化合成法和相关分析等方法,以中国内蒙古和蒙古国 SPOT VEGETATION

植被指数数据和研究区内 67 个气象站的观测资料为基础数据,研究中国内蒙古和蒙古国地区气候变化与植被覆盖变化的响应关系,研究发现中国内蒙古的植被覆盖状况好于蒙古国,蒙古国境内荒漠和草原植被与降水呈正相关关系,与气温呈负相关。

社会经济活动对土地覆盖变化的影响主要体现在小区域尺度上且表现相对活跃。人类往往根据自身经济与社会发展的需要,直接对土地进行长期的生产和经营,改变土地自身的自然属性,使其适应人类生产生活的需要。随着经济发展,人口增长和土地利用变化加剧,由此引发的土地覆盖格局变化越发显著。由于缺乏系统的人地关系相互作用理论为指导,这些复杂因素给 LUCC 的研究带来了很大的困难。目前针对社会经济活动对土地覆盖变化的影响主要从土地利用动态度、经济因子耦合等方面开展分析。

社会经济活动与土地覆盖变化的耦合关系的研究经历了较长的发展过程,最早可追溯到19 世纪。1869 年 Marsh 就提出了人类活动影响土地地貌的观点,但是当时缺乏对自然地理变化的认识,所以并未引起人们的注意。Aspinall(2004)利用经验统计模型在多个尺度上研究了土地利用变化的动力机制,重点分析在人类干扰下土地利用的变化趋势。Bakker 等(2005)采用回归模型分析的方法,对希腊 Lesvos 岛的土地利用变化的驱动因素进行研究,发现人类活动是促进土地利用变化的主要力量。Lambin 与 Geist(2006)综合分析现阶段 LUCC的研究成果,阐述了人类活动对土地覆被影响的关键因素,揭示了社会经济因素对全球尺度LUCC 的重要影响。国内学者针对人类社会经济活动对土地覆盖变化影响开展了深入研究,但研究的内容更侧重于对时空过程驱动机理研究,更为强调对不同影响因素的驱动机理的综合认识。王丽娟等(2007)根据 1980、1995 和 2000 年三期的 TM 数据,获取了兰州市 1988—2008 年间的土地利用结构、土地利用程度和土地利用动态度等信息,并用采用灰色关联分析法指出,城市化、人口增长、工业化和经济发展是土地利用变化的主要社会驱动力。师华定等(2013)以欧洲空间局 300 m 土地覆盖数据集和 1970—2005 年 2 期蒙古高原遥感影像为基础,建立 1970、2005 年两期土地利用及动态数据库,结合土地利用变化数量模型和同时期的统计数据,分析了蒙古国与中国内蒙古的土地利用类型变化及其驱动力。该分析认为:蒙古高原作为一个独特的一级地理和生态单位,中国内蒙古和蒙古国具有相似的自然和气候条件,不同人类扰动强度是蒙古国和中国内蒙古土地利用变化格局差异的主要驱动力。Deng 等(2011)根据中国内蒙古地区 1995 和 2000 年两期 1:10 万的土地利用图,提取内蒙古中部地区的草地,使用以植被盖度设定的权重指标将草地分为三个等级,然后计算两期数据的像元质量,最后加入道路分布变量,分析道路周边区域像元质量的变化,得到道路分布对草地变化的影响。结果表明,当草地盖度较高时,道路在该区域的分布将促进草地退化;但是当草地盖度较低时,道路的分布有利于改善该区域的草地质量,并不会加剧草地退化;当草地盖度属于中等时,道路的分布可能会促进草地退化,但是效果不是非常明显,草地退化可能跟其他因素关系更密切。

## 1.3　蒙古国资源环境面临的主要问题

由于全球气候变暖等自然环境变化和蒙古国矿产开发、过度放牧等社会经济活动,导致蒙古国荒漠化、水资源短缺、空气污染、水污染、土壤污染等环境问题日益突出,对居民的健康和生存环境造成了巨大威胁。

### 1.3.1　荒漠化

蒙古国是世界上荒漠化最严重的国家之一。据相关资料显示,截至 2009 年,蒙古国已有 72％以上的土地遭受了不同程度的荒漠化,其中 23％的土地属于轻度荒漠化、26％属于中度荒漠化、18％为重度荒漠化、5％的土地为严重荒漠化,而且荒漠化面积仍在全国范围内扩展。在蒙古国除巴彦乌列盖省、库苏古尔省、后杭爱省、布尔干省和肯特省的北部地区外,都出现了不同程度的荒漠化现象。其中,荒漠化最为严重的三个省——乌布苏省、中戈壁省、东戈壁省,都已出现极重度以上荒漠化。除这三个省外还有苏赫巴托尔省的西南部、肯特省的南部、前杭爱省的东部,巴彦洪戈尔省、戈壁阿尔泰省、科布多省的北部,扎布汗省的西部等地区已重度荒漠化(白乌云等,2015)。

蒙古国荒漠化分布的主要特点为:(1)荒漠化地区主要分布于草原、戈壁、荒漠地带;(2)城市、苏木所在地周围荒漠化较严重,如苏赫巴托尔省的西乌尔特市、东戈壁省的赛音山达市和扎门乌德、中戈壁省的曼达勒戈壁市、乌布苏省的乌兰固木市周围荒漠化较严重;(3)湖泊、河流周边荒漠化较严重,如乌布苏省乌布苏湖与吉尔吉斯湖,科布多省哈尔湖、哈尔乌苏湖、德勒湖,巴彦洪戈尔省布察干湖,南戈壁省乌兰湖周围荒漠化程度较严重(布仁高娃,2011)。荒漠化的具体表现包括:草地退化、沙尘暴频发等。草地退化是土地退化的一种类型,是土地荒漠化的主要表现形式之一。1961—2006 年间,蒙古国森林草原、典型草原、山地草原、荒漠的植物种类减少率分别为 36.86％、27.6％、30.3％、21.4％(摘自布仁高娃学位论文)。优质的牧草逐渐衰退或已被矮树丛、灌木丛等植物取代。植物种类逐年减少,草原饲用价值逐年下降,蒙古国草原退化较严重(布仁高娃,2011)。

蒙古国遭受沙尘暴的危害严重。20 世纪 90 年代以来,沙尘暴在蒙古国发生的频率不断增加,每年达几十次,而且其强度和危害越来越大。2002 年 3 月和 4 月肆虐的两场强沙尘暴由西向东袭击 13 个省。狂风卷着尘沙,遮天蔽日,能见度仅为几米,致使其南部省公路阻断,火车无法行驶,国内、国际航班被迫取消。受害最重的戈壁阿尔泰省有 30 多个牧户的蒙古包被强风刮倒。东戈壁省 20 人失踪,7 人死亡。苏赫巴托尔省大风将电线杆刮倒,致使部分县(市)通信中断、供电停止、学校被迫停课,财产损失达 4 亿图格里克(约合 40 万美元)。这两场沙尘暴也是东北亚地区十年来最严重的,席卷蒙古国和中国的 18 个省(自治区),波及朝鲜半岛和日本大部分地区。2008 年 5 月下旬强沙尘暴再度出现,席卷蒙古国中、东部 7 省的暴风雪和强沙尘天气,造成 46 人死亡,242 人失踪。2009 年 4 月 22 日蒙古国中部省份遭受的强暴风和沙尘暴又造成 8 人死亡,18 人失踪,大量牲畜伤亡,多处电力、通信设施损坏。蒙古国北部地区是多山、高原森林地区,荒漠化程度不严重,沙尘暴发生次数相对少些。中南部地区属于戈壁、荒漠地带,荒漠化最为严重,沙尘暴发生次数较多(娜琳,2009)。

### 1.3.2　水资源短缺

蒙古国属于世界上水资源较缺乏的国家之一,其每平方千米的平均水资源仅约 2.2 万 $m^3$,低于世界平均水平。蒙古国境内的河流湖泊干涸严重,水资源日趋短缺。2011 年蒙古国自然环境和旅游部统计数据显示,蒙古国境内河流总长约为 6.7 万 km,流经 2 个以上省份的河流有 56 条,大型湖泊 3 个,共有小河、溪流 6646 条,其中 551 条断流或干涸。有中小型湖泊和沼泽 3613 个,其中 483 个干涸。而 2003 年统计的湖泊和沼泽为 4639 个(人民网,http://

energy. people. com. cn/GB/16026229. html)。据报道,蒙古国淡水资源储量约为 6080 亿 m³, 其中湖水约占 5000 亿 m³,永久性冰雪约占 630 亿 m³,河流小溪约占 346 亿 m³。蒙古国用水量的 20% 是来自地表水源,80% 来自地下水源。地下水资源成为蒙古国主要水源,特别是在冬季(许多地表水资源被冻结)(中新网, http://www. chinanews. com/ny/2011/11-08/3444292. shtml)。蒙古国的水资源分布极其不均衡,例如,北部的库苏古尔湖淡水储量就占到全国淡水储量的 68%。联合国开发计划署的资料也显示,除肯特、库苏古尔、色楞格、扎布汗、后杭爱等少数几个省份外,其余大部分省份包括首都乌兰巴托均为极度缺水地区。由于首都乌兰巴托人口不断膨胀以及平房区生活设施不完善,蒙古国的"母亲河"图拉河面临污染威胁,城市发展和居民用水问题日渐突出。此外,蒙古国南部戈壁地区矿产资源丰富,世界最大未开采的煤矿塔温陶勒盖煤矿、奥尤陶勒盖铜金矿以及国家确立的多座战略矿均位于该地区。除基础设施建设相对落后以外,水资源的短缺已成为又一个制约该地区开发的不利因素。水资源短缺不仅影响城市发展和居民饮水,也成为制约蒙古国经济发展、阻碍其实现矿业兴国战略目标的瓶颈(中国网, http://www. china. com. cn/international/txt/2011-11/08/content_23859180. htm)。

### 1.3.3　空气污染

蒙古国的首都乌兰巴托从 21 世纪开始了快速城市化,导致了城市空气质量迅速恶化。世界卫生组织从 1100 个城市研究公开的空气质量数据中,把蒙古国首都乌兰巴托市列为世界上空气最差的前五城市之一。乌兰巴托城区不过近百万人口,空气污染的主要来源是由生产、生活方式和燃料类型决定的(新华网, http://news. xinhuanet. com/world/2011-11/15/c_111169547. htm)。

乌兰巴托主要空气污染源包括以下几种。

(1)取暖和家庭烹饪。在乌兰巴托市,最大单一排放源是煤炭和在居民区的薪柴燃烧,尤其是在蒙古包区。2010 年,乌兰巴托有 25 万注册城市家庭的 60% 住在蒙古包区。这些居民冬天主要靠烧煤、木柴、木炭、废旧汽车轮胎以及垃圾等取暖,住蒙古包的家庭估计每年消耗 5 t 煤和 3 m³ 薪材。大部分的煤炭消费量是在冬季。而煤燃烧的煤灰被随意倾倒在居民住宅附近,在大风天被吹到天空,加上土壤中的尘土,是形成可吸入颗粒物($PM_{10}$)和细颗粒物($PM_{2.5}$)的重要因素。乌兰巴托冬季供暖期为 8 个月,每年 11 月至次年 3 月蒙古国首都乌兰巴托为重度空气污染期(满达克·苏克纳兰,2014)。

(2)电力和空间加热。其污染来源包括两方面:第一,发电厂提供电力、市区的热能和热水供应;第二,为中小建筑物提供热能的锅炉、工业区和商业部门的热源供应。在乌兰巴托有三个最大的燃煤电厂是能源部门的一个组成部分,且电厂数量还根据需要在不断增加。大多数已知的大型锅炉中使用俄罗斯燃烧技术的 40% 或更少的加热效率。这些建于 20 世纪的发电厂,设备老化,煤炭燃烧率低下,造成了严重的空气污染。小工厂排污、城市缺少绿化等也是污染源之一。

(3)交通运输。2013 年在乌兰巴托登记的车辆总数增加 30 万辆。乌兰巴托的车辆总数与亚洲其他国家首都没有可比性,但它却是乌兰巴托重要的空气污染源。大多数汽车使用汽油和柴油,每年从俄罗斯、德国、韩国和日本进口大量几乎报废的二手车,这些二手车尾气排放量严重超标,被污染的空气中含有铅等重金属以及放射性物质(人民网, http://world. people.

com. cn/GB/16569108. html)。全市约有 60％的车辆不符合燃料或排放标准。乌兰巴托道路不堪重负,城市路网不能吸收快速增长的汽车保有量,加之停车位远远不能满足需求,随意停车现象普遍,这加剧了城市交通堵塞,这在客观上增加了汽车尾气的排放(中国日报网,http://www. chinadaily. com. cn/hqgj/jryw/2012-11-12/content_7487392. html)。此外,扬尘、垃圾焚烧等因素以及乌兰巴托四周环山的盆地地形,空气难以流通,使市区产生的各种有害气体无法散去,也加重了污染。首都乌兰巴托冬天的空气污染相当于每人每天吸 4 包至 5 包香烟的危害,每年平均吸入有毒气体达 120 kg。而且近几年的空气污染程度在逐年加剧,从 2008 到 2010 年,空气污染的程度增长了 3～4 倍,严重威胁居民的健康。蒙古国很长一段时间在空气质量监测方面都是空白(人民网,http://world. people. com. cn/GB/16569108. html)。人们只知道空气很恶劣,但并不知道恶劣到什么程度。经测量得知,乌兰巴托市空气中的有害物质主要包括二氧化硫、二氧化氮、一氧化碳、可吸入颗粒物等。相对于国际标准,这些有害物质全部大大超标,其中最为严重的要数可吸入颗粒物($PM_{10}$)、细颗粒物($PM_{2.5}$),分别超标 16～20 倍。

### 1.3.4　其他环境问题

(1)自然灾害频繁。草原是地球的皮肤,对防止水土流失、减少地面径流有显著作用。同时,它也是防止土地退化的最后一道屏障。然而,由于对草原的无序、不科学地利用以及政府在管理和保护措施方面的欠缺,导致蒙古国生态环境受到了严重破坏。蒙古国每年春秋两季都会发生数十次沙尘天气;全国降水量地区之间分布极不均衡,且逐渐减少;冬季降雪量普遍增大,给牧民的人身财产安全造成了损失。据统计,仅 2010 年发生的严重雪灾造成蒙古国 850 万头牲畜死亡,77 万人受灾,其中 4.35 万人家里的牲畜全部死亡,16.4 万人家里的牲畜损失过半。

(2)动植物种类减少,生态系统平衡受到威胁。蒙古国物种资源丰富,但由于生态环境、气候以及人类活动的影响,许多动植物正面临着濒临灭绝的危险。1987 年发布的《蒙古国红皮书》中记载了 86 种濒临灭绝的植物以及 50 种稀有动物,而在 1997 年修订的《蒙古国红皮书》的记录分别增至 128 种和 100 种,在 10 年时间里濒临灭绝的种群数增幅显著。动植物种群的减少,致使蒙古国生态系统平衡受到威胁(白乌云等,2015)。

# 第 2 章　蒙古国土地覆盖遥感解译技术方法

## 2.1　数据源与分类系统

### 2.1.1　数据源

本研究选用的遥感数据源为空间分辨率为 30 m 的 Landsat TM 影像，来自于美国地质调查局（USGS）网站（http://earthexplorer.usgs.gov/）。选择影像的主要质量要求有两项，一是含云量要尽可能的少，二是获取时间集中于研究年份的 6—9 月，以利于反映研究区的植被生长状况。若当年该时段影像的质量难以满足上述两项要求，则选择接近研究年份的 6—9 月的影像予以替代。

辅助数据包括来自于国际科学数据服务平台（http://datamirror.csdb.cn/）的空间分辨率为 30 m 的 DEM 和坡度数据，以及作者及研究团队于 2013、2014、2016 年在蒙古国进行野外考察时采集的实地验证数据等。

### 2.1.2　分类系统

蒙古国按照地形特征可划分为 5 个区域，分别是阿尔泰山区、大湖盆地、杭爱一肯特山区、东蒙古高原区和南部戈壁区。阿尔泰山区以山地草原为主；大湖盆地地表覆被主要为半荒漠或荒漠草原，区域边缘为干草原；杭爱一肯特山区地表覆盖以草原和森林为主；东蒙古高原区的土地类型以草地为主；戈壁区以荒漠草原、半荒漠和荒漠为主（魏云洁等，2008）。针对蒙古国的土地覆盖情况，从陆地生态系统特征和遥感制图角度出发，建立蒙古国土地覆盖遥感分类体系（表 2-1）。蒙古国土地覆盖类型（一级）划分为森林、草地、裸土地、农田、水体、建筑用地、冰雪等 9 大类。根据植被覆盖度不同，又将草地划分为草甸草地、典型草地、荒漠草地 3 个二级类别。根据土质或石质不同，又将植被覆盖度极低的裸土地划分为沙地和裸地 2 个二级类别。

**表 2-1　蒙古国土地覆盖分类系统**

| I 级类 | II 级类 | 名称 | 备注 |
|---|---|---|---|
| 森林 * | 11 | 针叶林 | 郁闭度>30%,高度>2 m 的针叶天然林和人工林 |
| | 12 | 阔叶林 | 郁闭度>30%,高度>2 m 的阔叶天然林和人工林 |
| | 13 | 针阔混混交林 | 郁闭度>30%,高度>2 m 的针阔混交天然林和人工林 |
| | 14 | 灌木林 | 郁密度>40%,高度>2 m 的灌丛和矮林 |
| 草地 | 21 | 草甸草地 * | 覆盖度>30%,以草本植物为主的各类草地 |
| | 22 | 典型草地 * | 覆盖度在 10%～30%,以旱生草本为主的草地 |
| | 23 | 荒漠草地 * | 覆盖度在 5%～10%,以强旱生植物为主的草地 |
| 湿地 * | 31 | 沼泽 | 植被覆盖度高的湿生草地以及地势平坦低洼、排水不畅、长期潮湿多积水且表层生长湿生草本植被的土地 |
| | 32 | 河湖滩地 | 河流沿岸或湖泊周边的滩地,包括边滩、心滩等 |
| 农田 * | 41 | 水田 | 有水源保证和灌溉设施,在一般年景能正常灌溉,用以种植水稻、莲藕等水生农作物的耕地,包括实行水稻和旱地作物轮种的耕地 |
| | 42 | 旱田 | 无灌溉水源及设施,靠天然降水生长作物的耕地 |
| 水体 * | 51 | 内陆水体 | 陆地上各种淡水湖、咸水湖、水库及坑塘、河流 |
| 苔原 | 61 | | |
| 建筑 *用地 | 71 | 城镇建设用地 | 包括城镇、工矿、交通和其他建设用地 |
| | 72 | 农村聚落 | 包括农村居民点、定居放牧点等 |
| 裸地 | 81 | 沙地 * | 植被覆盖度在 5%以下的沙地、流动沙丘 |
| | 82 | 裸土地 * | 地表为土质、植被覆盖度在 5%以下的裸土地、盐碱地等无植被地段 |
| 冰雪 | 91 | 冰雪 | 冰川、永久积雪(雪被) |

注:* 表示本研究中实际分出的土地覆盖类别。

# 2.2　遥感解译技术流程

## 2.2.1　分割

多尺度分割算法是一种基于分形网络演化的高级图像分割算法(Baatz 等,2000;Blaschke 等,2000)。它是一种自下而上(bottom-up)的方法,通过合并相邻的像素或小的分割对象,在保证对象与对象之间平均异质性最小、对象内部像元之间同质性最大的前提下,基于区域合并技术实现影像分割(Kindu 等,2013)。它有三个关键参数,分别是尺度、形状、紧致度,可以通过调整各个参数,达到准确分割对象的目的。光谱差异分割是一种分割优化手段,通过分析相邻分割对象的亮度差异是否满足给定的阈值,来决定是否将对象进行合并,其关键参数为最大光谱差异值。本研究先对遥感影像进行多尺度分割,然后对分割结果再进行光谱差异分割,改善多尺度分割造成的过度分割现象。

## 2.2.2　面向对象分类

面向对象的遥感解译是一种针对目标对象的分类方法,由 Baatz 和 Schape(Cao 等,

2016)提出。其原理是首先根据像元之间的光谱异质性对影像进行多尺度分割与合并,将影像分割成不同大小的同质多边形,然后通过设定规则或者选取样本,对影像进行分类(任传帅等,2017)。面向对象遥感影像分类不仅利用地物的光谱特征,而且充分利用了研究目标的纹理、空间等结构特征,可以有效地避免"椒盐"现象(马洋洋等,2015;郭亚鸽等,2012;曹宝等,2006)。本研究基于面向对象分类技术,采用类似于决策树的二分法,技术路线如图 2-1 所示。

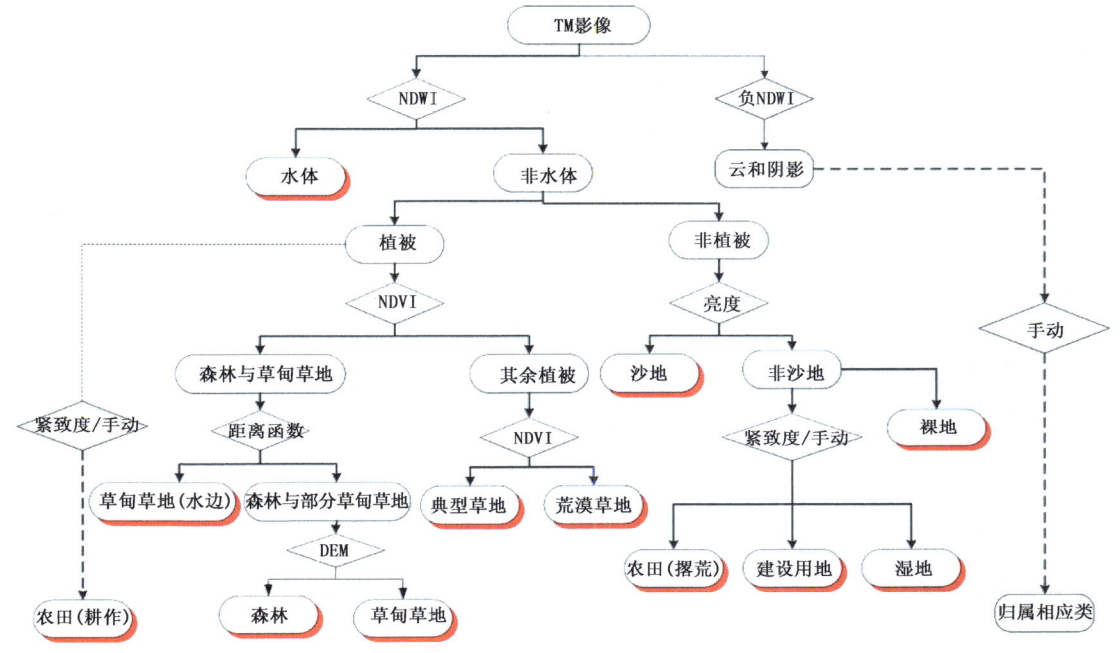

图 2-1　技术路线图

其中,归一化水体指数 NDWI(Gao,1996)、归一化植被指数 NDVI(Carlson 等,1994)、土壤亮度指数(NDSI)(Kearney 等,1995;Li 等,2016)计算公式为:

$$NDWI=(G-SW)/(G+SW) \tag{2.1}$$

$$NDVI=(NIR-R)/(NIR+R) \tag{2.2}$$

$$NDSI=(MIR-NIR)/(MIR+NIR) \tag{2.3}$$

式中,$G$ 与 $SW$ 分别表示绿波段与红外波段反射率;$NIR$ 与 $R$ 分别表示近红外波段与红波段反射率;$MIR$ 为中红外波段反射率。

(1)水体信息提取

水体的反射率从可见光到近红外波段依次降低,在近红外波段反射率几乎为零,而植被在近红外波段反射率很高。据此建立的归一化水体指数 NDWI 可以有效地抑制植被,而突出水体信息,进而通过设定 NDWI 阈值划分出水体。

(2)云及阴影信息提取

虽然在选取影像时限定云含量小于或等于 10%,但依然在某些影像上存在云斑点、阴影等,在分类过程中造成云与水相互混淆,降低分类精度。为此,本研究通过以下策略区分水体与云及阴影:首先通过目视解译在 ArcGIS 软件中划分出影像中的云(及阴影)的矢量边界,然后将矢量图层导入 eCognition 中,分别对不同矢量图层设定 NDWI 阈值,获取两类地物信息。

（3）农田信息提取

农田是人类开垦过的、形状较为规则的土地覆盖类型，较易通过规则的形状辨识。但影像在多尺度分割后，农田边界与其他对象边界往往被混淆。因此，在分类过程中，利用紧致度参数（compactness），及与云和阴影信息提取相同的方法相结合，准确获取农田类型。

（4）植被信息提取

归一化植被指数（NDVI）是提取植被信息的最有力工具之一。本研究以 NDVI 为主要技术方法，在划分出植被信息的基础上，根据研究区植被覆盖特点，进一步利用临近类间距离简化法，结合 DEM 辅助数据提取森林与草地等植被信息。具体操作为：通过设定 NDVI 阈值提取出影像中的植被信息；根据森林与草甸草地的 NDVI 值均较高的特点，采用临近类间距离简化法，通过建立距离河流为一定像元的对象为草甸草地的规则，区分河流沿岸草甸草地与森林；在提取高山地区的森林信息时，以 DEM 作为辅助数据，通过设定 DEM 阈值，划分出高山地区森林。

（5）裸地信息提取

裸土地包括沙地和裸地两个二级地类。根据沙地在研究区内一般成片分布、覆盖度极少但反射率较高的特点，采用亮度值（Brightness）区分沙地和裸地。对于 TM 影像，沙地在各个波段（除热红外波段）的反射率都较高，通过设定 TM1、2、3、4、5、7 波段的和大于某一阈值进行提取。

（6）其他信息提取

对于建设用地、湿地两类，主要采用目视解译结合人机交互修改的方法完成。

### 2.2.3　图斑编辑

（1）手动修改

计算机自动分类不可避免地产生一些混分、错分现象，手动修改可以最大程度地完善自动分类结果。在 eCongnition 环境中进行手动操作的做法如下。点击工具栏中的手动按钮（Manual Editing Toolbar），打开手动修改工具条，如图 2-2 所示。

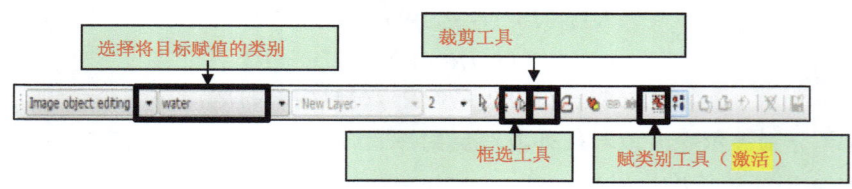

图 2-2　手动修改工具条

①水体的添加

在地势较为平坦的地区，水体可以通过归一化水体指数 NDWI 提取出来。在地势起伏较大区域，经常存在着易与水体混分的阴影，给制定分类规则带来困难。eCongnition 中的多尺度分割（multiple segmentation）对水体边界有着良好的提取效果，可通过对对象赋类别名达到水体的分类效果。具体操作为：在手动修改工具条第二个下拉菜单中选择要将对象赋予的类别名，即水体（water）。选择 classify image objects 按钮，鼠标变成，单击分割对象即可将该对象赋予水体类别。需要注意的是，再次单击取消分类，并且该对象变为未分类类别。

②农田的添加

eCongnition 中提供的 multiple segmentation 与 spectral difference segmentation 命令可以将部分较为规整的农田信息提取出来。但由于其光谱特征与裸地或草地非常接近,仍有一些农田信息被忽略。赋予农田类别操作与水体类似,但由于有些农田呈大面积分布,因此可通过框选功能(rectangle selection)减小工作量。具体操作为:在手动修改工具条中选择 rectangle selection 按钮□,即可一次性选中多个对象,将其赋为农田类别。

③地类的修改

分类过程中,有一些面积较小的地物被混分到其他类别中。例如,如图 2-3 所示,有大量的农田被混分至草地中。然而草地是一个完整的对象,要想将农田划分至正确的地类当中,首先要使农田成为一个单独的对象。

图 2-3　农田与草地混分为一个对象的结果

选择手动修改工具条中的 cut object manually 按钮,在分类图中单击选中要裁剪的对象,被选中的对象边界呈红色,如图 2-4 所示。

图 2-4　被选中的农田对象

选中对象后,鼠标变成,表示可对对象进行裁剪。单击鼠标左键勾绘出农田轮廓,双击闭合轮廓,此时农田是一个独立的对象。可用上述方法将该对象赋为农田类别,如图 2-5 所示,橘色部分为手动勾绘出的农田。同样的方法,可对该区域中被混分到其他类别中的农田赋予正确的类别名称。

图 2-5　手动调整后农田的划分结果

当前还主要依靠手动修改完成的地类有建设用地、湿地。因为这两种地物易与其他地类混分,且没有可靠的计算机自动分类方法可将二者提取出来。

(2)平滑

影像分类完成后,为了分类结果的美观,往往需对图像进行平滑处理(growing & shrinking)。在试验中发现,细长的地类如河流等,易受此类操作的影响,原先连续的河流处理后变得断断续续,破坏其完整性。这一现象可在"growing"时设置"Candidate Object Domain"下的"Class filter"来避免。在分类完成后,通过"copy image object level"命令将初步分类结果复制两份,分别用于测试未设置(图 2-6,图 2-8)和设置(图 2-7,图 2-9)"Class filter"参数时的平滑操作。图 2-10 为原始分类结果。

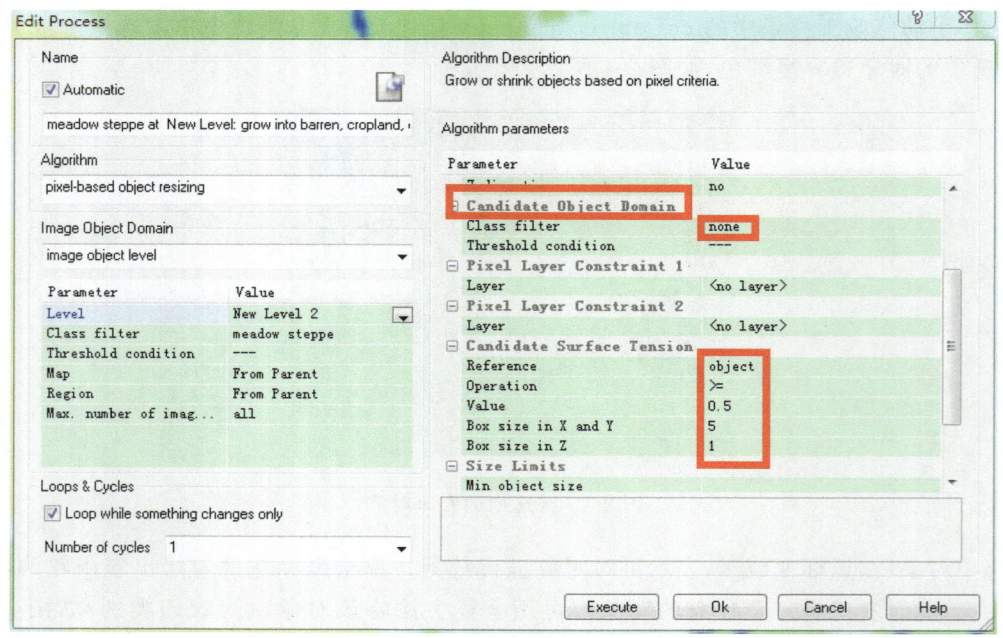

图 2-6　未设置"Class filter"的参数设置界面

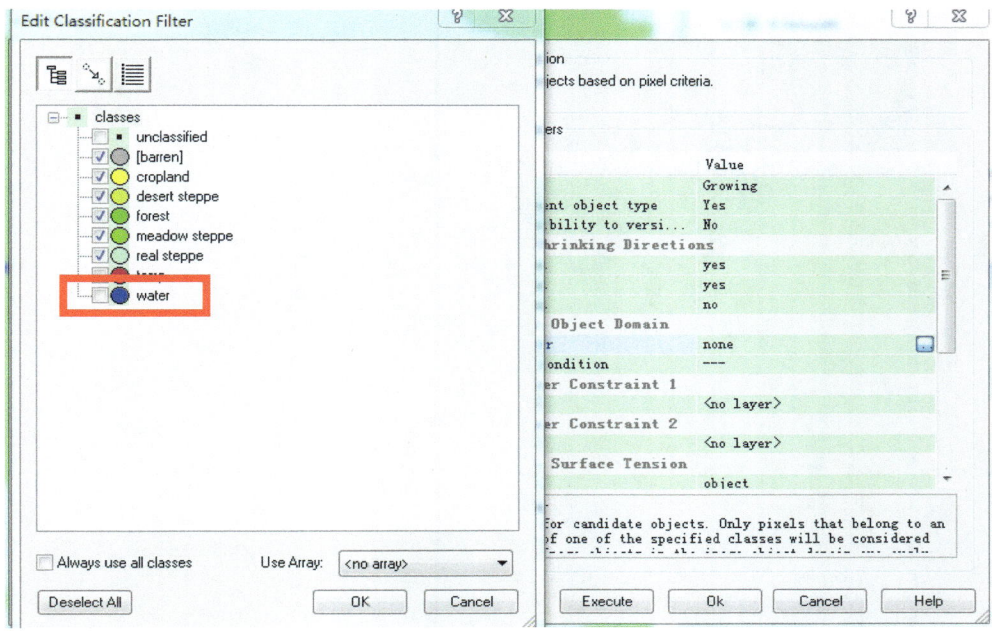

图 2-7　设置"Class filter"的参数设置界面

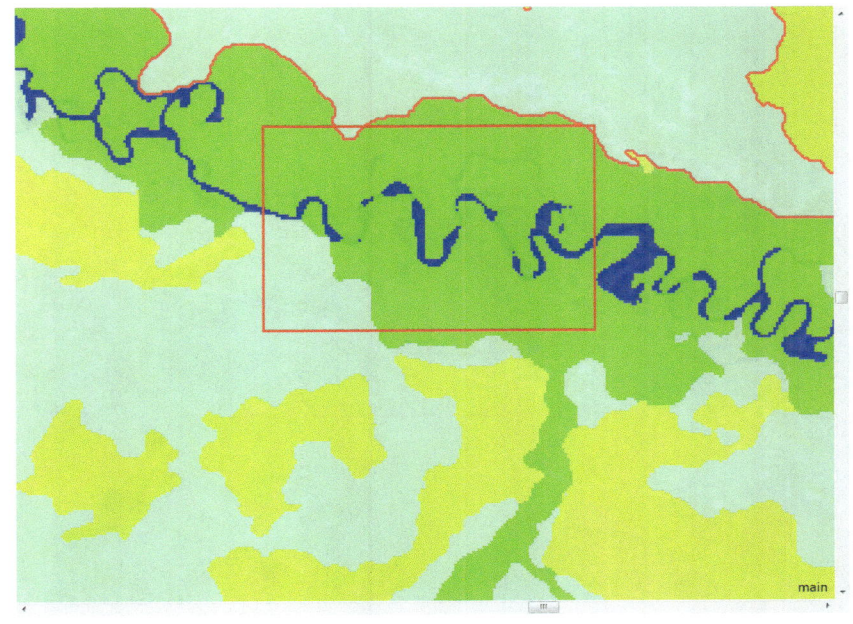

图 2-8　未设置"class filter"阈值的结果

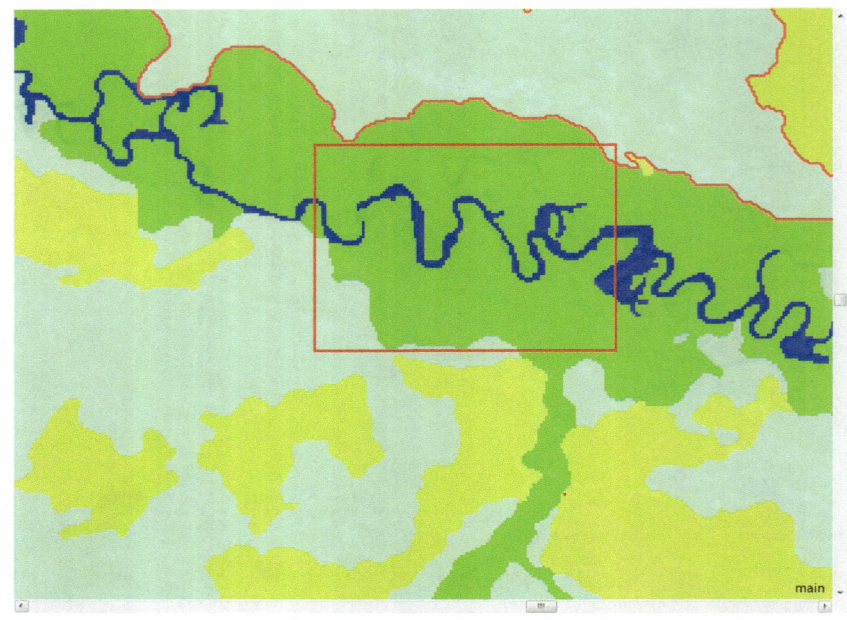

图 2-9　设置"class filter"阈值的结果

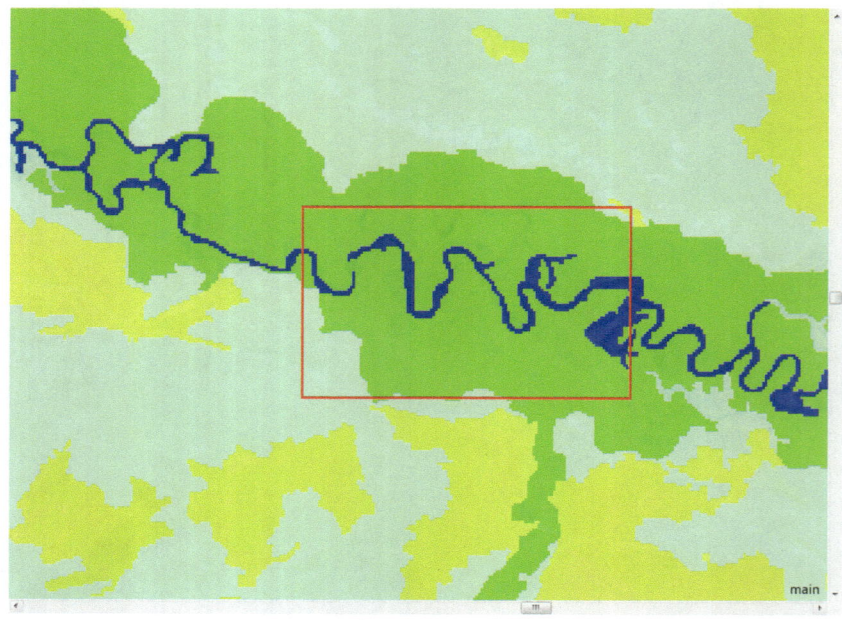

图 2-10　原始分类结果

由上可见,未设置"class filter"的情况下平滑操作致河流多处断裂,但设置了"class filter"后河流基本未断裂。此外,特别建议不要对河流进行平滑操作。否则,将会造成图 2-11 的结果,暗红色处为河流平滑后将消失的部分。

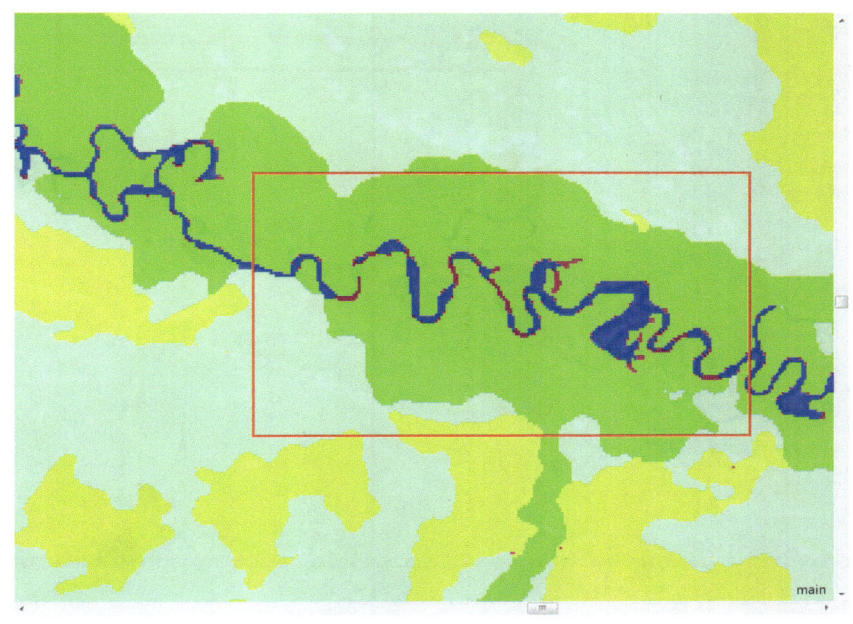

图 2-11　对河流进行平滑后的操作结果

由上对平滑操作的建议是:①在没有找到合适平滑参数的条件下,不要对细长的地类(如河流)进行平滑;②对其他地类进行平滑时,设置"Candidate Object Domain"下的"class filter",避免细长地物受到干扰。

(3)合并

①主要操作命令

- merge region:合并,其用途是减少对象数量,并辅助某些命令的使用。
- find enclosed by class:找出被某个类别包含的对象,并对其进行分类。
- remove objects:一般用来合并或去掉面积比较小的对象。其用途是在针对云类别等需重新划分到相邻对象时使用。
- pixel-based objects resizing:用来对地物形状进行规范化处理。

以上命令可灵活选用,一般在确认输出前,需执行 merge region 命令。

②具体操作示意

在 Process Tree 中新建一条分类规则,打开 Edit Process 对话框,在 Algorithm 中选择merge region 命令,如图 2-12 所示。

以将裸地(barren)类别合并的操作步骤为例:选择 merge region 命令,在 Parameter/Value 中将 Class filter 设置为 barren,其他设置为默认,如图 2-13 所示。点击 execute 即可对裸地进行对象合并。

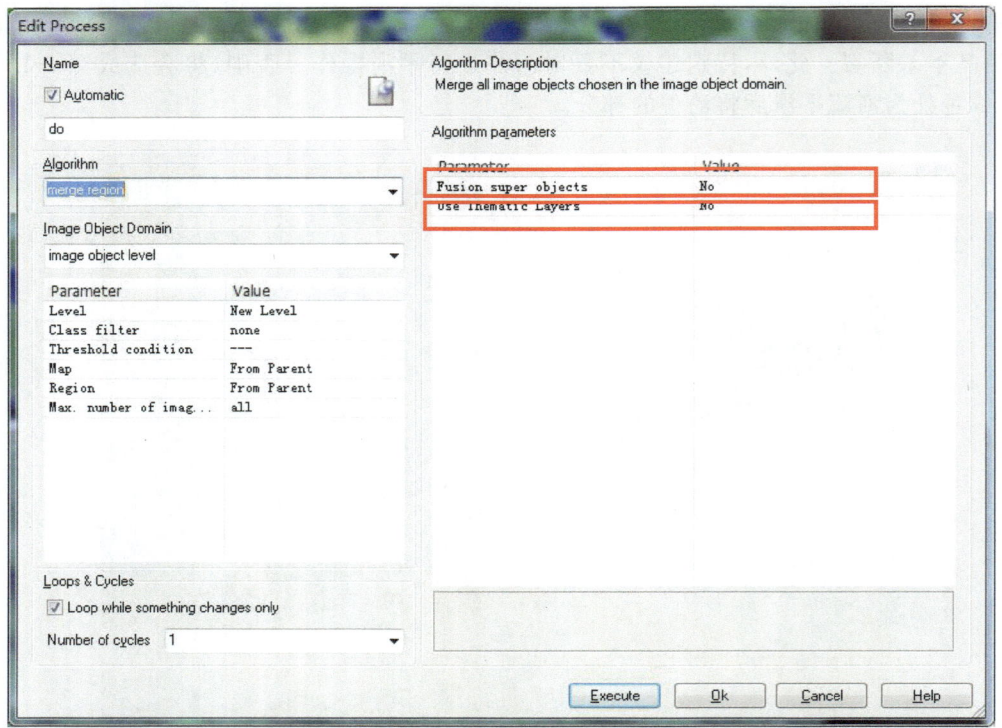

图 2-12　合并命令窗口

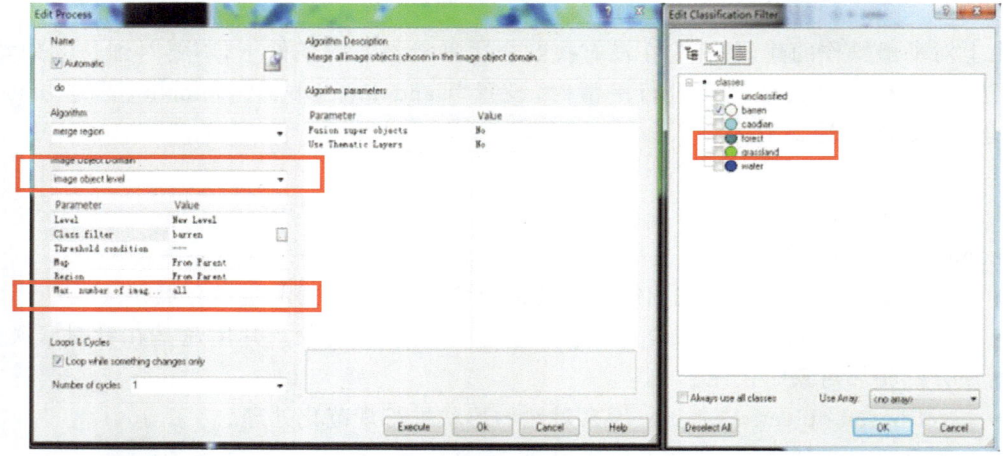

图 2-13　合并裸地命令窗口

　　"find enclosed by class"的功能是找出被某个类别包含的对象，并对其进行分类。在 Edit Process 对话框中选择 find enclosed by class 命令，参数设置的含义如图 2-14 所示。例如，在 Parameter/Value 中将 Class filter 设置为 barren，在 Algorithm Parameter 中的 Parameter/Value 中将 Enclosing classes 设置为 real steppe，将 Active classes 设置为 real steppe，即可将被 real steppe 包围着的 barren 划分为 real steppe 中。

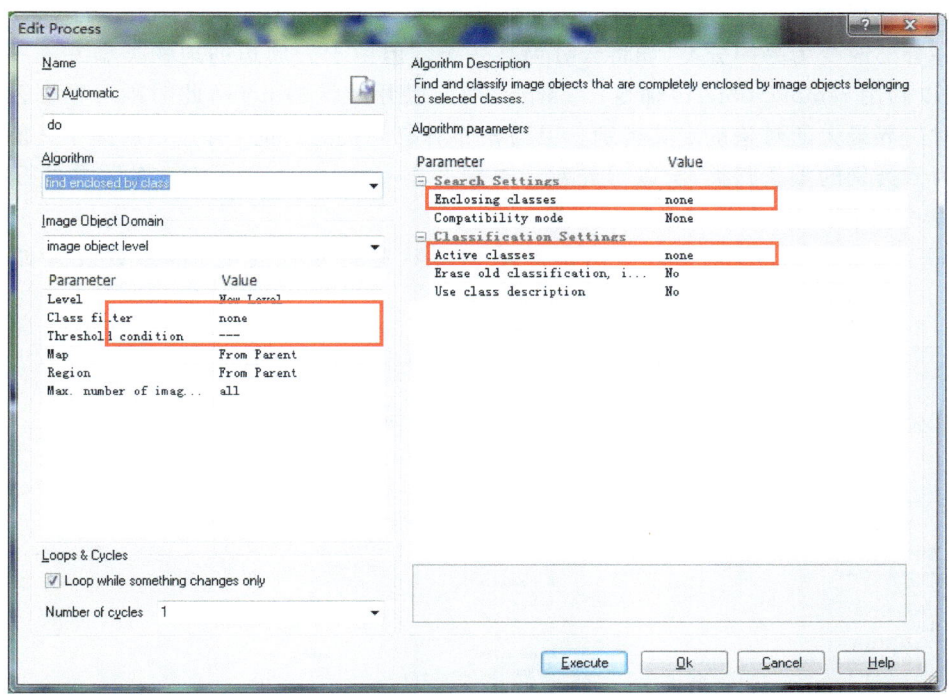

图 2-14  设置包围对象条件窗口

remove objects 一般用来合并或去掉面积比较小的对象,参数设置如图 2-15 所示。

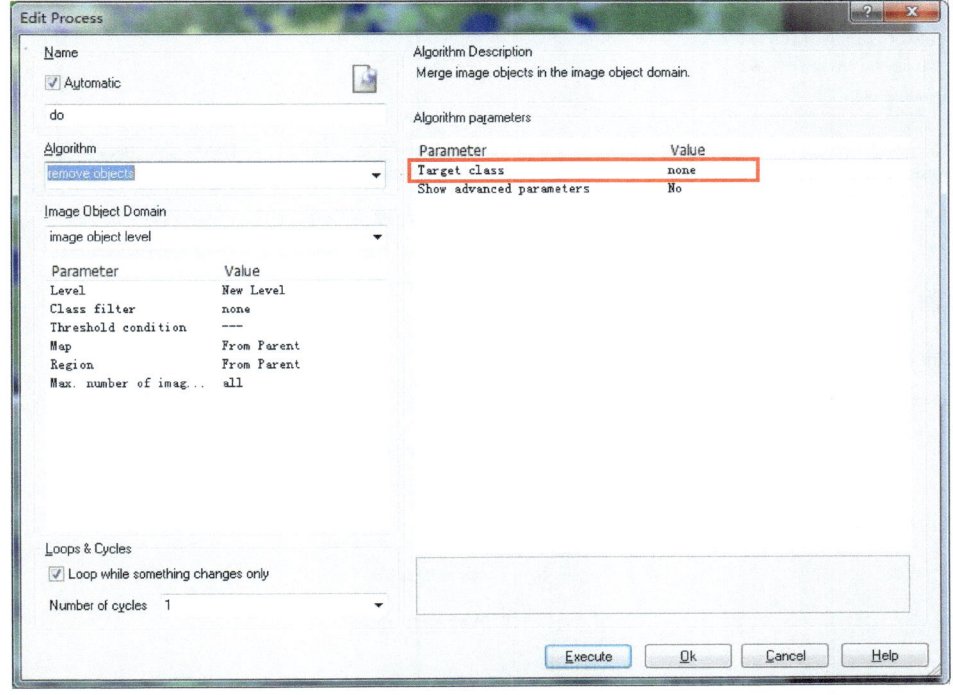

图 2-15  设定合并目标对象窗口

针对分类后的结果,当 Target class 为指定类时,该命令的使用同 assign class 命令类似,可将某一分类改变为另一分类,如将云分为某一类。但由于云周边的地物类型并不一定完全一样,可以利用 remove objects 命令。Target class 使用默认的 none,此时则可根据云与相邻对象相对边界最大的对象确定其类别。但当相邻对象间仍为云时,则会导致操作只能实现部分划分为云类别的重新归类,所以可先对云类别操作 merge region 命令,然后再进行 remove objects 命令,实现云类别的完全重新分类。

pixel-based objects resizing 是用来对地物形状进行规范化处理,参数设置如图 2-16 所示。

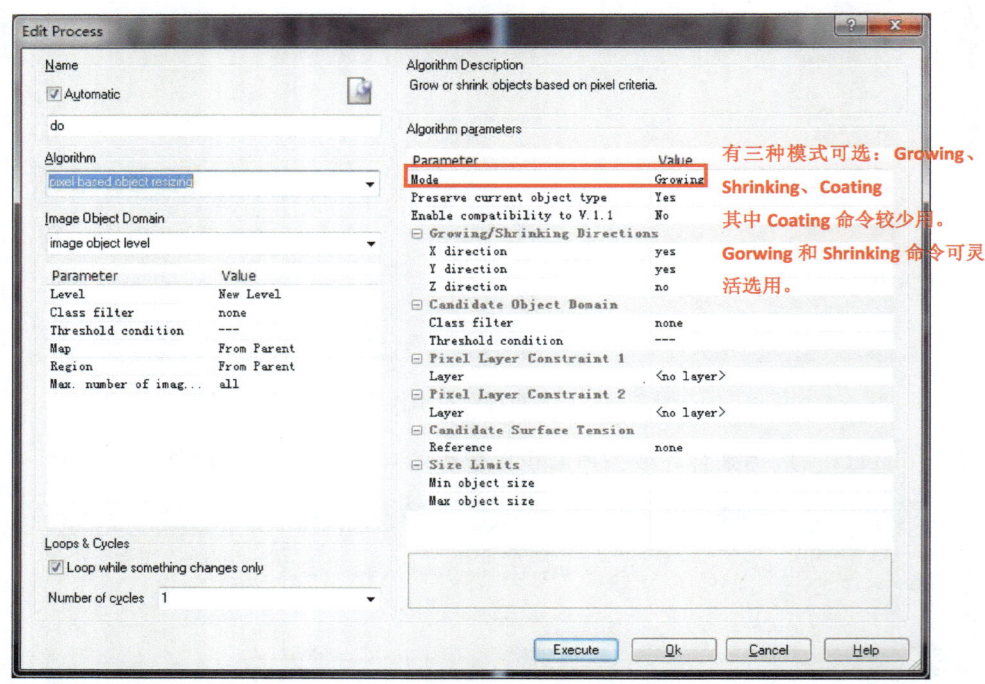

图 2-16 地物形状规范化处理命令窗口

### 2.2.4 输出

(1)使用菜单命令 Export

具体操作流程:单击菜单栏中 Export 下的 Export Results... 命令,如图 2-17 所示。

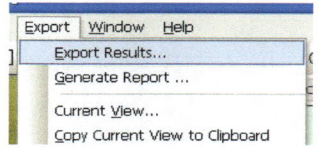

图 2-17 菜单栏输出命令

弹出菜单如图 2-18 所示,并按图 2-18 所示依次进行相应更改与设置。

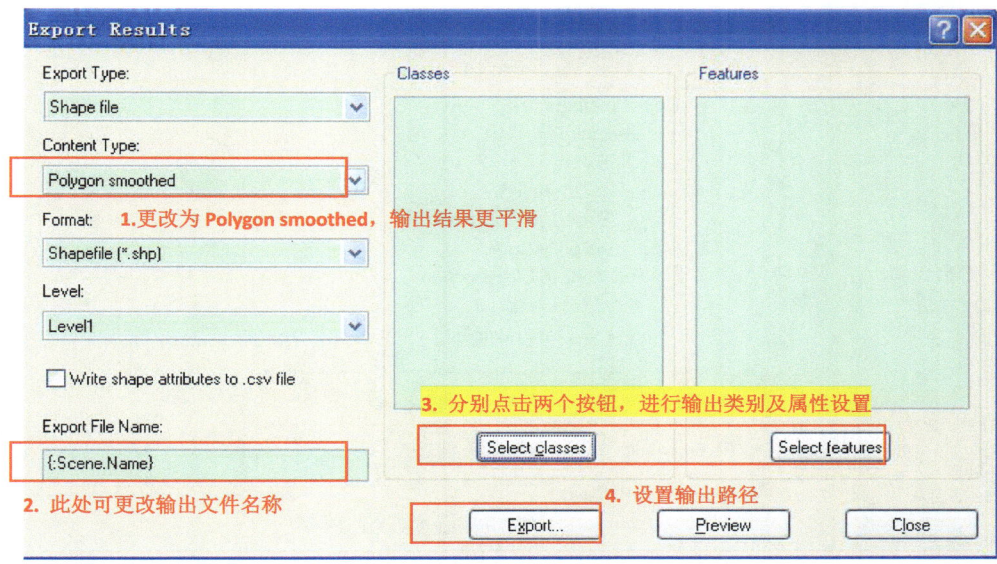

图 2-18　输出参数设置窗口

由于类的名称不能自动地导出，对输出字段的设置方法按下述①、②、③步骤进行。
①添加"面积 area"字段及单位更改（图 2-19，图 2-20，图 2-21）。

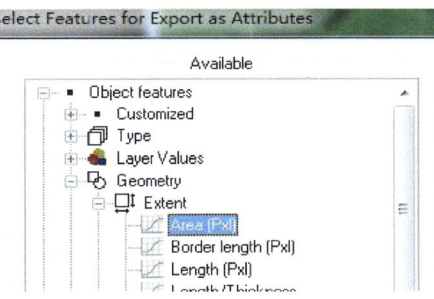

图 2-19　添加面积"Area"字段命令

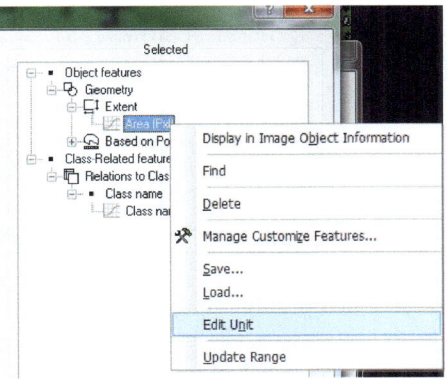

图 2-20　更改面积 Area 单位命令

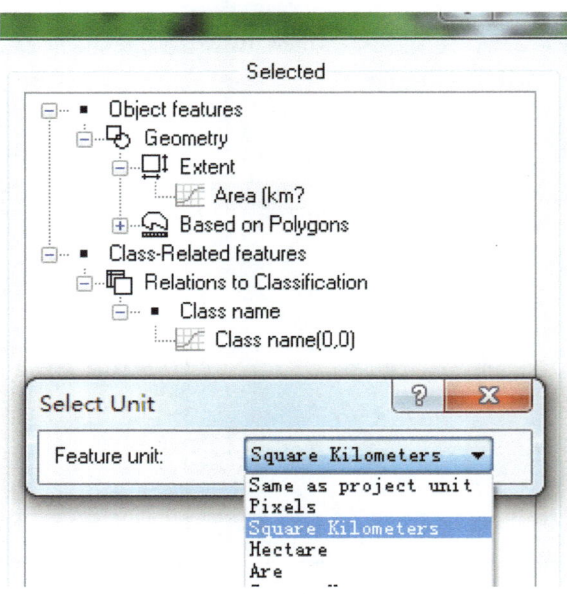

图 2-21　面积单位选项

②添加"周长 Perimeter"字段(图 2-22)。

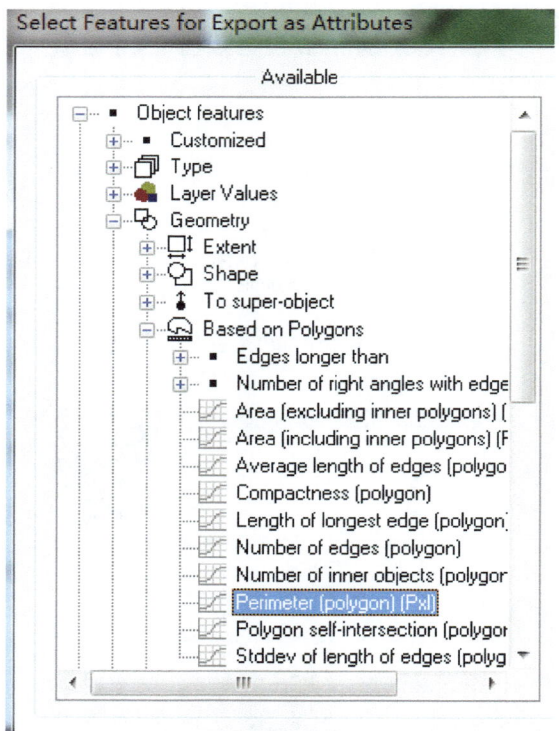

图 2-22　添加周长"Perimeter"字段命令

③添加分类类别名称字段(图 2-23,2-24,2-25,2-26)。

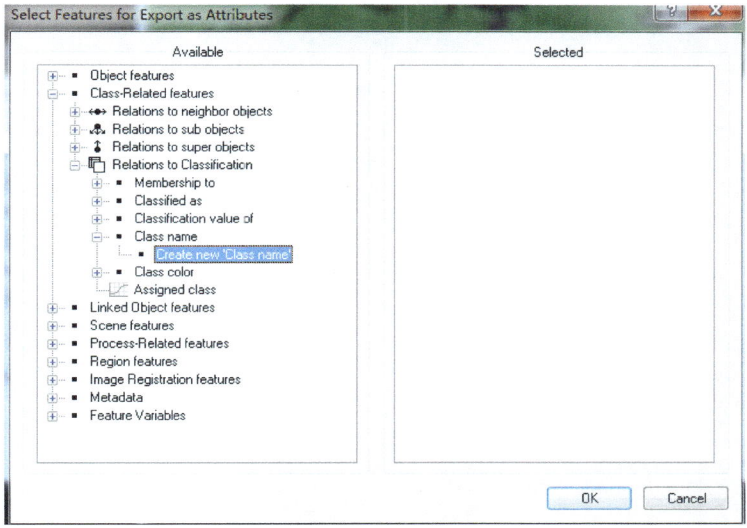

图 2-23　分类名称字段添加命令

弹出界面如图 2-24 所示,使用默认值,点"OK"按钮关闭返回。

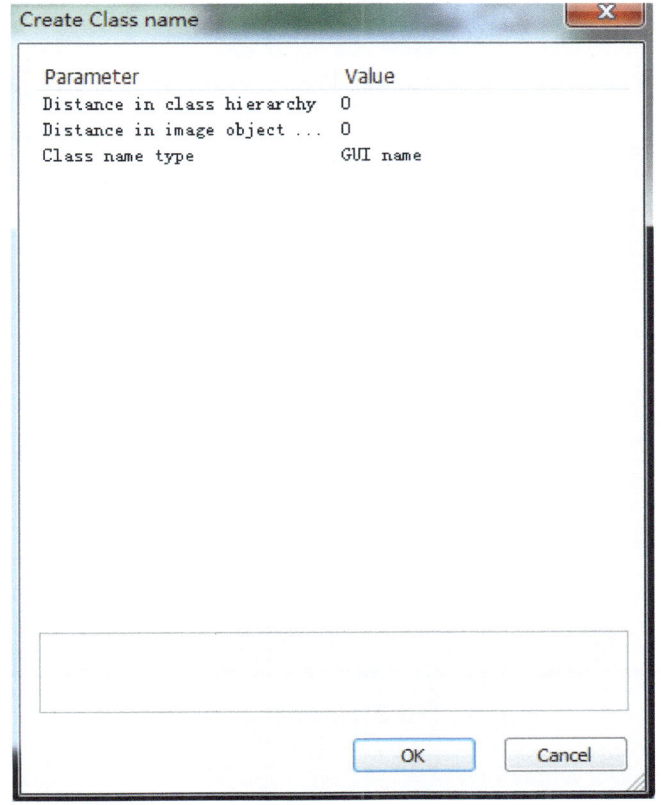

图 2-24　分类名称添加弹出界面

这时添加好的类名称如图 2-25 所示,双击则可添加到待输出界面(见图 2-26)。

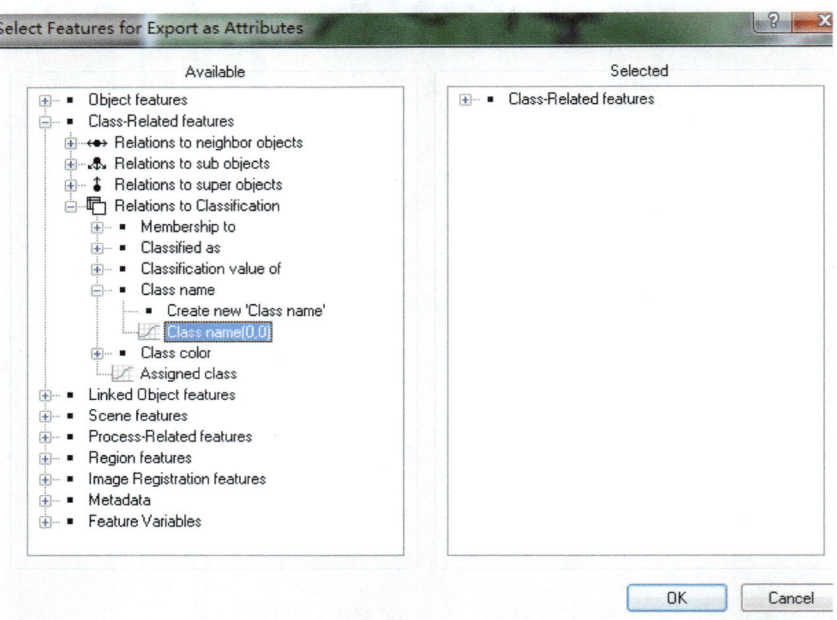

图 2-25　添加成功的分类名称

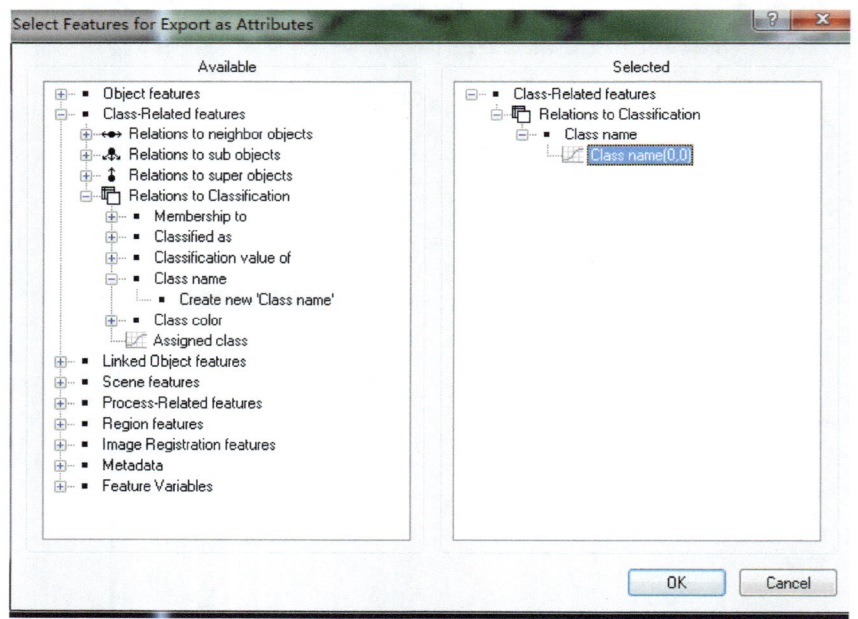

图 2-26　分类名称添加到输出界面命令

(2)规则命令 Export vector layers

添加 Export vector layers 命令,并按图 2-27 上标识为 1～5 所示操作依次进行更改与设置。输出字段方法与"使用菜单命令 Export"中说明相同,基本一致。

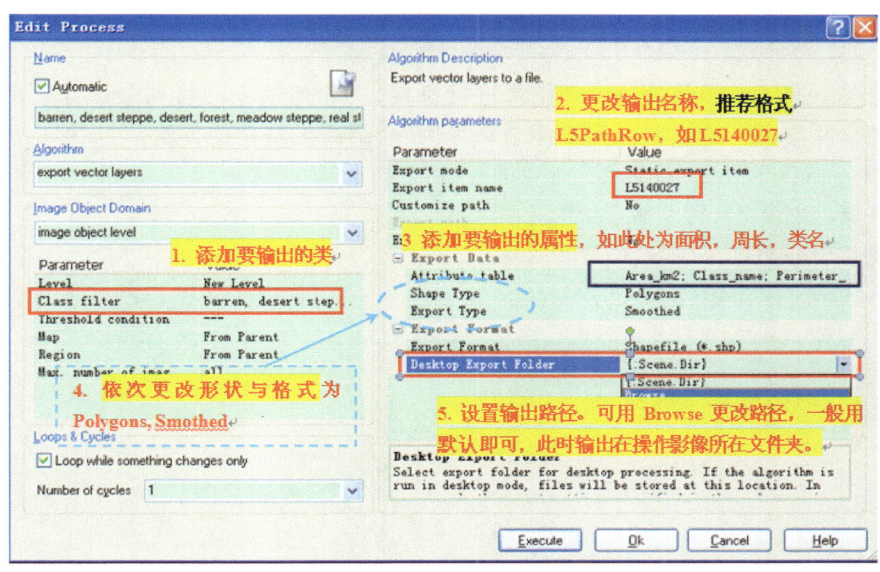

图 2-27　在 Process tree 下添加输出命令与参数设置

两种方法的比较:方法一,使用时相应简单一些,但每一次重新输出或更改时都要重新开始设置。方法二,设置参数相对复杂一点,但每次使用时,做更改输出等微调时较方便。

(3)结果显示与更改设置

导出结果可在 ArcGIS 中显示,利用 class_name 字段可按类名称进行显示,并修改图例颜色。示例如图 2-28 所示。

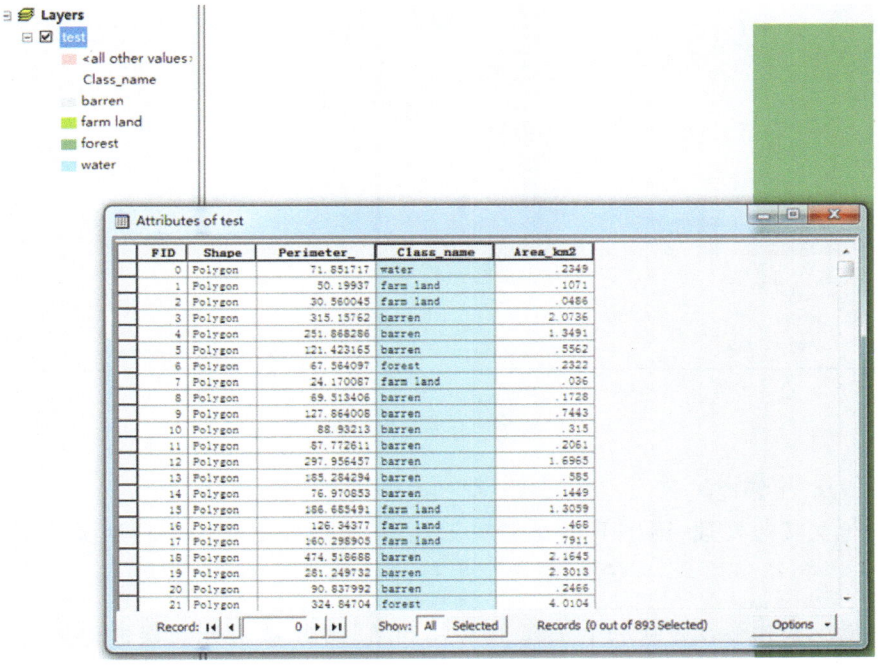

图 2-28　Arcgis 中显示的输出成功的分类名称

### 2.2.5　接边处理

　　接边是对不同区域相邻部分处理结果进行拼接,主要包括不同行列号图像间的拼接与相同地类的融合两步。在此以蒙古国解译结果为例,介绍图像拼接的方法。

　　(1)使用 ArcGIS 种的"Update"命令进行拼接

　　具体步骤见图 2-29(即步骤①,②)。

　　①加载两个分类结果矢量图(图 2-29a)。

　　②使用"update"功能(图 2-29b)。

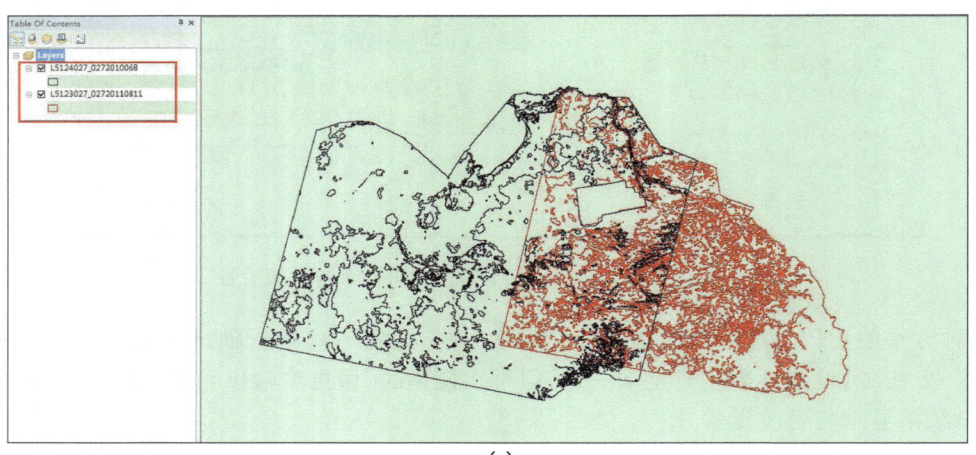

(a)

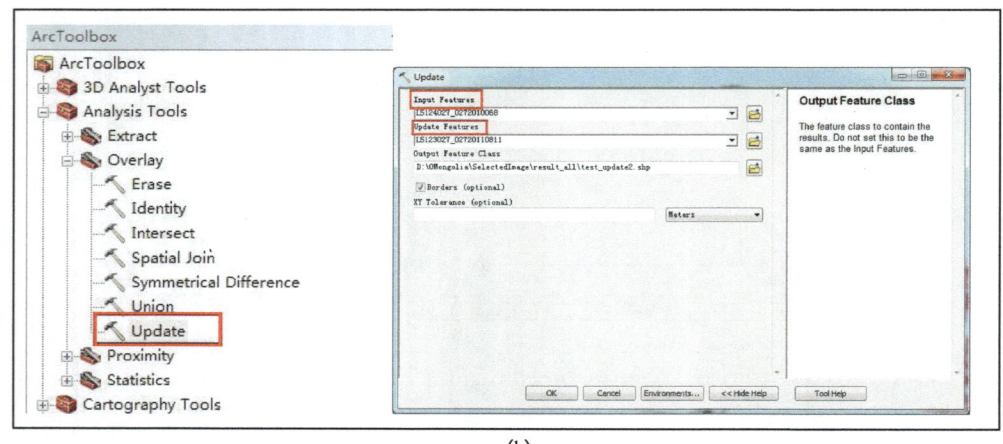

(b)

图 2-29　Update 拼接命令

　　(2)"Merge"相邻地类

　　重叠区地类接边处理:调出 Editor 编辑工具,在接边处选择同一种地类分别进行合并。以蒙古国行列号 131028 和 131029 解译结果接边处的裸地为例:选择 Editor-Start Editing,点击 ▶ ,分别选中选择 131028 和 131029 接边处的裸地地类,执行 Editor-Merge 操作,结果如图 2-30 所示。

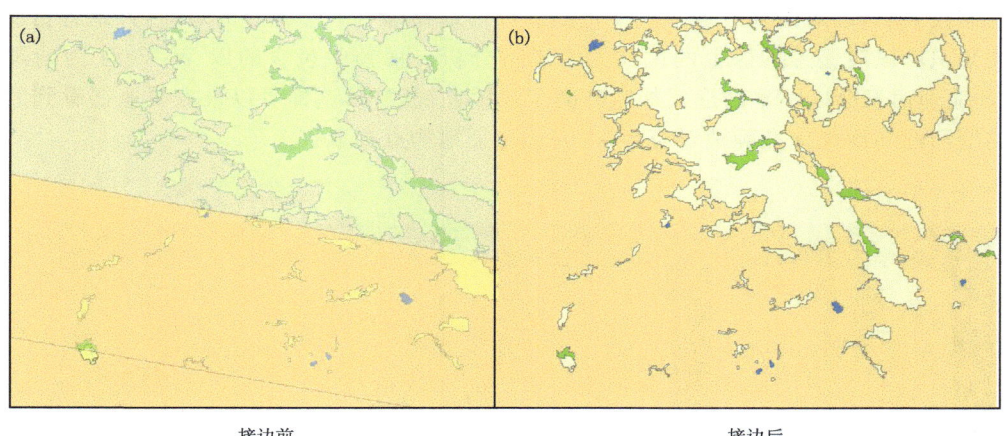

接边前　　　　　　　　　　　　　　　接边后

图 2-30　接边前后的分类结果

## 2.3　精度评价

### 2.3.1　基于 Countour 采集视频信息的精度评价

（1）三维视频中验证点信息提取方法

Countour 是一种车载三维视频采集设备。利用 Contour Storyteller 可以播放摄影仪拍摄的视频,在联网的条件下,可以调用谷歌地图并能在显示界面的地图上明确标注出当前摄像机所在的位置。地图窗口(图 2-31 左上角)和视频窗口(图 2-31 右侧)的大小可随时切换,图 2-31 中左下角以折线图形式显示当前摄像机运动的速度、里程与海拔。地图窗口可以切换 Map 和 Hybrid 界面来分别加载二维地图和遥感影像(见图 2-31、图 2-32)。用户可以根据需

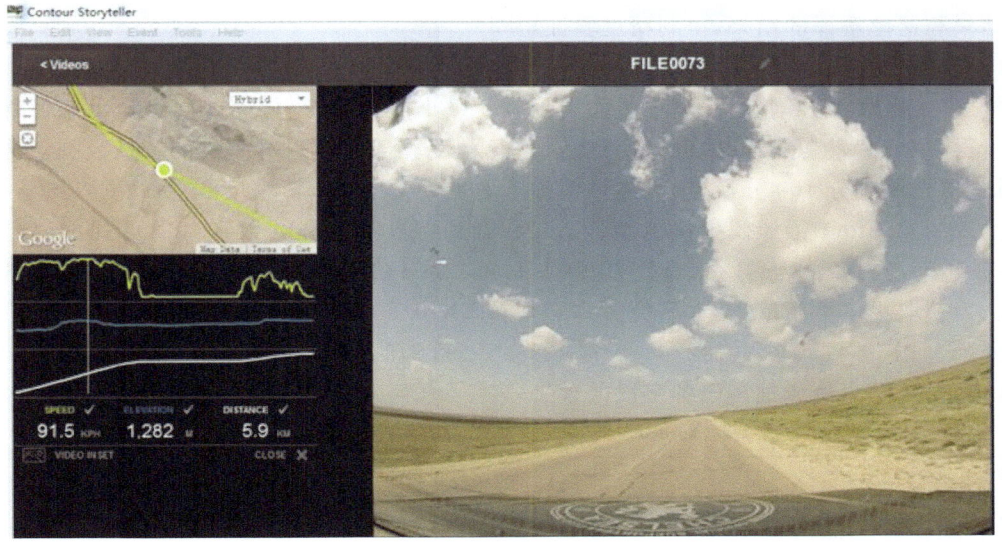

图 2-31　用 Storyteller 播放考察视频突出视频窗口

要任意缩放大小,以对研究区域的整体范围和局部地物都有一个很好的观察,并结合目视解译的相关知识可以对遥感影像上的地物元素进行分析。视频中包含的以 WGS-84 为地理基准的 GPS 地理信息会以字幕的形式加载并同步显示在视频中,这样可以很方便地把看到的土地覆盖类型和经纬度坐标准确地对应起来,完成特征地物点提取。

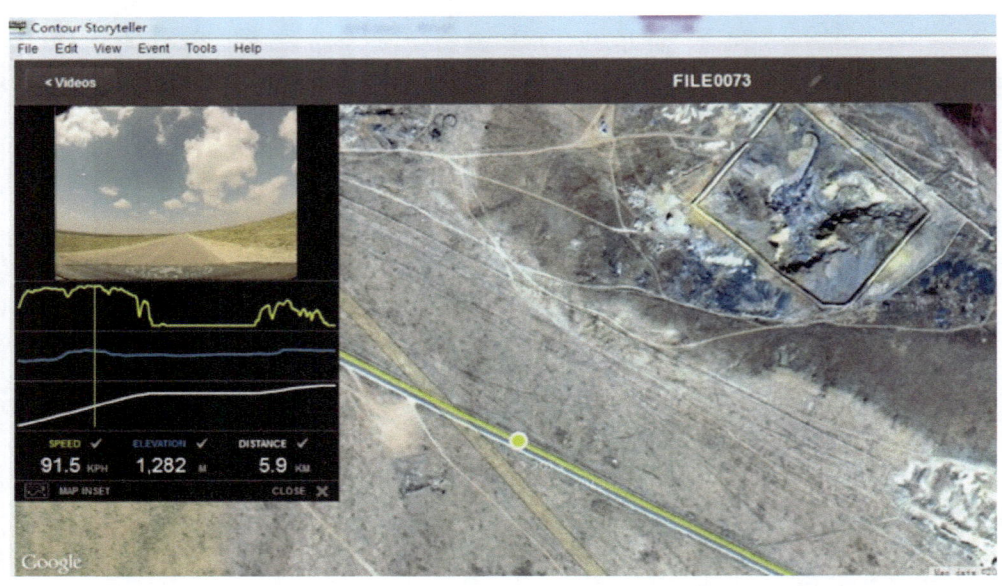

图 2-32　用 Storyteller 播放考察视频突出地图窗口

(2)精度验证方法

由于 Contour 摄像仪连续记录了所到之处的土地覆盖情况,可在室内按照不同时间间隔提取出可用于验证的特征点。参照土地覆盖分类体系,这些均匀分布的特征点通过视频解读被赋予正确的土地覆盖类型,通过和研究区域遥感解译的土地覆盖数据叠加,对比验证视频提取的结果和遥感解译的结果,得到精度验证矩阵。

(3)视频数据提取

按照"Ⅰ级大类分错不得分,Ⅰ级大类分对Ⅱ级小类分错得 0.5 分,Ⅰ级大类和Ⅱ级小类都分对得 1 分(卢玲 等,2003)"的统计方法进行精度验证分析。对所有的特征数据点进行得分统计,再按照总分 100 分换算,最终得到各土地覆盖类型的解译精度和总体精度。

播放用 Contour 摄像仪拍摄的视频,GPS 信息会自动匹配并以字幕的形式加载到视频中,一秒钟对应三条 GPS 数据,分别以 ＄GPRMC、＄GPGGA 和 ＄GPEMT 开头,具有统一的格式。为获取更多可用信息,本研究抽取以 ＄GPGGA 开头的 GPS 数据,包含 15 个字段,用逗号分隔。以"＄GPGGA,092204.999,4250.5589,S,14718.5084,E,1,04,24.4,M,19.7,M,,,0000＊1F"为例详细说明各字段的含义(表 2-2)(何香玲 等,2004;胡曙光,2012)。

表 2-2　Contour 拍摄的视频携带的 GPS 数据信息格式

| 字段 | 字段含义 |
| --- | --- |
| 字段 1 | ＄GPGGA,语句 ID,表明该语句为 Global Positioning System Fix Data(GGA)GPS 定位信息 |
| 字段 2 | UTC(Universal Time Coordinated) 时间,hhmmss.sss,时分秒格式 |

续表

| 字段 | 字段含义 |
|---|---|
| 字段 3 | 纬度 ddmm.mmmm,度分格式(前导位数不足则补 0) |
| 字段 4 | 纬度 N(北纬)或 S(南纬) |
| 字段 5 | 经度 dddmm.mmmm,度分格式(前导位数不足则补 0) |
| 字段 6 | 经度 E(东经)或 W(西经) |
| 字段 7 | GPS 状态,0=不可用(FIX NOT valid),1=单点定位(GPS FIX),2=差分定位(DGPS),3=无效 PPS,4=实时差分定位(RTK FIX),5=RTK FLOAT,6=正在估算 |
| 字段 8 | 正在使用的卫星数量(00~12)(前导位数不足则补 0) |
| 字段 9 | HDOP 水平精度因子(0.5~99.9) |
| 字段 10 | 海拔高度(−9999.9—99999.9) |
| 字段 11 | 单位:m(米) |
| 字段 12 | 地球椭球面相对大地水准面的高度 WGS84 水准面划分 |
| 字段 13 | WGS84 水准面划分单位:m(米) |
| 字段 14 | 差分时间(从接收到差分信号开始的秒数,如果不是差分定位将为空) |
| 字段 15 | 差分站 ID 号 0000—1023(前导位数不足则补 0,如果不是差分定位将为空) |
| 字段 16 | 校验值 |

　　验证中主要用到的字段有:UTC 时间、经度、纬度和海拔高度。室内操作中,先把 GPS 数据导入到 Excel 表中(表 2-3),然后播放 GPS 数据编号对应的视频,结合目视判读,把对应点的土地覆盖类型值赋予表中的每一条 GPS 数据。

表 2-3　视频中记录的 GPS 信息

| ID | 编号 | 海拔高度 | 纬度 | 经度 | 目视解译类型 |
|---|---|---|---|---|---|
| | | | | | |

　　(4)土地覆盖特征点获取

　　被验证的土地覆盖数据采用基于陆地生态系统特点的遥感土地覆盖分类系统标准(王建芳 等,2006;李晓兵 等,2004),各分类项说明见表 2-1 所示。

　　通过人工判定记录视频中每种覆盖类型的起始边界和终止边界,可把相应的土地覆盖类别赋予到这个区间内的特征点。表 2-4 分别列举了几种土地覆盖类型的视频截图和分布情况,其中沙地和沙漠在野外考察的时候因条件限制没有涉及,另外由于汽车主要沿着公路行驶,所以视频中只有很少量的农田类型。

表 2-4　土地覆盖类型分类提取说明

| 覆被类型 | 视频截图 | 经度(°)<br>纬度(°) | 海拔高度(m) | 说明 |
|---|---|---|---|---|
| 裸地 | | 109.7030454<br>45.39771633 | 1009.4 | 主要分布在东戈壁省、东方省南部,苏赫巴托尔省西部等地 |

续表

| 覆被类型 | 视频截图 | 经度(°)<br>纬度(°) | 海拔高度(m) | 说明 |
|---|---|---|---|---|
| 建筑用地 | | 106.9352798<br>47.918959 | 1294.1 | 主要分布在首都乌兰巴托市，中央省和肯特省分布较少 |
| 森林 | | 106.4257768<br>48.13139267 | 1555.3 | 中央省北部，肯特省西北部分布较多，乌兰巴托市和东方省东部分布较少 |
| 水体 | | 111.4575938<br>47.33862317 | 1042.1 | 主要分布在乌兰巴托市和东方省，肯特省也有少量水体分布 |
| 草甸草地 | | 112.5722972<br>46.55147783 | 951.5 | 主要分布于研究区域北部的中央省、东方省、肯特省和乌兰巴托市 |
| 典型草地 | | 111.5221785<br>47.34592817 | 1082.8 | 面积最大，分布最广，除东戈壁省外其他省都有大量分布 |
| 荒漠草地 | | 110.6538435<br>45.39567533 | 903.8 | 主要分布于中部的苏赫巴托尔省和戈壁苏木贝尔省，东方省少量 |

　　由于搭载摄像仪的车辆在途经收费站、红绿灯或者汽车加油、人员吃饭休息、车辆调头等时摄影仪会在同一地点或线路上重复记录，所以需对过度密集和大量重复的数据点删除，以减少对后面验证结果的影响。图 2-33 显示了过度密集点的分布特点，图 2-34 显示了同一路线重复经过的情况，这些冗余的视频信息将会被筛查和删除。

　　(5)统计提取结果

　　经过上述删除重复数据点后，以 1 s 为采样间隔，共有 123396 个特征点可用于精度验证分析。运用 ArcGIS 叠加分析功能，对精度验证特征点图层和遥感影像解译结果图层做 Intersect 操作，得到用于精度评价的验证信息提取结果如表 2-5 所示。

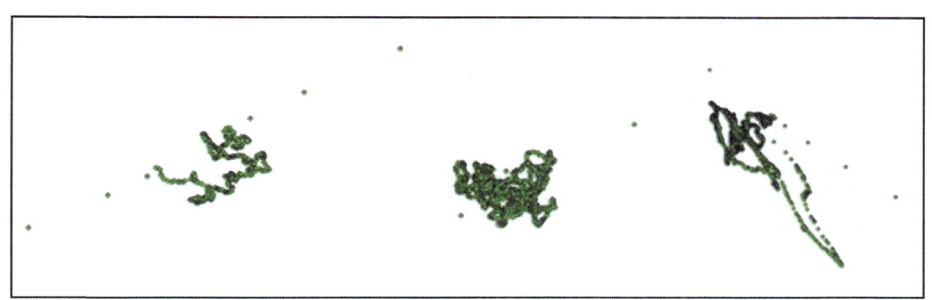

图 2-33　视频提取结果中的密集数据点

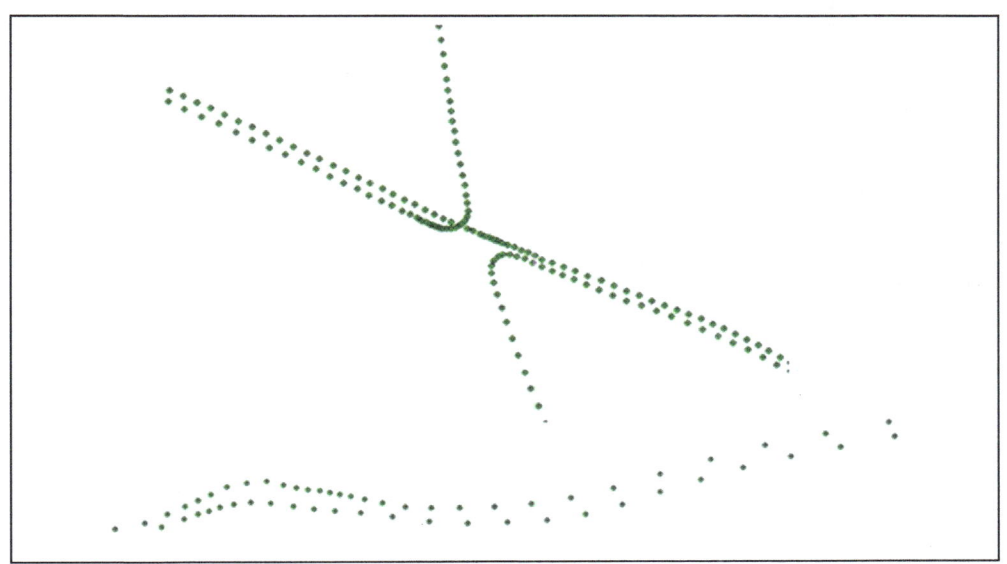

图 2-34　视频提取结果中同一路线重复记录数据点

表 2-5　遥感影像解译和验证视频提取结果统计表(个)

| 提取\解译 | 草甸草地 | 典型草地 | 荒漠草地 | 建筑用地 | 裸地 | 农田 | 沙地 | 森林 | 沙漠 | 水体 | 总计 |
|---|---|---|---|---|---|---|---|---|---|---|---|
| 草甸草地 | 210 | 2908 | 693 | 15 | 81 | 57 | 0 | 180 | 0 | 1 | 4145 |
| 典型草地 | 591 | 59053 | 8551 | 1708 | 498 | 2057 | 0 | 1321 | 0 | 16 | 73795 |
| 荒漠草地 | 0 | 2115 | 8685 | 6 | 19520 | 177 | 39 | 0 | 0 | 106 | 30648 |
| 建筑用地 | 164 | 1008 | 740 | 8821 | 417 | 0 | 0 | 0 | 0 | 0 | 11150 |
| 裸地 | 0 | 59 | 233 | 0 | 3107 | 0 | 0 | 0 | 0 | 0 | 3399 |
| 农田 | 0 | 27 | 0 | 0 | 0 | 86 | 0 | 0 | 0 | 0 | 113 |
| 沙地 | 0 | 0 | 0 | 0 | 0 | 0 | 0 | 0 | 0 | 0 | 0 |
| 森林 | 0 | 0 | 0 | 0 | 0 | 0 | 0 | 10 | 0 | 0 | 10 |
| 沙漠 | 0 | 0 | 0 | 0 | 0 | 0 | 0 | 0 | 0 | 0 | 0 |
| 水体 | 4 | 56 | 21 | 0 | 25 | 0 | 0 | 0 | 0 | 30 | 136 |
| 总计 | 969 | 65226 | 18923 | 10550 | 23648 | 2377 | 39 | 1511 | 0 | 153 | 123396 |

（6）精度评价

在数据库中对以 1 s 为采样间隔的视频分类提取结果采用 SQL 查询，统计得到 I 级大类和 II 级小类都分对的数据点有 80002 个，I 级大类分对 II 级小类分错的数据点共有 14858 个，I 级大类和 II 级小类都分错的数据点有 28536 个。按照前面确定好的得分评价标准可知总得分为 87431 分，按照百分比换算后，遥感图像解译结果的总体精度为 70.85%，草地的解译精度为 69.42%，其他每种土地覆盖类型的解译精度如表 2-6 所示，沙地和沙漠类型没有采集到数据点，所以其解译精度值为空。

**表 2-6　各种土地覆盖类型的解译精度汇总（数据点间隔 1 s）**

| 覆盖类型 | 草甸草地 | 典型草地 | 荒漠草地 | 建筑用地 | 裸地 | 农田 | 沙地 | 森林 | 沙漠 | 水体 |
|---|---|---|---|---|---|---|---|---|---|---|
| 正确点数 | 210 | 59053 | 8685 | 8821 | 3107 | 86 | 0 | 10 | 0 | 30 |
| 总点数 | 4145 | 73795 | 30648 | 11150 | 3399 | 113 | 0 | 10 | 0 | 136 |
| 解译精度（%） | 48.50 | 86.22 | 31.79 | 79.11 | 91.41 | 76.11 | | 1.00 | | 22.06 |

（7）结果分析

Contour 车载三维摄像仪的采样频率为每秒一次，为了对比不同尺度的数据点对解译精度的影响，再选取以 5 s、10 s、1 min、5 min 为间隔获取特征数据点开展精度评价，结果见表 2-7～表 2-10。选取不同时间间隔，从而对应不同的地表距离（表 2-11），因车速不一致，用平均车速（50.95 km/h）来衡量每种时间间隔的实地采样距离。

**表 2-7　各种土地覆盖类型的解译精度汇总（数据点间隔 5 s）**

| 覆盖类型 | 草甸草地 | 典型草地 | 荒漠草地 | 建筑用地 | 裸地 | 农田 | 沙地 | 森林 | 沙漠 | 水体 |
|---|---|---|---|---|---|---|---|---|---|---|
| 正确点数 | 42 | 11811 | 1733 | 1766 | 621 | 17 | 0 | 2 | 0 | 5 |
| 总点数 | 831 | 14765 | 6125 | 2227 | 680 | 22 | 0 | 2 | 0 | 27 |
| 解译精度（%） | 48.44 | 86.17 | 31.76 | 79.3 | 91.32 | 77.27 | | 1.00 | | 18.52 |

**表 2-8　各种土地覆盖类型的解译精度汇总（数据点间隔 10 s）**

| 覆盖类型 | 草甸草地 | 典型草地 | 荒漠草地 | 建筑用地 | 裸地 | 农田 | 沙地 | 森林 | 沙漠 | 水体 |
|---|---|---|---|---|---|---|---|---|---|---|
| 正确点数 | 22 | 5908 | 867 | 885 | 308 | 8 | 0 | 1 | 0 | 4 |
| 总点数 | 415 | 7383 | 3061 | 1114 | 339 | 11 | 0 | 1 | 0 | 15 |
| 解译精度（%） | 48.43 | 86.2 | 31.79 | 79.44 | 90.86 | 72.73 | | 1.00 | | 26.67 |

**表 2-9　各种土地覆盖类型的解译精度汇总（数据点间隔 1 min）**

| 覆盖类型 | 草甸草地 | 典型草地 | 荒漠草地 | 建筑用地 | 裸地 | 农田 | 沙地 | 森林 | 沙漠 | 水体 |
|---|---|---|---|---|---|---|---|---|---|---|
| 正确点数 | 3 | 983 | 149 | 150 | 49 | 1 | 0 | 0 | 0 | 0 |
| 总点数 | 70 | 1229 | 512 | 186 | 56 | 1 | 0 | 0 | 0 | 2 |
| 解译精度（%） | 49.29 | 86.09 | 32.71 | 80.65 | 87.5 | 1.00 | | | | 0.00 |

表 2-10　各种土地覆盖类型的解译精度汇总（数据点间隔 5 min）

| 覆盖类型 | 草甸草地 | 典型草地 | 荒漠草地 | 建筑用地 | 裸地 | 农田 | 沙地 | 森林 | 沙漠 | 水体 |
|---|---|---|---|---|---|---|---|---|---|---|
| 正确点数 | 0 | 192 | 28 | 29 | 8 | 0 | 0 | 0 | 0 | 0 |
| 总点数 | 11 | 249 | 104 | 36 | 11 | 0 | 0 | 0 | 0 | 0 |
| 解译精度（%） | 50 | 83.73 | 31.25 | 80.56 | 72.73 | | | | | |

表 2-11　不同的时间间隔对应的地面平均距离

| 时间间隔 | 1 s | 5 s | 10 s | 1 min | 5 min |
|---|---|---|---|---|---|
| 平均距离（m） | 14.15 | 70.76 | 141.53 | 849.16 | 4245.79 |

对比不同时间间隔数据点所得到的土地覆盖解译精度结果如图 2-35 所示。由图可见 1 s、5 s、10 s、1 min 间隔的精度评价结果相差不大，但当采样间隔扩大到 5 min 间隔时，导致精度评价的结果有显著变化，精度明显下降，这表明采样间隔增加到一定程度会导致验证点的代表性下降，影响精度评价结果。同时，采样点过密也会无限加大数据处理的时间和工作量，例如 1 min 的采样间隔所获取的数据量和数据处理的工作量都是 1 s 采样间隔的 1/60。尽可能寻找到与本区域验证匹配的采样间隔将是一个既有科学性、又有经验性的问题。从验证结果来看，在 1 s、5 s、10 s、1 min 的采样间隔对比中，1 min 采样的效率最高且能够表现出 1 s 采样间隔同样的评价效果。从经验上看，由于蒙古国东部地势平坦、地表覆被类型分布辽阔，1 min 采样的间隔在平稳车速的情况下，大约对应 0.8 ～ 1 km 的实地距离，适宜于本区域的土地覆盖精度验证。

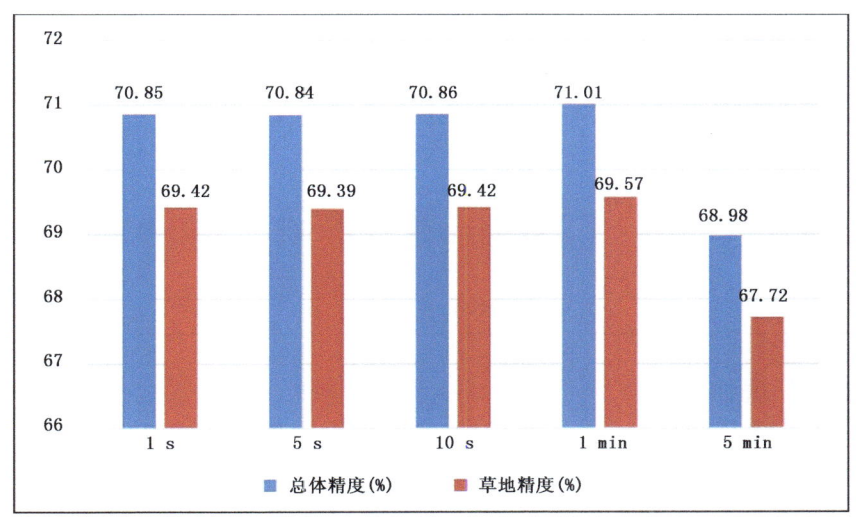

图 2-35　不同时间间隔数据点的总体解译精度和草地解译精度

（8）误差分析

精度评价的结果表明遥感解译分类的正确率保持在 71% 左右，表明该影像分类的结果基本能够反映蒙古国东部的土地覆盖情况。各类型精度中，森林和草地因其特殊的光谱反射特征容易识别,具有较高的解译精度,对于草地的Ⅱ级分类则由于其地表覆盖度过渡不明显,存在很多Ⅱ级分类错误的草地区域,导致三个Ⅱ级小类的评价精度都不高;水体和沙漠则因为特征点落入过少导致其评价精度较低(宋宏利 等,2012;宋富强 等,2011)。

从视频记录验证信息提取的角度,也存在三点需要关注的地方。一是解译与验证时间的差异。本次三维视频信息采集于2013年,土地覆盖遥感解译的数据源是2010年的TM影像,这会对一些近三年内有显著变化区域的验证精度带来影响。由于蒙古国东部地区地广人稀,主要以游牧等人类活动影响为主,所以除了少量城镇和道路外,其总体影响不大。二是Contour记录仪的固定位置不同,会对视频记录视野带来一定影响,从而影响采样精度。原则上,记录仪的位置越高,其视场越开阔,提取的验证点信息越可靠。三是采样的路线会影响到视频记录的土地覆盖验证点的分布,因此,在调查线路上既要考虑交通条件,也要充分考虑不同植被或土地覆盖类型的代表性,尽可能多地记录不同的土地覆盖情况。

### 2.3.2 基于地面验证点的精度评价

（1）评价方法

误差矩阵(混淆矩阵)是目前较为通用的精度评价方法,通过比较分类结果与地表真实信息计算得到,其结果是 $n$ 行 $n$ 列的矩阵,其中 $n$ 代表类别的数量(表2-12)。表中, $p_{ij}$ 是分类数据类型中第 $i$ 类和实测数据类型中第 $j$ 类所占的组成部分; $p_{i+} = \sum_{j=1}^{n} p_{ij}$ 为分类结果种第 $i$ 类的综合; $p_{+j} = \sum_{i=1}^{n} p_{ij}$ 为实测所得到的第 $j$ 类的总和; $p$ 为样本总数。根据误差矩阵可以计算得到总体分类精度、制图精度与用户精度等基本统计估计量(Green,2009)。

表 2-12　误差矩阵表

| 实测数据类型 | 分类数据类型 | | | | | 实测总和 |
|---|---|---|---|---|---|---|
| | 1 | 2 | ... | ... | $n$ | |
| 1 | $p_{11}$ | $p_{21}$ | ... | ... | $p_{n1}$ | $p_{+1}$ |
| 2 | $p_{12}$ | $p_{22}$ | ... | ... | $p_{n2}$ | $p_{+2}$ |
| ... | ... | ... | ... | ... | ... | ... |
| ... | ... | ... | ... | ... | ... | ... |
| $n$ | $p_{1n}$ | $p_{2n}$ | ... | ... | $p_{nn}$ | $p_{+n}$ |
| 分类总和 | $p_{1+}$ | $p_{2+}$ | ... | ... | $p_{n+}$ | $p$ |

①总体分类精度( $p_C$ )

总体分类精度等于被正确分类的像元总和除以总像元数,可以很好地表征分类精度。被正确分类的像元沿着混淆矩阵的对角线分布,它显示出被分类到正确地表真实分类中的像元数。

$$p_C = \sum_{k=1}^{n} \frac{p_{kk}}{p}$$ (2.4)

②制图精度( $p_{A_j}$ ,对于第 $j$ 类)

制图精度表示相对于地面获得的实际资料中的任意一个随机样本,分类结果中同一地点的分类结果与其相一致的条件概率。该精度反映了制图者生产此图采用方法的优劣。

$$p_{A_j} = \frac{b_{jj}}{p_{j+}} \tag{2.5}$$

③用户精度（$p_{U_i}$，对于第 $i$ 类）

用户精度表示从分类结果中任取一个随机样本，其所赋予的类型与地面实际类型相同的条件概率。该精度反映了用户看到分类图中个类别的可信度。

$$p_{U_i} = \frac{b_{ii}}{p_{i+}} \tag{2.6}$$

除以上指标，误差矩阵还可以直观反映每一类别的错分误差（Commission Error）和漏分误差（Omission Error）。其中，错分误差指被分为用户感兴趣的类，而实际上属于另一类的像元，显示在误差矩阵的行里面；漏分误差指本属于地表真实类，但没有被分类器分到相应类别中的像元数，显示在混淆矩阵的列里。

（2）数据来源

本次精度验证的数据来源主要由三部分构成：2013 年野外实测、从 Degree Confluence Program 下载、从 Google 上获取高清晰的点。本次验证共选取样本点 309 个，其中 2013 年野外实测点 50 个，DCP 网站上 119 个，Google 上 140 个。蒙古国共有 21 个省和 1 个首都，共 22 个区块，样点比较均匀地分布在全国，其中库苏古尔 13 个，扎布汗 15 个，乌布苏 12 个，巴颜乌列盖 8 个，科布多 10 个，戈壁阿尔泰 20 个，巴彦洪戈尔 18 个，南戈壁 29 个，东戈壁 26 个，苏赫巴托尔 23 个，东方 26 个，肯特 20 个，戈壁苏木贝尔 2 个，中戈壁 14 个，中央省 31 个，乌兰巴托市 3 个，鄂尔浑 3 个，色楞格 8 个，前杭爱 13 个，布尔干 7 个，后杭爱 8 个。其分布如图 2-36 所示。

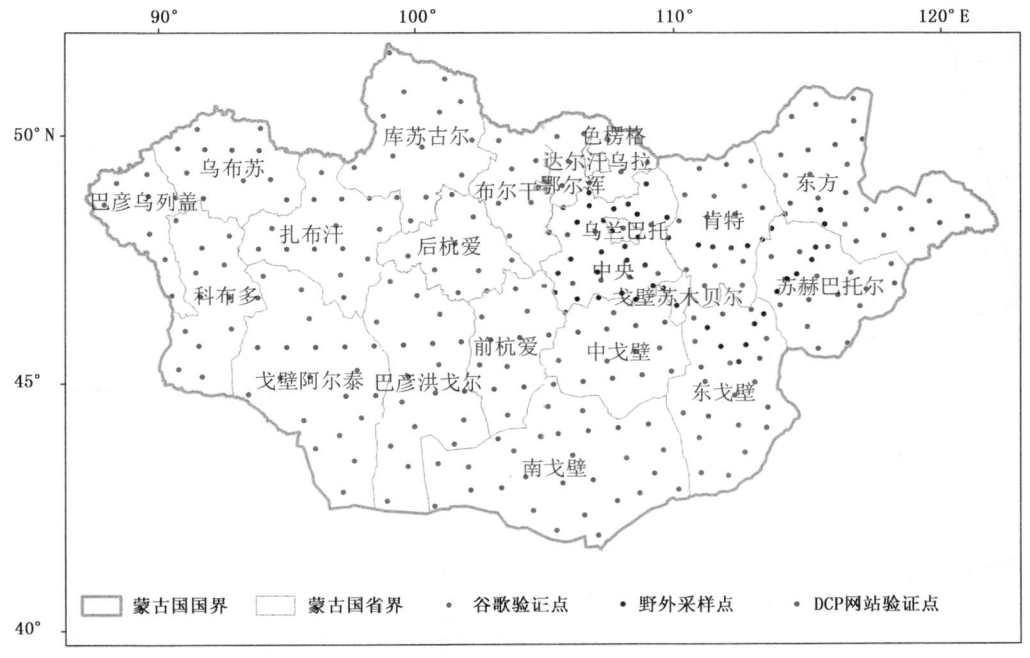

图 2-36　验证点分布

（3）评价结果

土地覆盖分类误差矩阵（表 2-13，表 2-14）表明 1990 年土地覆盖产品的一级类总体分类精度为 82.26%,二级类的总体分类精度为 68.55%。2010 年土地覆盖产品的一级类总体分类精度为 92.34%,二级类的总体分类精度为 80.24%。从时间上来看,2010 年的分类结果精度整体高于 1990 年,这和验证点的选取有关,由于所选的验证点大多集中在 2010 年以后,缺少历史数据用于验证 1990 年的结果,而经过 20 年部分地物类型已经发生变化,造成验证结果不准确。分别来看,1990 年的用户精度的高低排序为:农田>水体>裸土地>建设用地>森林>典型草地>荒漠草地>草甸草地>沙地,制图精度的高低排序为:农田=建设用地=沙地>水体>森林>典型草地>荒漠草地>草甸草地;2010 年的用户精度的高低排序为:农田=草甸草地>水体>裸土地>建设用地>典型草地>森林>荒漠草地>沙地,制图精度的高低排序为:农田=水体=建设用地=沙地>森林>裸土地>典型草地>草甸草地>荒漠草地。对比来看,1990 年与 2010 年农田的用户精度与制图精度最高,都达到了 100%。这是因为农田是在人类活动干预下形成的人工地物,其形状较为规则,通过后期人工目视解译可对其进行有效的划分,保证其分类精度。另外,与魏云洁等(2008)、田静等(2014)的结果比较,本数据集的数据产品更精细且精度更高。

**表 2-13　1990 年土地覆盖分类精度**

| 土地覆盖<br>类型 | 用户精度<br>(%) | 制图精度<br>(%) | 漏分误差<br>(%) | 错分误差<br>(%) |
|---|---|---|---|---|
| 森林 | 61.29 | 82.61 | 17.39 | 31.71 |
| 草甸草地 | 40.00 | 33.33 | 66.67 | 60.00 |
| 典型草地 | 64.41 | 56.72 | 43.28 | 35.59 |
| 荒漠草地 | 45.95 | 41.46 | 58.54 | 54.05 |
| 水体 | 90.91 | 95.23 | 4.77 | 9.09 |
| 农田 | 100.00 | 100 | 0 | 0 |
| 建设用地 | 83.33 | 100 | 0 | 16.67 |
| 沙地 | 12.50 | 100.00 | 0.00 | 87.50 |
| 裸土地 | 83.56 | 79.22 | 20.78 | 16.44 |

**表 2-14　2010 年土地覆盖分类精度**

| 土地覆盖<br>类型 | 用户精度<br>(%) | 制图精度<br>(%) | 漏分误差<br>(%) | 错分误差<br>(%) |
|---|---|---|---|---|
| 森林 | 66.67 | 94.12 | 5.88 | 33.33 |
| 草甸草地 | 100.00 | 73.33 | 2.67 | 0.00 |
| 典型草地 | 80.00 | 75.00 | 25.00 | 20.00 |
| 荒漠草地 | 62.16 | 62.16 | 37.84 | 37.84 |
| 水体 | 95.45 | 100 | 0 | 4.55 |
| 农田 | 100 | 100 | 0 | 0 |
| 建设用地 | 85.71 | 100 | 0 | 14.29 |
| 沙地 | 12.50 | 100.00 | 0.00 | 87.50 |
| 裸土地 | 91.78 | 82.72 | 17.28 | 8.22 |

# 第 3 章　蒙古国土地覆盖与景观格局

## 3.1　蒙古国土地覆盖总体分布格局

### 3.1.1　蒙古国土地覆盖总体特征分析

　　本研究通过 eCognition Developer 软件对蒙古国 1990 年和 2010 年的卫星影像进行土地覆盖解译,得到蒙古国 1990 年和 2010 年的土地覆盖数据分类数据产品,其分类结果如图 3-1 和图 3-2 所示。

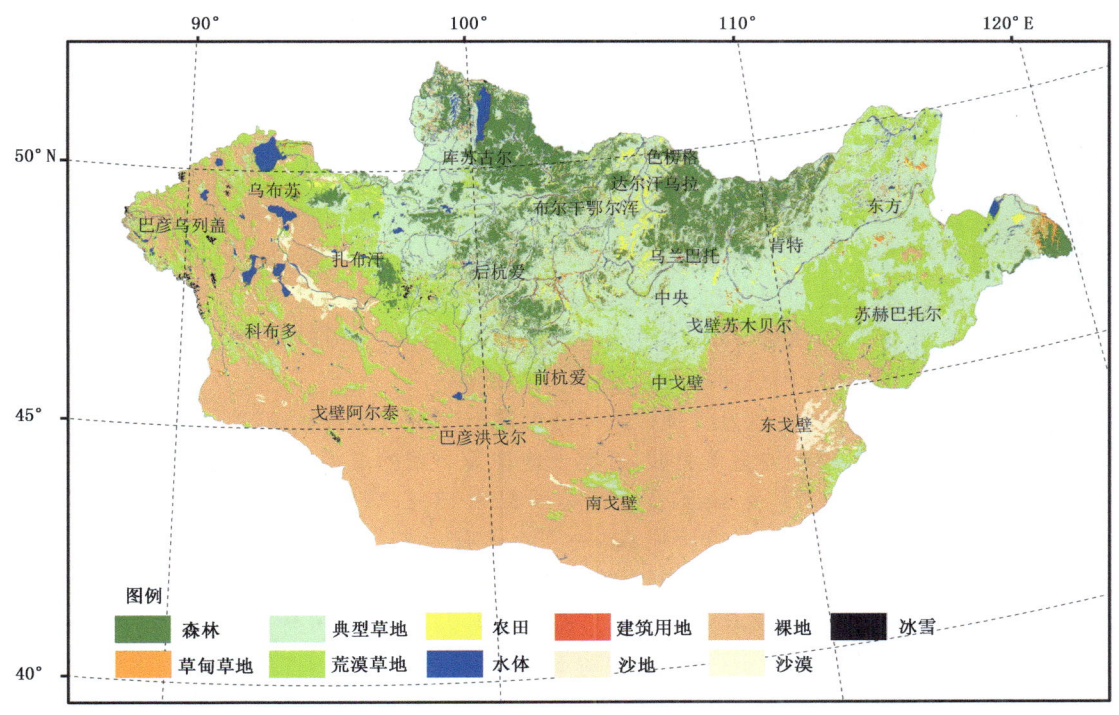

图 3-1　蒙古国 1990 年土地覆盖分类结果图

　　(1)全区总体分布特征分析

　　蒙古国土地覆盖分类包括森林、草地、水体、裸地、建筑用地、农田、苔原、湿地和冰雪。蒙古国 2010 年土地覆盖分类统计数据见表 3-1 所示,其土地覆被格局中,林地有 10.37 万 km²,

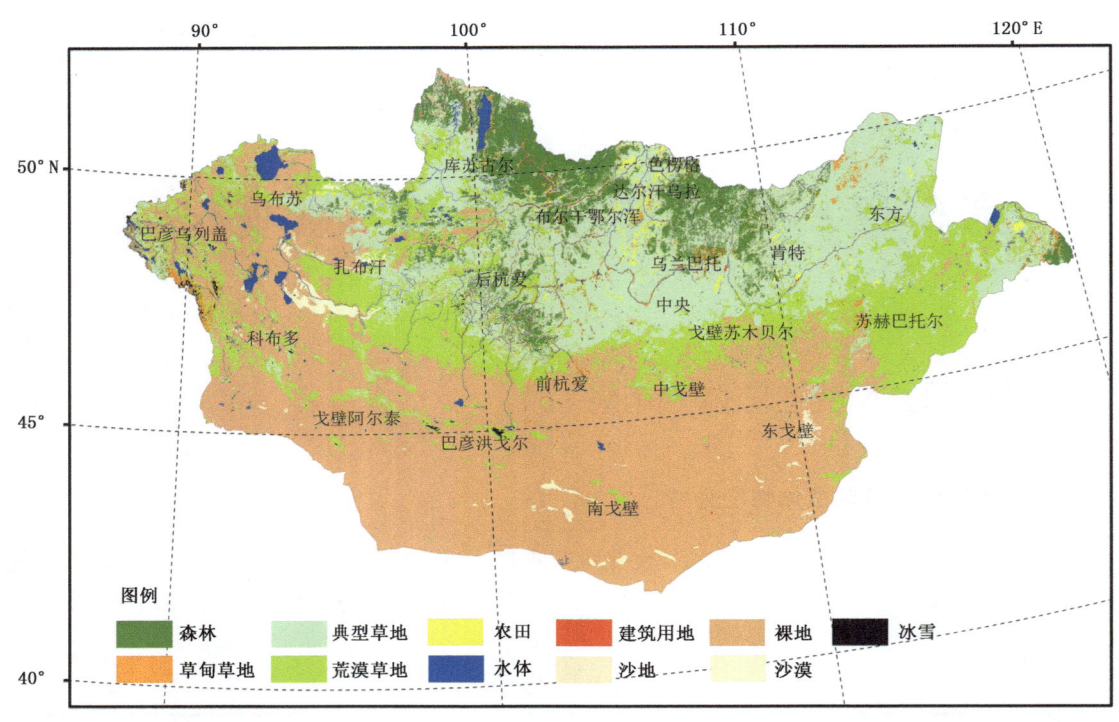

图 3-2　蒙古国 2010 年土地覆盖类型分类结果图

占土地总面积 6.63%；草地有 67.04 万 km²，占总面积 42.85%；耕地有 0.93 万 km²，占总面积 0.60%；水体有 1.77 万 km²，占总面积 1.14%；建设用地有 495.89 km²，占总面积 0.03%；沙地有 0.19 万 km²，占总面积 0.12%；裸地有 74.82 万 km²，占总面积 47.83%；沙漠有 1.15 万 km²，占总面积 0.74%；冰雪有 0.11 万 km²，占总面积 0.07%。所有土地覆盖类型中，以森林、草地和裸地为主，三类面积之和占蒙古国土地总面积的 97.31%。其中，裸地的面积最大，占总面积的 47.83%；其次是草地，占总面积的 42.85%；水体、农田、冰雪和建筑用地的总面积较小，四类面积之和占蒙古国总面积的 1.83%。

　　从 1990 年蒙古国土地覆盖分类统计数据可以看出（表 3-1），森林、裸地和草地三大土地覆盖类型仍然是蒙古国主要土地覆盖类型，三类土地覆盖类型的总面积占蒙古国土地总面积的 96.86%。其中林地有 12.77 万 km²，占土地总面积 8.17%；草地有 66.70 万 km²，占总面积 42.64%；耕地有 1.46 万 km²，占总面积 0.93%；水体有 1.78 万 km²，占总面积 1.14%；建设用地有 473.29 km²，占总面积 0.03%；沙地有 0.58 万 km²，占总面积 0.37%；裸地 72.05 万 km²，占总面积 46.06%；沙漠有 0.94 万 km²，占总面积 0.60%；冰雪有 0.11 万 km²，占总面积 0.07%。在所有土地覆盖类型中，裸地的面积最大，占总面积的 46.06%；其次是草地，占总面积的 42.64%；水体、农田、冰雪和建筑用地的总面积较小，四类面积之和占蒙古国总面积的 2.17%。

　　总体来看，不同土地覆盖类型具有明显的空间分布规律。蒙古国 1990 年与 2010 年土地覆盖类型的分布大体相同。从蒙古国 1990 年土地覆盖分布图可看出，草地和裸地是面积最大的两个土地覆盖类型，远高于其他土地覆盖类型所占的比例。草地和裸地的分布具有明显的分界线，裸地分布比较集中连片，主要分布在蒙古国南部和西部，如东戈壁省、南戈壁省、巴彦

表 3-1　蒙古国 1990 和 2010 年各类型土地覆盖面积统计表

| 土地覆盖类型 | 1990 年 | | 2010 年 | |
|---|---|---|---|---|
| | 面积（km²） | 面积比例（%） | 面积（km²） | 面积比例（%） |
| 森林 | 127739.51 | 8.17 | 103668.07 | 6.63 |
| 草甸草地 | 22469.75 | 1.44 | 25413.07 | 1.62 |
| 典型草地 | 413244.74 | 26.42 | 385907.27 | 24.67 |
| 荒漠草地 | 231261.45 | 14.78 | 259077.15 | 16.56 |
| 冰雪 | 1069.07 | 0.07 | 1058.31 | 0.07 |
| 农田 | 14587.19 | 0.93 | 9330.58 | 0.60 |
| 水体 | 17831.03 | 1.14 | 17762.55 | 1.14 |
| 建筑用地 | 473.29 | 0.03 | 495.89 | 0.03 |
| 沙地 | 5798.05 | 0.37 | 1929.89 | 0.12 |
| 裸地 | 720463.73 | 46.06 | 748184.75 | 47.83 |
| 沙漠 | 9403.51 | 0.60 | 11513.77 | 0.74 |

洪戈尔省和戈壁阿尔泰省等地方。蒙古国草地分布广泛,草甸草地、典型草地和荒漠草地均有分布,草甸草地主要分布在北部湿润地区和河流附近,例如布尔干省和后杭爱省等地;典型草地是蒙古国最主要的草地类型,分布面积最大,主要分布在肯特省、中央省和扎布汗省东部等地;荒漠草地的分布具有明显的地域性,主要分布在典型草地和裸地之间,并在中部地区形成一条明显的条带,条带以南的土地覆盖以裸地为主。受区域内气温和降水条件限制,蒙古国的森林主要分布在库苏古尔省、布尔干省、色楞格省和肯特省等北部地区,后杭爱省和东方省东部也分布着少量林地。蒙古国作为传统的游牧民族部落,农耕水平极不发达,耕地面积很少,仅有少量耕地分布在首都乌兰巴托市周边和布尔干省等地。蒙古国的建设用地主要是一些重要城镇的聚集区,空间上分布较少且比较分散。水体主要以湖泊和河流形式存在,蒙古国的湖泊主要分布在西北部的乌布苏省和库苏古尔地区,例如库苏古尔湖、乌布苏湖、色楞格河等。冰雪、沙漠和沙地的面积都很小,沙地分布在东戈壁省,空间上非常明显;沙漠则集中分布在扎布汗中部以及扎布汗和戈壁阿尔泰的交界处,南戈壁的沙地也分布较为明显;冰雪主要分布在蒙古国境内海拔较高的巴彦乌列盖省。

　　从蒙古国 2010 年土地覆盖分布图可看出,草地和裸地依然是面积最大的两个土地覆盖类型。林地主要分布在蒙古国北部的库苏古尔省、达尔汗乌拉省、色楞格省,以及后杭爱南部等地区。蒙古国草地资源分布广泛,草甸草地主要分布在库苏古尔北部和东方省北部;典型草地则主要分布在东方省、肯特省、中央省等中部地区;荒漠草地在苏赫巴托尔省和后杭爱省南部面积较大,另外中戈壁省和巴彦乌列盖省也分布较多,荒漠草地整体在中部还呈带状分布,但是较 1990 年的分布明显向北扩展。蒙古国裸地扩张明显,裸地主要分布在东戈壁省、南戈壁省和戈壁阿尔泰省等南部和西部地区,但中戈壁省和前杭爱省等中部地区近年来也新增不少。建设用地的规模变化较少,主要分布在乌兰巴托等较发达城市地区,南戈壁省因其与中国密集的贸易往来,建设用地增长较为明显。蒙古国耕地面积很少,耕地主要分布在北部的达尔汗乌拉省和色楞格省。水体主要以湖泊和河流形式存在,蒙古国大型湖泊主要分布在西北部的乌布苏省和北部库苏古尔地区,南部的巴彦洪戈尔省也有少量湖泊分布。冰雪、沙漠和沙地的面积较少,但空间分布都较为集中。沙地依然集中分布在东戈壁省,空间变化很小;沙漠则主要分布在扎布汗和戈壁阿尔泰的交界处以及南戈壁中部,空间上非常明显;冰雪主要分布在蒙古国境内海拔较高的巴彦乌列盖和巴彦洪戈尔省中部。

（2）省级行政单元土地覆盖构成分析

各土地覆盖类型在蒙古国各区域空间分布具有明显的差异。按行政单元划分,蒙古国分为库苏古尔省、乌布苏省、巴彦乌列盖省、东方省、布尔干省、色楞格省、扎布汗省、达尔汗乌拉省、科布多省、肯特省、后杭爱省、中央省、鄂尔浑省、戈壁阿尔泰省、乌兰巴托市、苏赫巴托尔省、巴彦洪戈尔省、前杭爱省、戈壁苏木贝尔省、中戈壁省、东戈壁省、南戈壁省 21 个省和 1 个直辖市。从省域层次对蒙古国的土地覆盖进行分析可以更清晰地了解境内各土地类型的分布特征。

从 2010 年蒙古国各省土地覆盖统计结果（见表 3-3）来看,库苏古尔省土地总面积 10.04 万 km²,土地覆盖类型主要是典型草地、森林和荒漠草地,三者面积之和占库苏古尔省面积的 86.18%,草甸草地、农田、水体等其他土地覆被类型的面积相对较少。

乌布苏省位于蒙古国西部、大湖盆地的北部,土地面积为 6.96 万 km²。由于地处西北干旱地区,因此,裸地是其最主要的覆盖类型,占本省总面积的 59.64%,其次是荒漠草地和典型草地,分别占 15.37% 和 12.37%。乌布苏省水资源丰富,水体占土地总面积的 8.35%,是蒙古国水体面积最大的省份。

巴彦乌列盖省位于蒙古国西端的蒙古阿尔泰山脉最高处,属边疆区,全省土地总面积为 4.57 万 km²。境内土地覆被类型以裸地、荒漠草地和典型草地为主,三者分别占本省总面积的 57.83%、20.11% 和 11.14%,三者占本省总面积的 89.08%。

东方省位于蒙古国东部边疆,属北温带大陆性气候区,境内降水充沛,植被覆盖良好,是蒙古国重要的畜牧资源区,全省总面积 12.34 万 km²。东方省草地资源丰富,草地是其最重要的土地覆盖类型,草地面积占本省总面积的 93.30%,其中典型草地、荒漠草地和草甸草地分别占土地总面积的 61.73%、28.13% 和 3.45%。东方省森林资源也比较丰富,森林面积达 2881.49 km²。

布尔干省位于蒙古国北部杭爱山区和森林草原地带区,全省总面积 4.87 万 km²。布尔干地处北部湿润气候区,降水充足,植被生长茂盛,森林和草地是其最重要的土地覆盖类型,该区域典型草地、林地和草甸草地的面积分别占总面积的 53.26%,35.02% 和 5.67%。

色楞格省位于蒙古国中北部,北邻俄罗斯,土地总面积为 4.13 万 km²。典型草地、森林和农田是该省最主要的土地覆盖类型,分别占本省总面积的 51.11%、37.50% 和 7.77%。由于地处温带大陆性森林草原气候区,境内气候湿润,草甸草地分布也较为广泛,面积达 1298.56 km²。

扎布汗省地处蒙古国西部高原山区、大湖盆地东部地带,土地总面积 8.25 万 km²。该省主要的土地覆被类型是荒漠草地、典型草地和裸地,分别占本省总面积的 42.38%、25.70% 和 22.99%。

达尔汗乌拉省位于蒙古国中北部,地处哈拉河谷,首府达尔汗市是蒙古国第二大城市和新兴工业中心,全省总面积 3190.72 km²,是蒙古国面积第二小的省份。境内主要的土地覆盖类型是典型草地和森林,分别占其总面积的 61.42% 和 21.76%。

科布多省位于蒙古国西南边疆,境内气候干燥,以荒漠景观为主,全省总面积 7.61 万 km²。

科布多省的土地覆盖类型主要是裸地和荒漠草地,分别占本省总面积的 81.56% 和 10.10%,其他地类的面积较少。

肯特省位于蒙古国东部和中部省份之间,全省总面积 8.06 万 km²。肯特省气候较为湿润,植被盖度较好,草地类型分布丰富,草甸草地、典型草地和荒漠草地均有分布,且以典型草地为主。该省土地覆盖面积最大的三个地类分别是典型草地、森林和荒漠草地,分别占该省总面积的 65.49%、14.14% 和 11.87%。

后杭爱省位于蒙古国中西部,得名于杭爱山脉,是杭爱山东麓的经济中心和乌兰巴托市通往西部的交通要冲,全省总面积 5.52 万 km²。后杭爱省的土地覆盖类型主要是典型草地、荒漠草地和森林,三者分别占本省总面积的 56.88%、17.04% 和 14.97%。

中央省位于蒙古国中部偏东,肯特山脉西麓,是蒙古国重要的经济、文化中心,全省总面积 7.52 万 km²。中央省土地类型丰富,农牧业、种植业和工业都比较发达,该省面积最大的三个土地覆盖类型是典型草地、林地和荒漠草地,分别占本省总面积的 73.78%、11.82% 和 6.53%。蒙古国建设用地主要分布在中央省,面积达 143.73 km²。中央省地处蒙古国中北部,气候和降水比较适宜,是蒙古国重要的作物种植区,农田面积达 2192.87 km²。

鄂尔浑省位于布尔干省东北部的色楞格河畔,是蒙古国面积最小的省份,全省面积仅为 842.21 km²。鄂尔浑的土地覆盖类型主要是典型草地、森林和草甸草地,分别占本省总面积的 75.35%、11.36% 和 7.41%。

布尔干省面积最大的三个土地覆盖类型为典型草地、森林和草甸草地,三者分别占本省总面积的 75.35%、11.36% 和 7.41%。

戈壁阿尔泰省位于蒙古国西部,处在阿尔泰山脉东部,全省总面积 14.14 万 km²。戈壁阿尔泰是蒙古国典型的荒漠景观区,境内植被覆盖较差,以裸地为主要土地覆盖类型。境内面积最大的三个土地覆盖类型为裸地、荒漠草地和典型草地,三者分别占本省总面积的 87.65%、8.34% 和 1.28%,其中荒漠类型土地占本省总面积的 96.19%。

乌兰巴托市是蒙古国首都,位于蒙古高原中部,肯特山南端,鄂尔浑河支流图拉河畔,全市总面积 3961.65 km²。乌兰巴托市主要的土地覆盖类型是典型草地、森林、草甸草地和建设用地,分别占总面积的 65.84%、24.94%、3.94% 和 3.16%,草地是乌兰巴托面积最大的土地覆盖类型。

苏赫巴托尔省位于蒙古国东北部,总面积 8.23 万 km²。荒漠草地、裸地和典型草地是苏赫巴托尔省面积最大的三个土地覆盖类型,三者分别占本省总面积的 65.51%、19.79% 和 12.69%。

巴彦洪戈尔省位于蒙古国西南部,北部为杭爱山南麓高原,中部为多湖泊谷地,全省总面积为 11.57 万 km²。巴彦洪戈尔气候干旱,境内以裸地和荒漠草地为主,两者分别占本省总面积的 71.51% 和 20.38%,其次是典型草地,占本省总面积的 6.36%。

前杭爱省位于蒙古国中南部,杭爱山主脉东支脉区,全省总面积 6.29 万 km²。前杭爱的主要土地覆盖类型是裸地、典型草地和荒漠草地,三者分别占本省总面积的 63.78%、20.31% 和 10.95%。

戈壁苏木贝尔省位于蒙古国中部,面积很小,只有 5540.99 km²。戈壁苏木贝尔地处开阔的草原地段,没有森林和河流,境内主要的土地覆盖类型是裸地和荒漠草地,分别占该省总面积的 63.78% 和 35.91%。由于 1996 年之前原苏军驻扎在此,该省成立时接收了大量建筑,因此该省有建设用地面积 5.49 km²。

　　中戈壁省位于蒙古国中部,土地总面积 7.47 万 km²。该省属于戈壁草原地带,极少有森林分布,境内主要以裸地和荒漠草地为主,裸地和荒漠草地的面积分别占该省总面积的 76.32% 和 19.93%。

　　东戈壁省位于蒙古东南部,土地总面积 10.94 万 km²。整个地区由草原、半荒漠和戈壁沙漠地带组成,境内没有明显的垂直自然带。土地覆盖类型主要是裸地、荒漠草地和沙地,三者分别占本省土地面积的 91.50%、5.65% 和 1.76%。

　　南戈壁省地处蒙古国最南端,位于戈壁地带,境内地势起伏很大。由于境内气候干旱,降水稀少,土地覆盖以裸地为主,该地类面积占全省面积的 97.72%。境内无森林分布,草地资源也非常稀缺。南戈壁境内还分布着少量沙漠,是蒙古国典型的沙漠景观地区。

　　从蒙古国 1990 年各行政区土地覆盖统计结果来看,蒙古国各土地覆盖类型在蒙古国的各行政区分布与 2010 年蒙古国各行政区各类型的覆盖情况结构相近,这里不再赘述。1990 年蒙古国各行政区统计结果如表 3-2 所示。

表 3-2　蒙古国 1990 年各省土地覆盖类型面积(km²)及比例(%)统计表(一级类)

| 行政区划<br>(省、市) | | 总面积 | 森林 | 草甸草地 | 典型草地 | 荒漠草地 | 冰雪 | 农田 | 水体 | 建筑用地 | 沙地 | 裸地 | 沙漠 |
|---|---|---|---|---|---|---|---|---|---|---|---|---|---|
| 库苏古尔 | 面积 | 100393.56 | 36107.33 | 1363.82 | 52365.71 | 2986.80 | 19.78 | 311.94 | 3904.63 | 12.29 | 0.00 | 3321.17 | 0.00 |
| | 面积比例 | 100.00 | 35.97 | 1.36 | 52.16 | 2.98 | 0.02 | 0.31 | 3.89 | 0.01 | 0.00 | 3.31 | 0.00 |
| 乌布苏 | 面积 | 69630.12 | 2051.41 | 785.73 | 4014.98 | 23458.48 | 52.18 | 519.69 | 5665.03 | 0.04 | 0.00 | 31483.43 | 1599.08 |
| | 面积比例 | 100.00 | 2.95 | 1.13 | 5.77 | 33.69 | 0.07 | 0.75 | 8.14 | 0.00 | 0.00 | 45.22 | 2.30 |
| 巴彦乌列盖 | 面积 | 45737.49 | 38.06 | 844.15 | 2825.55 | 11431.17 | 634.78 | 0.00 | 670.95 | 0.00 | 0.00 | 29292.80 | 0.00 |
| | 面积比例 | 100.00 | 0.08 | 1.85 | 6.18 | 24.99 | 1.39 | 0.00 | 1.47 | 0.00 | 0.00 | 64.05 | 0.00 |
| 东方 | 面积 | 123435.15 | 5254.28 | 4447.52 | 67460.37 | 38489.45 | 0.00 | 1391.64 | 1691.25 | 48.14 | 0.00 | 4652.37 | 0.00 |
| | 面积比例 | 100.00 | 4.26 | 3.60 | 54.65 | 31.18 | 0.00 | 1.13 | 1.37 | 0.04 | 0.00 | 3.77 | 0.00 |
| 布尔干 | 面积 | 48740.60 | 14288.26 | 2432.83 | 28381.10 | 1857.97 | 0.00 | 1027.60 | 350.41 | 3.27 | 0.00 | 372.38 | 26.73 |
| | 面积比例 | 100.00 | 29.31 | 4.99 | 58.24 | 3.81 | 0.00 | 2.11 | 0.72 | 0.01 | 0.00 | 0.76 | 0.05 |
| 色楞格 | 面积 | 41277.07 | 16487.04 | 1079.03 | 19639.27 | 246.81 | 0.00 | 3521.77 | 156.61 | 42.06 | 0.00 | 104.44 | 0.00 |
| | 面积比例 | 100.00 | 39.94 | 2.61 | 47.58 | 0.60 | 0.00 | 8.53 | 0.38 | 0.10 | 0.00 | 0.25 | 0.00 |
| 扎布汗 | 面积 | 82542.78 | 5148.25 | 165.65 | 22412.98 | 27919.20 | 198.51 | 545.73 | 914.23 | 10.25 | 0.00 | 22332.65 | 2895.26 |
| | 面积比例 | 100.00 | 6.24 | 0.20 | 27.15 | 33.82 | 0.24 | 0.66 | 1.11 | 0.01 | 0.00 | 27.06 | 3.51 |
| 达尔汗乌拉 | 面积 | 3190.72 | 901.75 | 81.73 | 1688.78 | | | 461.05 | 11.72 | 37.36 | | 8.32 | |
| | 面积比例 | 100.00 | 28.26 | 2.56 | 52.93 | | | 14.45 | 0.37 | 1.17 | | 0.26 | |
| 科布多 | 面积 | 76097.27 | 44.33 | 777.56 | 2893.22 | 10602.21 | 95.27 | 0.00 | 2189.36 | | 0.00 | 58719.70 | 775.53 |
| | 面积比例 | 100.00 | 0.06 | 1.02 | 3.80 | 13.93 | 0.13 | 0.00 | 2.88 | | 0.00 | 77.16 | 1.02 |
| 肯特 | 面积 | 80616.03 | 17769.55 | 1974.86 | 47446.86 | 9599.47 | 0.00 | 1154.94 | 286.70 | 22.41 | 0.00 | 2361.16 | 0.00 |
| | 面积比例 | 100.00 | 22.04 | 2.45 | 58.86 | 11.91 | 0.00 | 1.43 | 0.36 | 0.03 | 0.00 | 2.93 | 0.00 |
| 后杭爱 | 面积 | 55199.82 | 12022.92 | 3509.41 | 31824.80 | 4605.67 | 2.51 | 569.98 | 479.77 | 0.00 | 0.00 | 2184.72 | 0.00 |
| | 面积比例 | 100.00 | 21.78 | 6.36 | 57.65 | 8.34 | 0.00 | 1.03 | 0.87 | 0.00 | 0.00 | 3.96 | 0.00 |

续表

| 行政区划<br>(省、市) | | 总面积 | 森林 | 草甸<br>草地 | 典型<br>草地 | 荒漠<br>草地 | 冰雪 | 农田 | 水体 | 建筑<br>用地 | 沙地 | 裸地 | 沙漠 |
|---|---|---|---|---|---|---|---|---|---|---|---|---|---|
| 中央 | 面积 | 75244.40 | 13700.24 | 1925.83 | 51713.36 | 3041.08 | 0.00 | 4035.67 | 227.18 | 129.77 | 0.00 | 387.93 | 83.26 |
| | 面积比例 | 100.00 | 18.21 | 2.56 | 68.73 | 4.04 | 0.00 | 5.36 | 0.30 | 0.17 | 0.00 | 0.52 | 0.11 |
| 鄂尔浑 | 面积 | 842.22 | 22.61 | 21.66 | 660.75 | 78.39 | 0.00 | 30.04 | 8.42 | 12.89 | 0.00 | 7.45 | 0.00 |
| | 面积比例 | 100.00 | 2.68 | 2.57 | 78.45 | 9.31 | 0.00 | 3.57 | 1.00 | 1.53 | 0.00 | 0.88 | 0.00 |
| 戈壁<br>阿尔泰 | 面积 | 141668.80 | 258.96 | 80.87 | 1249.99 | 5623.93 | 54.83 | 30.19 | 166.37 | 1.43 | 0.00 | 131116.97 | 3085.12 |
| | 面积比例 | 100.00 | 0.18 | 0.06 | 0.88 | 3.97 | 0.04 | 0.02 | 0.12 | 0.00 | 0.00 | 92.55 | 2.18 |
| 乌兰<br>巴托 | 面积 | 3961.64 | 1642.13 | 154.69 | 1947.63 | 23.06 | 0.00 | 57.84 | 23.55 | 103.29 | 0.00 | 9.31 | 0.13 |
| | 面积比例 | 100.00 | 41.45 | 3.90 | 49.16 | 0.58 | 0.00 | 1.46 | 0.59 | 2.61 | 0.00 | 0.23 | 0.00 |
| 苏赫<br>巴托尔 | 面积 | 82327.83 | 0.00 | 209.44 | 36743.26 | 36189.71 | 0.00 | 295.42 | 180.13 | 2.82 | 0.00 | 8706.97 | 0.00 |
| | 面积比例 | 100.00 | 0.00 | 0.25 | 44.63 | 43.96 | 0.00 | 0.36 | 0.22 | 0.00 | 0.00 | 10.58 | 0.00 |
| 巴彦<br>洪戈尔 | 面积 | 115654.10 | 122.93 | 1553.24 | 11882.18 | 18115.74 | 11.30 | 113.04 | 526.91 | 7.07 | 0.00 | 83300.53 | 21.04 |
| | 面积比例 | 100.00 | 0.11 | 1.34 | 10.27 | 15.66 | 0.01 | 0.10 | 0.46 | 0.01 | 0.00 | 72.03 | 0.02 |
| 前杭爱 | 面积 | 62932.92 | 1878.26 | 1000.44 | 13567.76 | 8577.45 | 0.00 | 466.77 | 136.36 | 0.28 | 0.00 | 37254.84 | 50.70 |
| | 面积比例 | 100.00 | 2.98 | 1.59 | 21.56 | 13.63 | 0.00 | 0.74 | 0.22 | 0.00 | 0.00 | 59.20 | 0.08 |
| 戈壁苏<br>木贝尔 | 面积 | 5540.99 | 0.65 | 4.56 | 585.00 | 2662.82 | 0.00 | 26.48 | 4.98 | 21.53 | 0.00 | 2234.96 | 0.00 |
| | 面积比例 | 100.00 | 0.01 | 0.08 | 10.56 | 48.06 | 0.00 | 0.48 | 0.09 | 0.39 | 0.00 | 40.34 | 0.00 |
| 中戈壁 | 面积 | 74703.96 | 0.00 | 34.83 | 11460.16 | 14917.00 | 0.00 | 26.04 | 131.64 | 7.15 | 0.00 | 48127.07 | 0.00 |
| | 面积比例 | 100.00 | 0.00 | 0.05 | 15.34 | 19.97 | 0.00 | 0.03 | 0.18 | 0.01 | 0.00 | 64.42 | 0.00 |
| 东戈壁 | 面积 | 109430.68 | 0.00 | 0.00 | 1331.66 | 6900.81 | 0.00 | 0.00 | 41.29 | 3.56 | 5798.05 | 95254.76 | 100.45 |
| | 面积比例 | 100.00 | 0.00 | 0.00 | 1.22 | 6.31 | 0.00 | 0.00 | 0.04 | 0.00 | 5.30 | 87.05 | 0.09 |
| 南戈壁 | 面积 | 165167.59 | 0.00 | 22.11 | 1147.89 | 3932.44 | 0.00 | 1.36 | 63.36 | 7.66 | 0.00 | 159226.41 | 766.20 |
| | 面积比例 | 100.00 | 0.00 | 0.01 | 0.69 | 2.38 | 0.00 | 0.00 | 0.04 | 0.00 | 0.00 | 96.40 | 0.46 |

**表 3-3　蒙古国 2010 年各省土地覆盖类型面积(km²)及比例(%)统计表(一级类)**

| 行政区划<br>(省、市) | | 总面积 | 森林 | 草甸<br>草地 | 典型<br>草地 | 荒漠<br>草地 | 冰雪 | 农田 | 水体 | 建筑用地 | 沙地 | 裸地 | 沙漠 |
|---|---|---|---|---|---|---|---|---|---|---|---|---|---|
| 库苏<br>古尔 | 面积 | 100393.36 | 32342.91 | 2191.34 | 38247.32 | 15925.16 | 19.09 | 250.38 | 3658.92 | 17.81 | 0.00 | 7740.44 | 0.00 |
| | 面积比例 | 100.00 | 32.22 | 2.18 | 38.10 | 15.86 | 0.02 | 0.25 | 3.64 | 0.02 | 0.00 | 7.71 | 0.00 |
| 乌布苏 | 面积 | 69630.06 | 562.70 | 859.26 | 8613.62 | 10699.81 | 28.71 | 326.61 | 5817.55 | 1.50 | 0.00 | 41528.75 | 1191.55 |
| | 面积比例 | 100.00 | 0.81 | 1.23 | 12.37 | 15.37 | 0.04 | 0.47 | 8.35 | 0.00 | 0.00 | 59.64 | 1.71 |
| 巴彦<br>乌列盖 | 面积 | 45737.43 | 127.74 | 2939.17 | 5096.87 | 9195.74 | 680.39 | 0.00 | 1247.01 | | 0.00 | 26450.51 | 0.00 |
| | 面积比例 | 100.00 | 0.28 | 6.43 | 11.14 | 20.11 | 1.49 | 0.00 | 2.73 | | 0.00 | 57.83 | 0.00 |
| 东方 | 面积 | 123433.58 | 2881.49 | 4258.96 | 76191.02 | 34717.55 | 0.00 | 712.16 | 1269.16 | 17.70 | 0.00 | 3385.53 | 0.00 |
| | 面积比例 | 100.00 | 2.33 | 3.45 | 61.73 | 28.13 | 0.00 | 0.58 | 1.03 | 0.01 | 0.00 | 2.74 | 0.00 |

续表

| 行政区划<br>（省、市） | | 总面积 | 森林 | 草甸<br>草地 | 典型<br>草地 | 荒漠<br>草地 | 冰雪 | 农田 | 水体 | 建筑用地 | 沙地 | 裸地 | 沙漠 |
|---|---|---|---|---|---|---|---|---|---|---|---|---|---|
| 布尔干 | 面积 | 48741.01 | 17068.84 | 2765.24 | 25957.04 | 1813.16 | 0.00 | 458.43 | 288.05 | 1.23 | 0.00 | 384.74 | 4.28 |
| | 面积比例 | 100.00 | 35.02 | 5.67 | 53.26 | 3.72 | 0.00 | 0.94 | 0.59 | 0.00 | 0.00 | 0.79 | 0.01 |
| 色楞格 | 面积 | 41276.71 | 15478.66 | 1298.56 | 21095.99 | 11.67 | 0.00 | 3208.28 | 129.34 | 46.11 | 0.00 | 8.10 | 0.00 |
| | 面积比例 | 100.00 | 37.50 | 3.15 | 51.11 | 0.03 | 0.00 | 7.77 | 0.31 | 0.11 | 0.00 | 0.02 | 0.00 |
| 扎布汗 | 面积 | 82542.73 | 3030.91 | 54.55 | 21213.86 | 34983.08 | 0.38 | 234.04 | 786.31 | 8.89 | 0.00 | 18974.82 | 3255.89 |
| | 面积比例 | 100.00 | 3.67 | 0.07 | 25.70 | 42.38 | 0.00 | 0.28 | 0.95 | 0.01 | 0.00 | 22.99 | 3.94 |
| 达尔汗<br>乌拉 | 面积 | 3190.72 | 694.25 | 158.63 | 1959.72 | 0.00 | 0.00 | 350.91 | 10.21 | 16.83 | 0.00 | 0.17 | 0.00 |
| | 面积比例 | 100.00 | 21.76 | 4.97 | 61.42 | 0.00 | 0.00 | 11.00 | 0.32 | 0.53 | 0.00 | 0.01 | 0.00 |
| 科布多 | 面积 | 76097.23 | 84.50 | 743.02 | 2815.24 | 7684.90 | 59.58 | 0.00 | 2308.00 | 0.00 | 0.00 | 62063.33 | 338.65 |
| | 面积比例 | 100.00 | 0.11 | 0.98 | 3.70 | 10.10 | 0.08 | 0.00 | 3.03 | 0.00 | 0.00 | 81.56 | 0.45 |
| 肯特 | 面积 | 80616.58 | 11397.31 | 1467.23 | 52799.74 | 9568.04 | 0.00 | 841.68 | 157.08 | 40.71 | 0.00 | 4344.80 | 0.00 |
| | 面积比例 | 100.00 | 14.14 | 1.82 | 65.49 | 11.87 | 0.00 | 1.04 | 0.19 | 0.05 | 0.00 | 5.39 | 0.00 |
| 后杭爱 | 面积 | 55199.80 | 8264.19 | 3021.99 | 31397.83 | 9407.82 | 15.21 | 275.51 | 504.66 | 6.60 | 0.00 | 2305.98 | 0.00 |
| | 面积比例 | 100.00 | 14.97 | 5.47 | 56.88 | 17.04 | 0.03 | 0.50 | 0.91 | 0.01 | 0.00 | 4.18 | 0.00 |
| 中央 | 面积 | 75244.27 | 8897.63 | 1844.66 | 55512.31 | 4917.18 | 0.00 | 2192.87 | 177.96 | 143.73 | 0.00 | 1457.52 | 100.41 |
| | 面积比例 | 100.00 | 11.82 | 2.45 | 73.78 | 6.53 | 0.00 | 2.91 | 0.24 | 0.19 | 0.00 | 1.94 | 0.13 |
| 鄂尔浑 | 面积 | 842.21 | 95.68 | 62.42 | 634.62 | 0.34 | 0.00 | 22.71 | 13.26 | 13.19 | 0.00 | 0.00 | 0.00 |
| | 面积比例 | 100.00 | 11.36 | 7.41 | 75.35 | 0.04 | 0.00 | 2.70 | 1.57 | 1.57 | 0.00 | 0.00 | 0.00 |
| 戈壁<br>阿尔泰 | 面积 | 141669.27 | 9.04 | 101.07 | 1816.35 | 11818.64 | 65.10 | 27.86 | 190.54 | 3.46 | 0.00 | 124178.29 | 3458.91 |
| | 面积比例 | 100.00 | 0.01 | 0.07 | 1.28 | 8.34 | 0.05 | 0.02 | 0.13 | 0.00 | 0.00 | 87.65 | 2.44 |
| 乌兰<br>巴托 | 面积 | 3961.65 | 987.95 | 156.01 | 2608.31 | 55.39 | 0.00 | 13.86 | 13.38 | 125.26 | 0.00 | 1.49 | 0.00 |
| | 面积比例 | 100.00 | 24.94 | 3.94 | 65.84 | 1.40 | 0.00 | 0.35 | 0.34 | 3.16 | 0.00 | 0.04 | 0.00 |
| 苏赫<br>巴托尔 | 面积 | 82327.49 | 0.03 | 1253.89 | 16296.43 | 53935.26 | 0.00 | 301.46 | 89.70 | 2.65 | 0.00 | 10448.07 | 0.00 |
| | 面积比例 | 100.00 | 0.00 | 1.52 | 19.79 | 65.51 | 0.00 | 0.37 | 0.11 | 0.00 | 0.00 | 12.69 | 0.00 |
| 巴彦<br>洪戈尔 | 面积 | 115654.10 | 143.74 | 1020.94 | 7360.45 | 23572.47 | 174.21 | 47.42 | 582.20 | 2.98 | 0.00 | 82701.73 | 47.95 |
| | 面积比例 | 100.00 | 0.12 | 0.88 | 6.36 | 20.38 | 0.15 | 0.04 | 0.50 | 0.00 | 0.00 | 71.51 | 0.04 |
| 前杭爱 | 面积 | 62932.88 | 1600.24 | 1215.83 | 12782.45 | 6893.64 | 15.70 | 66.42 | 137.16 | 5.38 | 0.00 | 40137.85 | 78.21 |
| | 面积比例 | 100.00 | 2.54 | 1.93 | 20.31 | 10.95 | 0.02 | 0.11 | 0.22 | 0.01 | 0.00 | 63.78 | 0.12 |
| 戈壁苏<br>木贝尔 | 面积 | 5540.99 | 0.00 | 0.00 | 1.05 | 1989.67 | 0.00 | 0.00 | 11.01 | 5.49 | 0.00 | 3533.78 | 0.00 |
| | 面积比例 | 100.00 | 0.00 | 0.00 | 0.02 | 35.91 | 0.00 | 0.00 | 0.20 | 0.10 | 0.00 | 63.78 | 0.00 |
| 中戈壁 | 面积 | 74703.91 | 0.00 | 0.00 | 2719.88 | 14889.97 | 0.00 | 0.00 | 66.78 | 11.87 | 0.00 | 57015.42 | 0.00 |
| | 面积比例 | 100.00 | 0.00 | 0.00 | 3.64 | 19.93 | 0.00 | 0.00 | 0.09 | 0.02 | 0.00 | 76.32 | 0.00 |
| 东戈壁 | 面积 | 109430.90 | 0.00 | 0.00 | 738.14 | 6181.91 | 0.00 | 0.00 | 50.18 | 2.84 | 1929.89 | 100124.55 | 403.39 |
| | 面积比例 | 100.00 | 0.00 | 0.00 | 0.67 | 5.65 | 0.00 | 0.00 | 0.05 | 0.00 | 1.76 | 91.50 | 0.37 |
| 南戈壁 | 面积 | 165166.92 | 0.00 | 0.00 | 48.43 | 813.86 | 0.00 | 0.00 | 253.91 | 21.69 | 0.00 | 161394.51 | 2634.53 |
| | 面积比例 | 100.00 | 0.00 | 0.00 | 0.03 | 0.49 | 0.00 | 0.00 | 0.15 | 0.01 | 0.00 | 97.72 | 1.60 |

### 3.1.2　蒙古国各土地覆盖类型分布特征

（1）森林分布特征与分析

森林是蒙古国的主要土地覆盖类型之一。蒙古国森林资源丰富,特别是库苏古尔、色楞格等北部地区,是蒙古国重要的木材生产基地。蒙古国林地种类丰富,包括针叶林、阔叶林、针阔混交林和灌木林四种,其中以针叶林为主要类型,其次为针阔混交林。从 1990 年和 2010 年蒙古国土地覆盖一级类森林类型的分布结果图可以看出（图 3-3）,研究区森林分布广泛,区域分布特点鲜明。

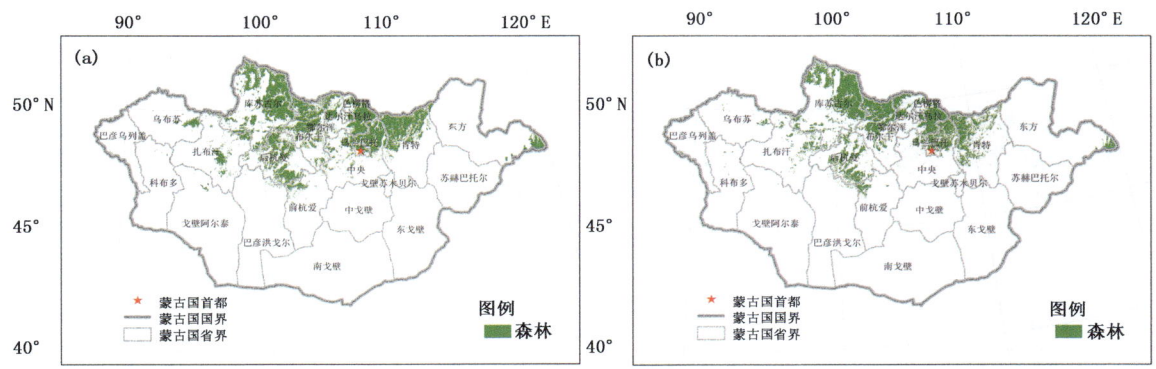

图 3-3　蒙古国 1990 年(a)和 2010 年(b)森林分布结果图

由蒙古国 1990 年森林分布结果及各行政区森林覆盖统计表（表 3-4）可以看出,蒙古国 1990 年林地总面积 12.77 万 km²。森林资源的分布与气候条件、地形等关系密切,主要分布在蒙古国中西部和北部地区等较为湿润地区。从森林覆盖面积统计表可以看出,库苏古尔省、肯特省、色楞格省、布尔干省和中央省是蒙古国的主要森林分布区,四省的森林面积占蒙古国森林总面积的 77.01%。蒙古国南部非常干旱,几乎没有森林资源分布。

表 3-4　蒙古国各省森林覆盖统计表

| 行政区划(省、市) | 1990 年 | | 2010 年 | |
| --- | --- | --- | --- | --- |
| | 面积(km²) | 面积比例(%) | 面积(km²) | 面积比例(%) |
| 库苏古尔 | 36107.30 | 28.27 | 32342.90 | 31.20 |
| 乌布苏 | 2051.41 | 1.61 | 562.70 | 0.54 |
| 巴彦乌列盖 | 38.06 | 0.03 | 127.74 | 0.12 |
| 东方 | 5254.28 | 4.11 | 2881.49 | 2.78 |
| 布尔干 | 14288.30 | 11.19 | 17068.80 | 16.46 |
| 色楞格 | 16487.00 | 12.91 | 15478.70 | 14.93 |
| 扎布汗 | 5148.25 | 4.03 | 3030.91 | 2.92 |
| 达尔汗乌拉 | 901.75 | 0.71 | 694.25 | 0.67 |
| 科布多 | 44.33 | 0.03 | 84.50 | 0.08 |
| 肯特 | 17769.60 | 13.91 | 11397.30 | 10.99 |

| 行政区划（省、市） | 1990 年 | | 2010 年 | |
|---|---|---|---|---|
| | 面积（km²） | 面积比例（%） | 面积（km²） | 面积比例（%） |
| 后杭爱 | 12022.90 | 9.41 | 8264.19 | 7.97 |
| 中央 | 13700.85 | 10.73 | 8897.63 | 8.58 |
| 鄂尔浑 | 22.61 | 0.02 | 95.68 | 0.09 |
| 戈壁阿尔泰 | 258.96 | 0.20 | 9.04 | 0.01 |
| 乌兰巴托 | 1642.13 | 1.29 | 987.95 | 0.95 |
| 巴彦洪戈尔 | 122.93 | 0.10 | 143.74 | 0.14 |
| 前杭爱 | 1878.26 | 1.47 | 1600.24 | 1.54 |

根据蒙古国 2010 年森林分布结果及各行政区森林覆盖统计表（表 3-4）可知，研究区 2010 年林地总面积 10.37 万 km²，较 1990 年减少了 2.41 万 km²。2010 年森林的空间分布格局与 1990 年相似，与 1990 年不同的是其在各行政区的面积稍有变化。其中库苏古尔省和布尔干省的森林面积增加较快，库苏古尔省的森林面积最大，其森林面积占蒙古国森林总面积的 31.20%，东方省、肯特省等地区林地面积呈减少趋势。

（2）草地分布特征与分析

草地是蒙古国最主要的土地覆盖类型，草地面积占蒙古国土地总面积的 42.64%。蒙古国是传统的畜牧大国，畜牧业发达，境内草地资源丰富，草甸草地、典型草地和荒漠草地都有分布。从 1990 年和 2010 年蒙古国土地覆盖一级类草地类型的分布结果图可以看出（图 3-4），研究区草地分布广泛，中部和北部是草地资源优势区域。

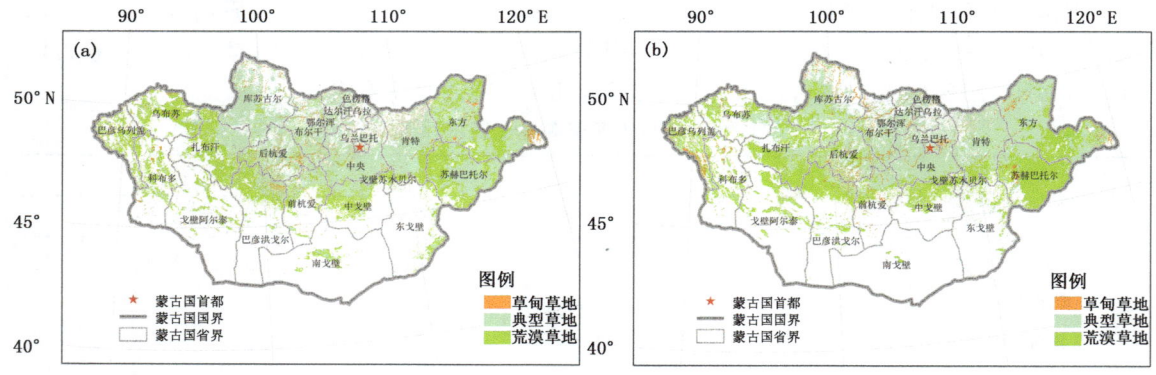

图 3-4　蒙古国 1990 年（a）和 2010 年（b）草地分布结果图

①草甸草地

草甸草地是畜牧业发展中重要的草地资源，其生长需水条件较为苛刻，在蒙古国草地面积中所占比重较小，蒙古国 1990 年共有草甸草地 2.25 万 km²。从蒙古国 1990 年草地分布结果及各行政区草甸草地覆盖统计表（表 3-5）可以看出，蒙古国草甸草地主要分布在东方省、后杭爱省、布尔干省、肯特省等北部湿润地区，其他地方较少分布。

表 3-5　蒙古国各省草甸草地覆盖统计表

| 行政区划(省、市) | 1990 年 | | 2010 年 | |
|---|---|---|---|---|
| | 面积(km²) | 面积比例(%) | 面积(km²) | 面积比例(%) |
| 库苏古尔 | 1363.82 | 6.07 | 2191.34 | 8.62 |
| 乌布苏 | 785.73 | 3.50 | 859.26 | 3.38 |
| 巴彦乌列盖 | 844.15 | 3.76 | 2939.17 | 11.57 |
| 东方 | 4447.52 | 19.79 | 4258.96 | 16.76 |
| 布尔干 | 2432.83 | 10.83 | 2765.24 | 10.88 |
| 色楞格 | 1079.03 | 4.80 | 1298.56 | 5.11 |
| 扎布汗 | 165.65 | 0.74 | 54.55 | 0.21 |
| 达尔汗乌拉 | 81.73 | 0.36 | 158.63 | 0.62 |
| 科布多 | 777.56 | 3.46 | 743.02 | 2.92 |
| 肯特 | 1974.86 | 8.79 | 1467.23 | 5.77 |
| 后杭爱 | 3509.41 | 15.62 | 3021.99 | 11.89 |
| 中央 | 1925.83 | 8.57 | 1844.66 | 7.26 |
| 鄂尔浑 | 21.66 | 0.10 | 62.42 | 0.25 |
| 戈壁阿尔泰 | 80.87 | 0.36 | 101.07 | 0.40 |
| 乌兰巴托 | 154.69 | 0.69 | 156.01 | 0.61 |
| 苏赫巴托尔 | 209.44 | 0.93 | 1253.89 | 4.93 |
| 巴彦洪戈尔 | 1553.24 | 6.91 | 1020.94 | 4.02 |
| 前杭爱 | 1000.44 | 4.45 | 1215.83 | 4.78 |
| 戈壁苏木贝尔 | 4.56 | 0.02 | 0.00 | 0.00 |
| 中戈壁 | 34.83 | 0.16 | 0.00 | 0.00 |
| 东戈壁 | 22.11 | 0.10 | 0.00 | 0.00 |

　　从蒙古国 2010 年草地分布结果及各行政区草甸草地覆盖统计表(表 3-5)可以看出,蒙古国 2010 年草甸草地面积为 2.54 万 km²,较 1990 年略有增加,其总体分布格局和 1990 年变化较大。2010 年草甸草地主要分布在东方省、后杭爱省、巴彦乌列盖省、布尔干省,其他各省面积变化不大。

　　②典型草地

　　典型草地是蒙古国主要的草地覆盖类型,蒙古国 1990 年典型草地的面积占总面积的 26.42%,且分布广泛。从蒙古国草地分布结果及各行政区典型草地覆盖统计表(表 3-6)可以看出,蒙古国 1990 年典型草地主要分布在东方省、库苏古尔省、中央省和肯特省,其他中部省份也分布较多,例如后杭爱省、苏赫巴托尔省等。其中东方省的典型草地面积最大,其典型草地的面积占蒙古国典型草地总面积的 19.79%。

**表 3-6　蒙古国各省典型草地覆盖统计表**

| 行政区划(省、市) | 1990 年 | | 2010 年 | |
|---|---|---|---|---|
| | 面积(km²) | 面积比例(%) | 面积(km²) | 面积比例(%) |
| 库苏古尔 | 52365.70 | 12.67 | 38247.30 | 9.91 |
| 乌布苏 | 4014.98 | 0.97 | 8613.62 | 2.23 |
| 巴彦乌列盖 | 2825.55 | 0.68 | 5096.87 | 1.32 |
| 东方 | 67460.40 | 16.32 | 76191.00 | 19.74 |
| 布尔干 | 28381.10 | 6.87 | 25957.00 | 6.73 |
| 色楞格 | 19639.30 | 4.75 | 21096.00 | 5.47 |
| 扎布汗 | 22413.00 | 5.42 | 21213.90 | 5.50 |
| 达尔汗乌拉 | 1688.78 | 0.41 | 1959.72 | 0.51 |
| 科布多 | 2893.22 | 0.70 | 2815.24 | 0.73 |
| 肯特 | 47446.90 | 11.48 | 52799.70 | 13.68 |
| 后杭爱 | 31824.80 | 7.70 | 31397.80 | 8.14 |
| 中央 | 51713.40 | 12.51 | 55512.30 | 14.38 |
| 鄂尔浑 | 660.75 | 0.16 | 634.62 | 0.16 |
| 戈壁阿尔泰 | 1249.99 | 0.30 | 1816.35 | 0.47 |
| 乌兰巴托 | 1947.63 | 0.47 | 2608.31 | 0.68 |
| 苏赫巴托尔 | 36743.30 | 8.89 | 16296.40 | 4.22 |
| 巴彦洪戈尔 | 11882.20 | 2.88 | 7360.45 | 1.91 |
| 前杭爱 | 13567.80 | 3.28 | 12782.40 | 3.31 |
| 戈壁苏木贝尔 | 585.00 | 0.14 | 1.05 | 0.00 |
| 中戈壁 | 11460.20 | 2.77 | 2719.88 | 0.70 |
| 东戈壁 | 1331.66 | 0.32 | 738.14 | 0.19 |
| 南戈壁 | 1147.89 | 0.28 | 48.43 | 0.01 |

　　从蒙古国 2010 年草地分布结果及各行政区典型草地覆盖统计表(表 3-6)可以看出,蒙古国 2010 年典型草地面积为 41.32 万 km²,较 1990 年减少了 2.73 万 km²。蒙古国 2010 年典型草地主要分布在东方省、中央省、肯特省和库苏古尔省,其他各省面积变化不大。

　　③荒漠草地

　　荒漠草地是蒙古国第三大土地覆盖类型。蒙古国荒漠草地的分布区域特征明显,主要分布于典型草地和裸地之间,另外还有较多的荒漠草地分布在西部干旱地区。从蒙古国 1990 年草地分布结果及各行政区荒漠草地覆盖统计表(表 3-7)可以看出,蒙古国 1990 年荒漠草地主要分布在东方省、苏赫巴托尔省、乌布苏省、扎布汗省和中戈壁省,在空间上形成一条明显的中部分界线。其中东方省的荒漠草地面积最大,其荒漠草地面积占蒙古国荒漠草地总面积的 16.64%。

表 3-7　蒙古国各省荒漠草地覆盖统计表

| 行政区划（省、市） | 1990 年 | | 2010 年 | |
|---|---|---|---|---|
| | 面积（km²） | 面积比例（%） | 面积（km²） | 面积比例（%） |
| 库苏古尔 | 2986.80 | 1.29 | 15925.20 | 6.15 |
| 乌布苏 | 23458.50 | 10.14 | 10699.80 | 4.13 |
| 巴彦乌列盖 | 11431.20 | 4.94 | 9195.74 | 3.55 |
| 东方 | 38489.50 | 16.64 | 34717.60 | 13.40 |
| 布尔干 | 1857.97 | 0.80 | 1813.16 | 0.70 |
| 色楞格 | 246.81 | 0.11 | 11.67 | 0.00 |
| 扎布汗 | 27919.20 | 12.07 | 34983.10 | 13.50 |
| 达尔汗乌拉 | 0.00 | 0.00 | 0.00 | 0.00 |
| 科布多 | 10602.20 | 4.58 | 7684.90 | 2.97 |
| 肯特 | 9599.47 | 4.15 | 9568.04 | 3.69 |
| 后杭爱 | 4605.67 | 1.99 | 9407.82 | 3.63 |
| 中央 | 3041.08 | 1.32 | 4917.18 | 1.90 |
| 鄂尔浑 | 78.39 | 0.03 | 0.34 | 0.00 |
| 戈壁阿尔泰 | 5623.93 | 2.43 | 11818.60 | 4.56 |
| 乌兰巴托 | 23.06 | 0.01 | 55.39 | 0.02 |
| 苏赫巴托尔 | 36189.70 | 15.65 | 53935.30 | 20.82 |
| 巴彦洪戈尔 | 18115.70 | 7.83 | 23572.50 | 9.10 |
| 前杭爱 | 8577.45 | 3.71 | 6893.64 | 2.66 |
| 戈壁苏木贝尔 | 2662.82 | 1.15 | 1989.67 | 0.77 |
| 中戈壁 | 14917.00 | 6.45 | 14890.00 | 5.75 |
| 东戈壁 | 6900.81 | 2.98 | 6181.91 | 2.39 |
| 南戈壁 | 3932.44 | 1.70 | 813.86 | 0.31 |

　　从蒙古国 2010 年草地分布结果及各行政区荒漠草地覆盖统计表（表 3-7）可以看出，蒙古国 2010 年荒漠草地面积为 25.91 万 km²，较 1990 年增加了 2.78 万 km²。蒙古国 2010 年荒漠草地主要分布较 1990 年变化较大，荒漠草地向南扩张的趋势明显，从其分布来看，2010 年荒漠草地主要分布在苏赫巴托尔省、扎布汗省、东方省和巴彦洪戈尔省。

　　（3）农田分布特征与分析

　　农田在蒙古国所占面积的比重较小，耕地主要以旱地为主。蒙古国是畜牧业发达的地区，传统农业和种植业比较落后。该地区受气候、地形等影响，大部分区域并不适合发展农业。耕地主要分布在中部和北部等比较湿润的区域。从 1990 年和 2010 年蒙古国土地覆盖一级类耕地类型的分布结果图可以看出（图 3-5），研究区耕地分布较少，空间上主要分布于中央省和色楞格省，其他地方分布较少。

　　由蒙古国 1990 年农田分布结果及各行政区农田覆盖统计表（表 3-8）可以看出，研究区 1990 年农田总面积 14587.19 km²，农田分布较为集中。由于农作物对积温、降水等气候条件都有较高要求，蒙古国 1990 年农田主要分布在中央省和色楞格省等中北部地区，两省农田总面积占蒙古国农田总面积的 51.81%。中北部地区降水较为丰富，气候条件更加适宜作物生长。其他地区耕地资源非常少，主要受气候条件和灌溉设施限制。

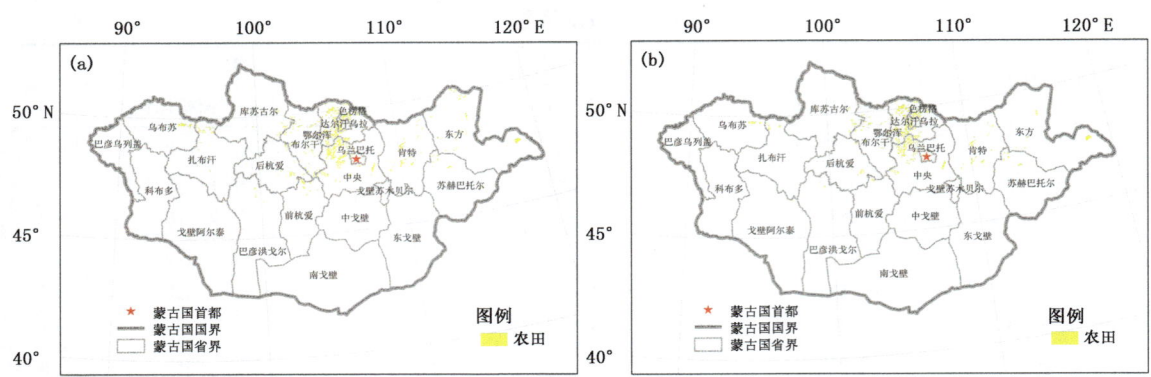

图 3-5　蒙古国 1990 年(a)和 2010 年(b)农田分布结果图

表 3-8　蒙古国各省农田覆盖统计表

| 行政区划(省、市) | 1990 年 | | 2010 年 | |
|---|---|---|---|---|
| | 面积(km²) | 面积比例(％) | 面积(km²) | 面积比例(％) |
| 库苏古尔 | 311.94 | 2.14 | 250.38 | 2.68 |
| 乌布苏 | 519.69 | 3.56 | 326.61 | 3.50 |
| 东方 | 1391.64 | 9.54 | 712.16 | 7.63 |
| 布尔干 | 1027.60 | 7.04 | 458.43 | 4.91 |
| 色楞格 | 3521.77 | 24.14 | 3208.28 | 34.38 |
| 扎布汗 | 545.73 | 3.74 | 234.04 | 2.51 |
| 达尔汗乌拉 | 461.05 | 3.16 | 350.91 | 3.76 |
| 肯特 | 1154.94 | 7.92 | 841.68 | 9.02 |
| 后杭爱 | 569.98 | 3.91 | 275.51 | 2.95 |
| 中央 | 4035.67 | 27.67 | 2192.87 | 23.50 |
| 鄂尔浑 | 30.04 | 0.21 | 22.71 | 0.24 |
| 戈壁阿尔泰 | 30.19 | 0.21 | 27.86 | 0.30 |
| 乌兰巴托 | 57.84 | 0.40 | 13.86 | 0.15 |
| 苏赫巴托尔 | 295.42 | 2.03 | 301.46 | 3.23 |
| 巴彦洪戈尔 | 113.04 | 0.77 | 47.42 | 0.51 |
| 前杭爱 | 466.77 | 3.20 | 66.42 | 0.71 |
| 戈壁苏木贝尔 | 26.48 | 0.18 | 0.00 | 0.00 |
| 中戈壁 | 26.04 | 0.18 | 0.00 | 0.00 |
| 南戈壁 | 1.36 | 0.01 | 0.00 | 0.00 |

　　由蒙古国 2010 年农田分布结果及各行政区农田覆盖统计表(表 3-8)可以看出,研究区 2010 年耕地总面积 9330.58 km²,农田总量较 1990 年大幅减少。2010 年的农田分布较 1990 年变化较大,农田分布明显萎缩。蒙古国 2010 农田主要分布在色楞格省和中央省,其中色楞格的农田面积最大,占蒙古国农田总面积的 34.38％,较 1990 年减少较大。

　　(4)建设用地分布特征与分析

　　建设用地作为典型的人工用地,其规模的发展跟人类活动息息相关。蒙古国的建设用地主要是城镇建设用地和少量工矿建设用地。蒙古国的建设用地空间分布比较分散,几乎每个省份都有少量分布。从 1990 年和 2010 年蒙古国土地覆盖一级类建设用地类型的分布结果图可以看出(图 3-6),研究区的建设用地分布区域鲜明,乌兰巴托市等中心城市建设用地面积较大,其他各地都非常少。

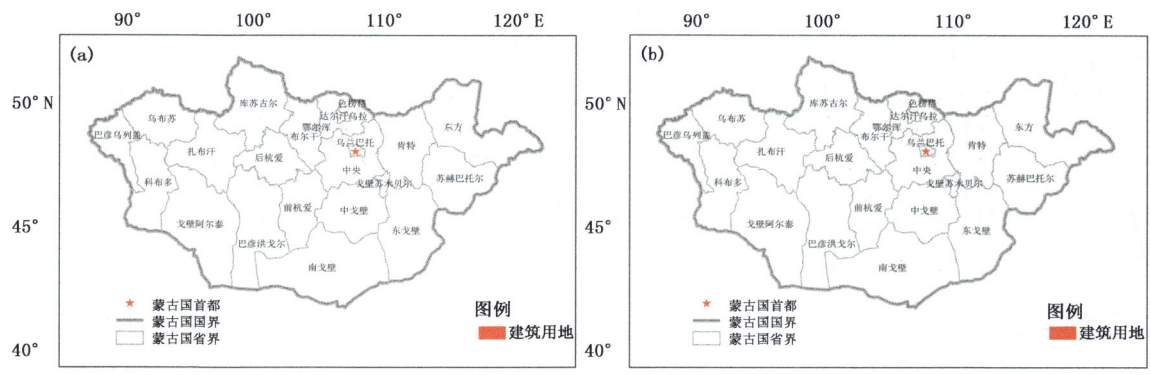

图 3-6　蒙古国 1990 年(a)和 2010 年(b)建设用地分布结果图

由蒙古国 1990 年建设用地分布结果及各行政区建设用地覆盖统计表(表 3-9)可以看出,研究区 1990 年建设用地总面积 473.29 km²,建设用地主要分布在中央省和乌兰巴托市等经济发达的地区,两区域建设用地面积占蒙古国建设用地面积 49.24%,其他地区亦有分布,但面积较少。

表 3-9　蒙古国各省建设用地覆盖统计表

| 行政区划(省、市) | 1990 年 | | 2010 年 | |
| --- | --- | --- | --- | --- |
| | 面积(km²) | 面积比例(%) | 面积(km²) | 面积比例(%) |
| 库苏古尔 | 12.29 | 2.60 | 17.81 | 3.59 |
| 乌布苏 | 0.04 | 0.01 | 1.50 | 0.30 |
| 东方 | 48.14 | 10.17 | 17.70 | 3.57 |
| 布尔干 | 3.27 | 0.69 | 1.23 | 0.25 |
| 色楞格 | 42.06 | 8.89 | 46.11 | 9.30 |
| 扎布汗 | 10.25 | 2.17 | 8.89 | 1.79 |
| 达尔汗乌拉 | 37.36 | 7.89 | 16.83 | 3.39 |
| 肯特 | 22.41 | 4.73 | 40.71 | 8.21 |
| 后杭爱 | 0.00 | 0.00 | 6.60 | 1.33 |
| 中央 | 129.78 | 27.42 | 143.73 | 28.98 |
| 鄂尔浑 | 12.89 | 2.72 | 13.19 | 2.66 |
| 戈壁阿尔泰 | 1.43 | 0.30 | 3.46 | 0.70 |
| 乌兰巴托 | 103.29 | 21.82 | 125.26 | 25.26 |
| 苏赫巴托尔 | 2.82 | 0.60 | 2.65 | 0.53 |
| 巴彦洪戈尔 | 7.07 | 1.49 | 2.98 | 0.60 |
| 前杭爱 | 0.28 | 0.06 | 5.38 | 1.08 |
| 戈壁苏木贝尔 | 21.53 | 4.55 | 5.49 | 1.11 |
| 中戈壁 | 7.15 | 1.51 | 11.87 | 2.39 |
| 东戈壁 | 3.56 | 0.75 | 2.84 | 0.57 |
| 南戈壁 | 7.66 | 1.62 | 21.69 | 4.37 |

　　由蒙古国 2010 年建设用地分布结果及各行政区建设用地覆盖统计表（表 3-9）可以看出，蒙古国 1990 年建设用地总面积 495.89 km²，建设用地较 1990 年变化不大。蒙古国 2010 年建设用地主要分布在中央省、乌兰巴托市和色楞格省，三者建设用地面积分别占蒙古国建设用地的 28.98%、25.26% 和 9.30%。其他各省建设用地面积只有小幅变化，空间上变化不明显。

　　（5）水体分布特征与分析

　　水体是蒙古国重要的土地覆盖类型，水资源对蒙古国生产生活具有重要作用。蒙古国水资源比较匮乏，特别是南部和西部地区，蒸发量远大于降水量。蒙古国主要的湖泊、河流都分布于中部和北部，因此，北部地区水资源比较丰富。从蒙古国 1990 年和 2010 年土地覆盖一级类水体类型的分布结果图可以看出（图 3-7），研究区中部和北部水体分布比较广泛，特别是库苏古尔和杭爱山等地区，分布着大量的湖泊和河流，是蒙古国重要的水源涵养地。南部地区几乎没有河流，只有少量面积较小的湖泊。

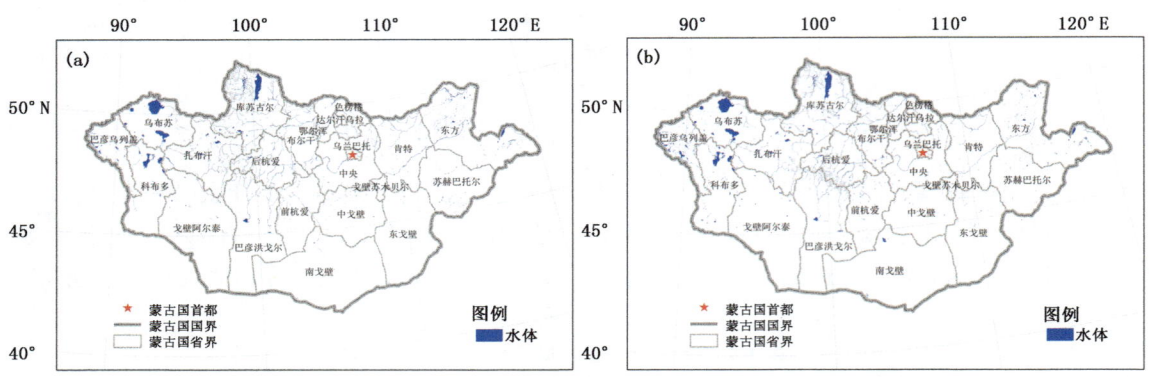

图 3-7　蒙古国 1990 年（a）和 2010 年（b）水体分布结果图

　　由蒙古国 1990 年水体分布结果及各行政区水体覆盖统计表（表 3-10）可以看出，研究区 1990 年水体总面积 17831.07 km²。水体主要分布在蒙古国北部和中部，根据统计面积库苏古尔省和乌布苏省是蒙古国水体面积最大的两个区域，二者水体面积占蒙古国水体总面积的 53.67%。其中乌布苏省湖泊众多，乌布苏湖、吉尔吉斯湖、哈尔乌斯湖、阿尔西特湖、乌热格湖等湖泊都分布于此。库苏古尔湖位于库苏古尔省。后杭爱省是蒙古国水系最发达的地区，大量河流发源于杭爱山。东方省降水充沛，水体面积也较大，境内分布着众多面积较小的湖泊。

表 3-10　蒙古国各省水体覆盖统计表

| 行政区划（省、市） | 1990 年 | | 2010 年 | |
| --- | --- | --- | --- | --- |
| | 面积（km²） | 面积比例（%） | 面积（km²） | 面积比例（%） |
| 库苏古尔 | 3904.63 | 21.90 | 3658.92 | 20.60 |
| 乌布苏 | 5665.03 | 31.77 | 5817.55 | 32.75 |
| 巴彦乌列盖 | 670.95 | 3.76 | 1247.01 | 7.02 |
| 东方 | 1691.25 | 9.48 | 1269.16 | 7.15 |
| 布尔干 | 350.41 | 1.97 | 288.05 | 1.62 |
| 色楞格 | 156.61 | 0.88 | 129.34 | 0.73 |
| 扎布汗 | 914.23 | 5.13 | 786.31 | 4.43 |

续表

| 行政区划(省、市) | 1990 年 | | 2010 年 | |
| --- | --- | --- | --- | --- |
| | 面积(km²) | 面积比例(%) | 面积(km²) | 面积比例(%) |
| 达尔汗乌拉 | 11.72 | 0.07 | 10.21 | 0.06 |
| 科布多 | 2189.36 | 12.28 | 2308.00 | 12.99 |
| 肯特 | 286.70 | 1.61 | 157.08 | 0.88 |
| 后杭爱 | 479.77 | 2.69 | 504.66 | 2.84 |
| 中央 | 227.18 | 1.27 | 177.96 | 1.00 |
| 鄂尔浑 | 8.42 | 0.05 | 13.26 | 0.07 |
| 戈壁阿尔泰 | 166.37 | 0.93 | 190.54 | 1.07 |
| 乌兰巴托 | 23.55 | 0.13 | 13.38 | 0.08 |
| 苏赫巴托尔 | 180.13 | 1.01 | 89.70 | 0.50 |
| 巴彦洪戈尔 | 526.91 | 2.96 | 582.20 | 3.28 |
| 前杭爱 | 136.36 | 0.76 | 137.16 | 0.77 |
| 戈壁苏木贝尔 | 4.98 | 0.03 | 11.01 | 0.06 |
| 中戈壁 | 131.64 | 0.74 | 66.78 | 0.38 |
| 东戈壁 | 41.29 | 0.23 | 50.18 | 0.28 |
| 南戈壁 | 63.36 | 0.36 | 253.91 | 1.43 |

由蒙古国 2010 年水体分布结果及各行政区水体覆盖统计表(表 3-10)可以看出,蒙古国 2010 年水体总面积 17762.55 km²,水体面积较 1990 年变化很小。蒙古国 2010 年水体主要分布在蒙古国中部、北部和西部,从统计结果来看,库苏古尔、乌布苏、科布多和后杭爱是蒙古国水体主要分布区。从空间上看,水体主要分布在中部以北的区域,南部水体分布较少,仅有少量湖泊。

(6)冰雪分布特征与分析

蒙古国的冰雪是指境内的冰川、永久积雪(雪被)等区域,主要分布于高海拔区域。冰雪是重要的水源涵养区,为植被生长提供重要的水资源,对当地生态系统具有重要作用。从 1990 年和 2010 年蒙古国土地覆盖一级类冰雪类型的分布结果图可以看出(图 3-8),蒙古国冰雪主要分布在巴彦洪戈尔省和扎布汗省等西部地区,其他地方较少分布。

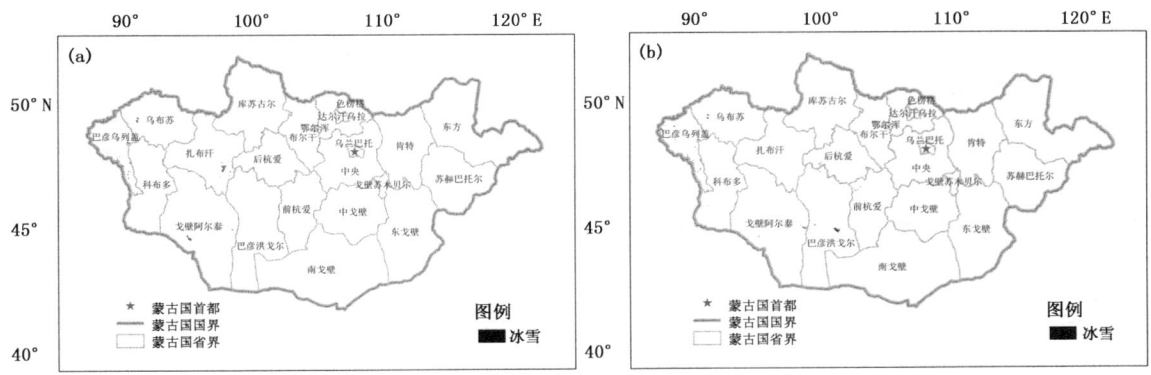

图 3-8　蒙古国 1990 年(a)和 2010 年(b)冰雪分布结果图

　　由蒙古国 1990 年冰雪分布结果及各行政区冰雪覆盖统计表（表 3-11）可以看出，蒙古国 1990 年冰雪总面积 1069.07 km²。冰雪主要分布在蒙古国巴彦洪戈尔省和扎布汗省，其中巴彦乌列盖省的冰雪面积占蒙古国冰雪总面积的 59.37%。另外，在乌布苏省、戈壁阿尔泰省等地也有少量分布，但面积都比较小。

表 3-11　蒙古国各省冰雪覆盖统计表

| 冰雪 | 1990 年 | | 2010 年 | |
|---|---|---|---|---|
| 行政区划（省） | 面积（km²） | 面积比例（%） | 面积（km²） | 面积比例（%） |
| 库苏古尔 | 19.78 | 1.85 | 19.09 | 1.80 |
| 乌布苏 | 52.18 | 4.88 | 28.71 | 2.71 |
| 巴彦乌列盖 | 634.78 | 59.37 | 680.39 | 64.29 |
| 达尔汗乌拉 | 198.51 | 18.57 | 0.00 | 0.00 |
| 科布多 | 95.27 | 8.91 | 59.58 | 5.63 |
| 后杭爱 | 2.51 | 0.23 | 15.21 | 1.44 |
| 戈壁阿尔泰 | 54.83 | 5.13 | 65.48 | 6.19 |
| 巴彦洪戈尔 | 11.30 | 1.06 | 174.21 | 16.46 |
| 前杭爱 | 0.00 | 0.00 | 15.70 | 1.48 |

　　由蒙古国 2010 年冰雪分布结果及各行政区冰雪覆盖统计表（表 3-11）可以看出，研究区 2010 年冰雪总面积 1058.31 km²，2010 年冰雪面积较 1990 年变化较小。根据统计结果可知，蒙古国 2010 年冰雪主要分布在巴彦乌列盖省、巴彦洪戈尔省和戈壁阿尔泰省。

　　（7）裸土地分布特征与分析

　　裸地是蒙古国面积最大的二级类土地覆盖类型，在蒙古国分布非常广泛。裸土地主要包括裸地、沙地和沙漠。沙地和沙漠在蒙古国分布较少，而且分布比较集中。从 1990 年和 2010 年蒙古国土地覆盖一级类裸土地类型的分布结果图可以看出（图 3-9），裸土地空间分布特点鲜明，蒙古国南部和西部是其集中分布区，2010 年的裸地分布较 1990 年明显向北移动，库苏古尔省的裸地新增明显。

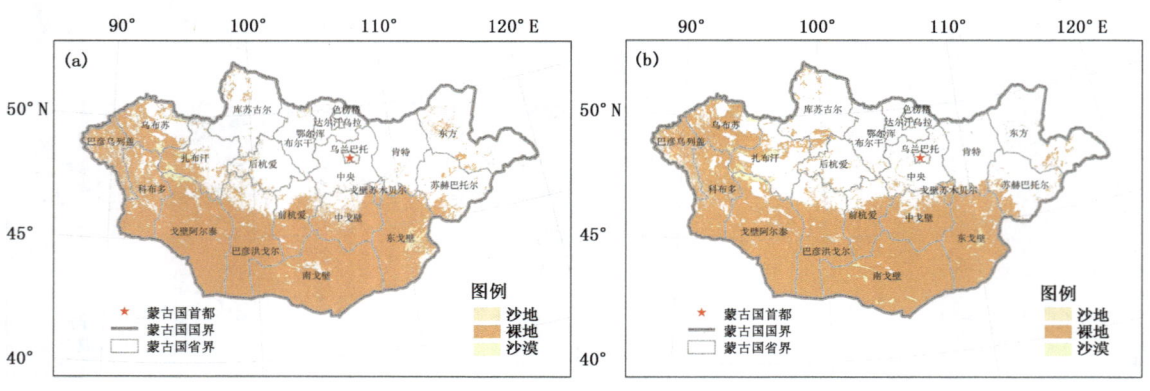

图 3-9　蒙古国 1990 年（a）和 2010 年（b）裸土地分布结果图

　　由蒙古国 1990 年裸土地分布结果及各行政区裸土地覆盖统计表(表 3-12)可以看出,研究区 1990 年裸地总面积 73.57 万 km²,占蒙古国土地总面积 47.13%。裸地主要分布在巴彦乌列盖、科布多、戈壁阿尔泰、南戈壁、东戈壁、中戈壁等干旱地区,沙地集中分布在东戈壁省,沙漠则主要分布在戈壁阿尔泰省和扎布汗省。

表 3-12　蒙古国各省裸土地覆盖统计表

| 行政区划(省、市) | 1990 年 | | 2010 年 | |
| --- | --- | --- | --- | --- |
| | 面积(km²) | 面积比例(%) | 面积(km²) | 面积比例(%) |
| 库苏古尔 | 3321.17 | 0.45 | 7740.44 | 1.02 |
| 乌布苏 | 33082.48 | 4.50 | 42720.25 | 5.61 |
| 巴彦乌列盖 | 29292.80 | 3.98 | 26450.50 | 3.47 |
| 东方 | 4652.37 | 0.63 | 3385.53 | 0.44 |
| 布尔干 | 399.11 | 0.05 | 389.02 | 0.05 |
| 色楞格 | 104.44 | 0.01 | 8.10 | 0.00 |
| 扎布汗 | 25227.96 | 3.43 | 22230.69 | 2.92 |
| 达尔汗乌拉 | 8.32 | 0.00 | 0.17 | 0.00 |
| 科布多 | 59495.24 | 8.09 | 62401.95 | 8.19 |
| 肯特 | 2361.16 | 0.32 | 4344.80 | 0.57 |
| 后杭爱 | 2184.72 | 0.30 | 2305.98 | 0.30 |
| 中央 | 471.32 | 0.06 | 1557.93 | 0.20 |
| 鄂尔浑 | 7.45 | 0.00 | 0.00 | 0.00 |
| 戈壁阿尔泰 | 134202.12 | 18.24 | 127636.91 | 16.76 |
| 乌兰巴托 | 9.31 | 0.00 | 1.49 | 0.00 |
| 苏赫巴托尔 | 8706.97 | 1.18 | 10448.10 | 1.37 |
| 巴彦洪戈尔 | 83321.54 | 11.33 | 82749.65 | 10.86 |
| 前杭爱 | 37305.50 | 5.07 | 40216.01 | 5.28 |
| 戈壁苏木贝尔 | 2234.96 | 0.30 | 3533.78 | 0.46 |
| 中戈壁 | 48127.10 | 6.54 | 57015.40 | 7.49 |
| 东戈壁 | 101153.30 | 13.75 | 102458.28 | 13.45 |
| 南戈壁 | 159992.20 | 21.75 | 164029.52 | 21.54 |

　　由蒙古国 2010 年裸土地分布结果及各行政区裸土地覆盖统计表(表 3-12)可以看出,研究区 2010 年裸地总面积 76.16 万 km²,占蒙古国土地总面积 48.69%,较 1990 年增加较多。空间分布上,裸地的分布较 1990 年扩展明显,特别是北部地区荒漠化明显。2010 年裸地除南部和西部大量分布外,在库苏古尔省北部和东方省中部也新增较多;沙地较 1990 年减少很多,依然分布在东戈壁省;沙漠的空间变化较大,2010 年蒙古国沙漠主要分布在扎布汗省中部以及扎布汗省和戈壁阿尔泰省交界处,空间上比较明显。

## 3.2　蒙古国总体景观格局

### 3.2.1　景观分析方法

　　景观格局分析主要研究景观的结构组成特征及其空间配置关系,是揭示景观格局与生态过程相互作用的基本方法(刘晶 等,2012)。景观指数是对景观格局的定量表征,自提出以来因其计算过程简单、结果直观准确而被广泛应用于景观生态学研究(陈文波 等,2002;O'Neill 等,2002;马媛 等,2004;王永兴,2002)。根据景观格局的尺度特征,可将景观指数分为景观、斑块类型和斑块 3 个层次,不同层次的景观指数能够反映出不同的景观格局特点(王计平 等,2011)。

　　(1)指数选择原则

　　已有研究表明,许多景观指数之间的景观格局信息重复冗余,部分指数之间存在很高的相关性。为了减少这些信息冗余,本研究结合蒙古国景观格局特色,在指数选择时参考并总结了以下几个原则。

　　1)核心指数原则。在景观水平上,基本指数是其他指数的基础。以基本指数为计算指数,可以使得计算过程中丢失的信息量最少。

　　2)必选指数与必选指数判断原则。可以通过指数之间的可预测性来选择必选指数。根据指数之间的相关系数的显著性,指数的可预测性可以分为数值预测、趋势预测和不可预测 3 个等级。

　　3)组合指数的选择原则。当两个指数之间有显著的相关性,但是由它们构成的指数却与它们之间没有显著的相关性,则这样的指数之间可以组合选择。

　　4)均值与变异系数可同时选择原则。如果表示平均值的指数之间存在显著的相关关系,而它们的变异系数之间却不存在显著的相关关系,这时可以同时选择这些均值系数与变异系数。

　　5)斑块数量大时,选择分维数原则。如果组内数值之间的差异较大时,平均值带有明显的偏向,此时应该尽量使用分维数作为评价指标之一。

　　6)多样性指数可以独立选择。虽然多样性指数与景观类型数有关,但是并不与之存在显著相关关系,其主要影响因子是景观类型的面积百分比。Shannon's 指数对景观中的非优势类型的变化敏感,而 Simpson's 指数对景观中的优势类型变化敏感。Simpson's 指数还对斑块密度、边界密度、平均斑块面积和最大斑块指数的变化比较敏感。因此,可根据研究目的对景观指数进行筛选。

　　7)景观异质性的指示指标。景观异质性的表示指标有两种,即多样性和聚集度。多样性指数用景观类型面积百分比表示,聚集度则用类型间相邻矩阵表示。

　　8)景观指数选择的基本判断原则。考虑景观格局本身的空间分布以及类型之间的空间关系;考虑指数的生态学意义;在计算中由于指数的处理方式不同,指数的相关系数也会有很大不同;在利用那些只考虑像元数量而不考虑其大小的指数时,空间分辨率也要作为指数选择的重要依据;由于分类系统不同,而使得同一景观的各种指数之间出现的相关性问题也应考虑。

　　(2)景观格局指数

　　1)斑块类型水平

　　(a)斑块数量($NP$)

$$NP = n_i (NP \geqslant 1) \tag{3.1}$$

式中，$n_i$ 为景观中斑块类型 $i$ 所包含的斑块数量。它的取值范围是 $NP \geqslant 1$，当它等于 1 时，整个景观中该斑块类型只有一个斑块。

斑块数量是对景观异质性和破碎度的简单描述，结果的大小与景观破碎度也有很好的正相关性。一般规律是斑块个数越多，破碎度越高；斑块个数越少，破碎度越低。斑块个数可以决定景观中各种物种及其次生物种的空间分布特征，改变物种间相互作用和协同共生稳定性。

（b）斑块面积（$CA$）

$$CA = \sum_{j=1}^{n} a_{ij} \ (\mathrm{hm}^2; CA > 0) \tag{3.2}$$

式中，$CA$ 为某一斑块类型中所有的斑块面积之和。

斑块面积是对景观组分的度量，也是计算其他指标的基础。其大小制约着以类型斑块作为聚居地的物种丰富度、数量、食物链以及其次生种的繁殖等。许多生物对其聚居地最小面积的需求是其生存的条件之一；不同类型面积大小能够反映出其物种、能量和养分等信息流的差异。

（c）斑块周长（$P$）

$$p = \sum_{j=1}^{n} C_{ij} \ (\mathrm{m}; P > 0) \tag{3.3}$$

式中，$P$ 是对某一斑块类型中所有斑块周长之和。

斑块周长是对斑块组分的量度，也是计算其他指标的基础。

（d）斑块密度（$PD$）

$$PD = N/A \ (\text{个}/\mathrm{hm}^2; PD > 0) \tag{3.4}$$

式中，$N$ 是某类景观斑块个数，$A$ 是景观要素面积；$PD$ 是景观要素斑块密度。

斑块密度指数是斑块个数与景观要素面积比值，即每公顷的斑块数。斑块密度值愈大，斑块破碎化程度愈高，空间异质性也愈大。它反映了景观空间结构的复杂性，反映景观要素的破碎程度。

（e）平均斑块面积（$MPS$）

$$MPS = A/N \ (\mathrm{hm}^2; MPS > 0) \tag{3.5}$$

式中，平均斑块面积有两种水平类型，$MPS$ 在斑块类型水平上等于某类斑块总面积除以该类型斑块总数；在景观类型水平上等于景观总面积除以各个类型斑块总数。

$MPS$ 代表一种平均状态，在景观结构分析中反映两方面的意义：一方面，景观中 $MPS$ 值的分布区间对图像或者地图的范围以及对景观中最小斑块粒径的选取有制约作用；另一方面，$MPS$ 可以表示景观的破碎程度。$MPS$ 值能反馈更丰富的景观生态信息，它是反映景观异质性的关键。

（f）斑块占景观面积比例（$Land\%$）

$$Land\% = \frac{\sum_{j=1}^{n} a_{ij}}{A} \cdot 100 \ (\%; 0 < Land\% \leqslant 100) \tag{3.6}$$

式中，$Land\%$ 等于某一斑块类型面积占整个景观面积的百分比。其值趋于 0 时，景观中此斑块类型十分稀少；当其等于 100 时，景观只由一种类型斑块构成。

$Land\%$ 是景观的组分。由于它是指某一斑块类型占整个景观面积的相对比例，因此它能够帮助我们确定景观中的优势景观元素,也能够确定景观中生物多样性、优势种和数量等生态系统指标。

(g)斑块形状指数($LSI$)

$$LSI = \frac{P}{2\sqrt{\pi A}}（以圆为参照几何形状，LSI > 1） \qquad (3.7)$$

式中,$LSI$ 为形状指数,$P$ 为斑块周长,$A$ 为斑块面积。当斑块形状为圆形时,$LSI$ 的取值最小,等于 1。

斑块形状指数对于保护生物环境以及森林很重要,对生物多样性的影响也很大。$LSI$ 的变化能够反映出人类活动对于景观格局的影响。一般来说,受人类活动干扰小的自然景观斑块形状规则性较小,人类活动影响大的则认为景观规则性较大。

(h)分维数($FD$)

$$P = kA^{FD/2} \qquad (3.8)$$

$$FD = \frac{2\ln(0.25P)}{\ln(A)}（1 \leqslant FD \leqslant 2） \qquad (3.9)$$

式中,$P$ 是斑块周长,$A$ 是斑块面积,$FD$ 是分维数,$k$ 是常数。$FD$ 理论范围值介于 1 到 2 之间。$FD$ 趋于 1,则斑块的几何形状趋于简单规则,表明其受到的干扰程度越大。$FD$ 趋于 2,则斑块几何形状越复杂,斑块有高度旋转的形状构成。

分维数表示具有不同形状对象的复杂性,用来测定形状的复杂程度。作为反映景观格局总体特征的重要指标,分维数可以在一定程度上反映人类活动对景观格局的影响和干扰强度。受干扰较小的自然景观分维数较高,较低的分维数意味着较大干扰因素的存在。

2)斑块水平

(a)香农多样性指数($SHDI$)

$$SHDI = -\sum_{i=1}^{m}(p_i \ln p_i)（SHDI \geqslant 0） \qquad (3.10)$$

式中,$SHDI$ 为香农多样性指数;$m$ 为景观要素类型数目;$p_i$ 为第 $i$ 景观类型所占的面积比例。$SHDI$ 的值为 0 表明整个景观仅由一个斑块组成;$SHDI$ 增大,说明斑块类型增加或斑块类型在景观中呈均衡化趋势分布。

景观多样性指景观在结构、功能以及随时间变化方面的多样性。景观空间格局多样性则是指景观中斑块的复杂性、斑块类型的齐全度或者是多样化的状况。在一个系统之中,如果景观要素类型丰富,则景观的破碎化程度越高。

(b)均匀度指数($E$)

$$E = \frac{H}{H_{max}} = \frac{-\sum_{i=1}^{m} p_i \ln p_i}{\ln m} \qquad (3.11)$$

式中,$H$ 是香农多样性指数,$H_{max}$ 是最大多样性指数。$E$ 是相对均匀度指数,$m$ 是景观要素类型总数。$E$ 趋于 1 时,景观斑块的均匀程度趋于最大。

均匀度指数与多样性指数一样,也是比较不同景观多样性变化的一个有效途径。均匀度的值较小时,优势度一般较高,可以反映出景观受到一种或者少数几种优势斑块类型所支配;均匀度的值趋近 1 时优势度低,说明景观中没有明显的优势类型且整个斑块类型在景观中均匀分布。

（c）优势度指数（$D$）

$$D = H_{\max} + \sum_{i=1}^{m} p_i \ln p_i \, (D > 0) \tag{3.12}$$

式中，$D$ 是优势度指数，$P_i$ 为第 $i$ 景观类型所占的面积比例。$D$ 值大时表示景观受一个或者少数几个斑块支配，$D$ 值小时表示景观由多个比例相似的斑块类型组成，$D$ 为 0 时表示景观完全均匀质。

优势度指数是用来描述景观由少数几个主要的景观类型控制的程度。优势度与均匀度负相关，优势度值大的斑块在景观中有重要作用，反之则重要性小。

（d）景观整体破碎度和各类景观要素破碎度

景观整体破碎度指数（$FN_1$）

$$FN_1 = (N_p - 1)/N_c \tag{3.13}$$

各类景观要素破碎度指数（$FN_2$）

$$FN_2 = MPS(N_F - 1)/N_c \tag{3.14}$$

式中，$N_p$ 为景观中各类斑块的总数，$N_C$ 为景观总面积，$MPS$ 为平均斑块面积，$N_F$ 为某一景观类型的斑块数。

平均斑块面积越小，斑块粒度越小，破碎化程度越大，反之，则破碎化程度越小。不同景观要素类型的破碎度表示各景观类型大小和受干扰的程度不同。一般情况下，破碎度越大，表示该景观类型受干扰程度越大。

本研究采用景观水平指数和斑块类型水平指数。景观水平指数能够忽略因各景观类型结构多样、组成复杂而带来的细节性差异，从各分区或整体的景观水平上衡量和比较景观结构特点。斑块类型水平指数能够充分揭示各类指数在反应变量和反应过程上的统计学意义，能够进一步解释各分区不同景观格局的产生机理（Tischendorf，2001；苏伟忠 等，2007）。

利用 Fragstats4.2（http：//www. umass. edu/landeco/research/fragstats / fragstats. html）分别对蒙古国整体以及各分区在景观水平和斑块类型水平上进行计算，得到斑块类型面积比指数（PLAND）（肖烨，2012）、斑块密度指数（PD）、分形维数（FD）（张金屯 等，2000；叶延琼 等，2006）、聚集性指数（AI）（苏伟忠 等，2007）、多样性指数（SHDI）（李晓文 等，1999；傅伯杰 等，1996）的计算结果，各类指数的具体介绍如表 3-13 所示。

**表 3-13　景观格局指数**

| 景观指数 | 缩写 | 水平 | 单位 | 描述 |
|---|---|---|---|---|
| 斑块类型面积百分比 | PLAND | 类型 | % | 反映景观构成的指标，景观中某类斑块的面积占整个景观面积的百分率 |
| 斑块密度 | PD | 类型/景观 | $(100 \text{ hm}^2)^{-1}$ | 反映景观破碎度的指标，斑块密度即单位面积的斑块数目，斑块密度越大，则斑块面积越小，破碎化程度越高 |
| 分形维数 | FD | 类型/景观 | — | 反映斑块形状复杂程度的指标，分形维数越大，斑块形状越复杂 |
| 聚集度 | AI | 类型/景观 | — | 反映同类型斑块的聚集程度的指标，聚集度越高，表明景观中同类型斑块的聚集程度越大 |
| 多样性指数 | SHDI | 景观 | — | 反映景观类型多样大小的指标 |

### 3.2.2 景观格局分析

(1)景观格局整体分布

依据景观格局变化的自然和人文驱动因子,结合土地覆盖数据的分类体系,本研究区景观生态分类体系分为自然景观和人文景观两大类(程维明,2002;吴健生 等,2012)。自然景观分为森林景观(Forest)、草地景观(Steppe)、水体景观(Water)、裸地景观(Barren)、沙漠景观(Desert)、高山冰雪景观(Ice),其中,依据植被覆盖度不同,草地景观又细分为草甸草地景观(Meadow Steppe)、典型草地景观(Real Steppe)和荒漠草地景观(Desert Steppe)。人文景观分为建筑用地景观(Built Area)和耕地景观(Cropland)。如图 3-10 所示,蒙古国景观格局分布整体上呈现由北向南,从森林景观到典型草地景观和荒漠草地景观,再到裸地景观的分布格局,具有明显的纬向递变规律。本节制图所采用的投影坐标系为自定义的 Albers 投影。

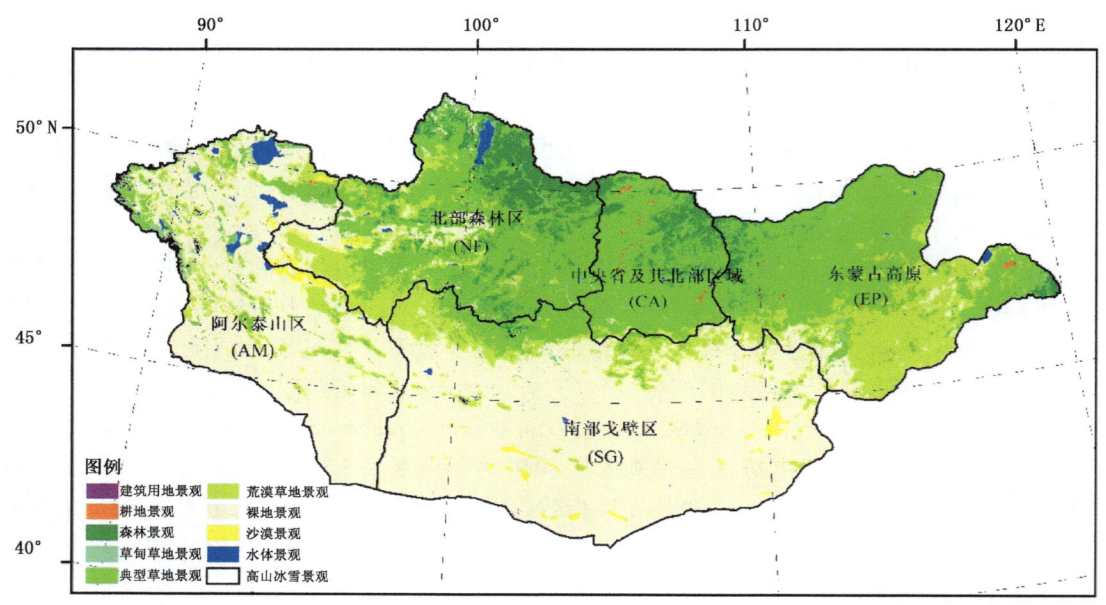

图 3-10　蒙古国景观格局分布图

(2)景观水平指数计算结果与分析

蒙古国各分区及整体在景观水平上的格局特点可以由代表景观破碎程度的斑块密度($PD$)、代表景观形状的分形维数($FD$)、代表景观聚合程度的聚集度指数($AI$)以及代表景观多样性的香农多样性指数($SHDI$)的计算结果反映。如图 3-11 所示。

综合图 3-11 及各类景观水平指数的计算结果分析可得:在景观破碎度方面,中央省及其北部区(CA)的破碎度最高($PD$ 值达 0.13),东蒙古高原区(EP)的破碎度最低($PD$ 值为 0.04),各分区景观破碎程度由高到低依次为 CA>AM=NF>SG>EP,说明蒙古国西北部的景观破碎程度大于东南部;在斑块形状方面,北部森林区(NF)的斑块形状最为复杂($FD$ 达 1.35),其余各分区及总体的斑块形状的复杂程度较为均匀($FD$ 值大致为 1.31 或 1.32),说明北部森林区受人为或自然因素干扰的程度最小;在景观聚合度方面,南部戈壁区(SG)的聚合程度最高($AI$ 值达 96.51),NF 的聚合程度最低($AI$ 值仅为 87.96),各分区景观的聚合程度由

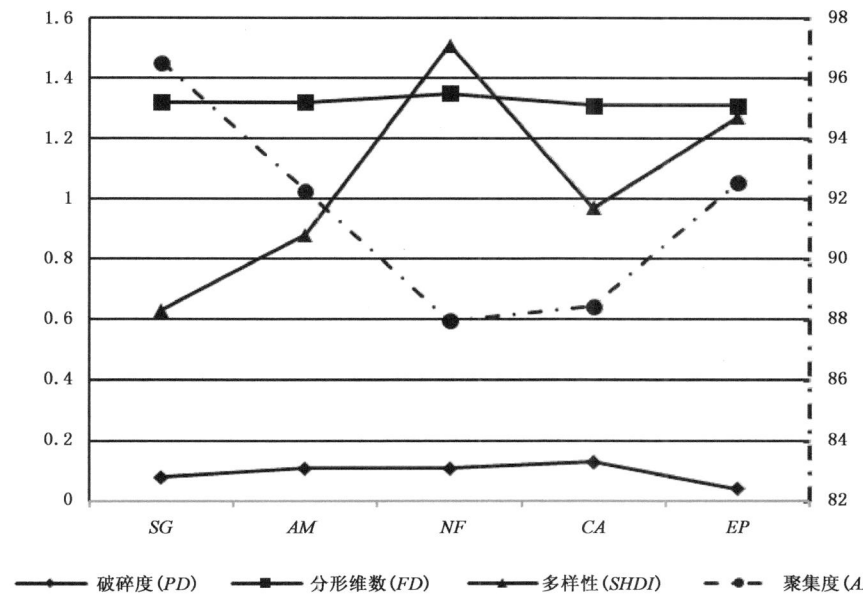

图 3-11　景观水平指数计算结果分布趋势

注:聚集度(AI)指数计算結果对应右侧辅助坐标系,其他三类指数对应左侧主坐标系

高到低依次为 SG＞EP＞AM＞CA＞NF,说明蒙古国的景观聚合度呈南部大与北部,东部大于西部的格局;在景观多样性方面,NF 的景观多样性水平最高(SHDI 值达 1.51),SG 的景观多样性水平最低(SHDI 值仅为 0.63),各分区景观多样性水平由高到低依次为 NF＞EP＞CA＞AM＞SG,说明蒙古国景观多样性水平大致呈东北部大于西南部。总体来看,蒙古国整体的景观破碎度、斑块形状复杂程度、聚集度以及多样性水平都与 EP 分区相近,说明 EP 分区在一定意义上可以代表蒙古国的整体格局水平。

(3)斑块类型水平指数计算结果与分析

结合地形、气候以及各种人文要素,获取蒙古国各分区的斑块面积百分比(PLAND)、斑块密度(PD)、分形维数(FD)、聚集度(AI)四种斑块类型水平景观指数。各分区不同斑块类型的斑块面积百分比(PLAND)计算结果如表 3-14 所示,斑块密度(PD)、分形维数(FD)、聚集度(AI)计算结果如表 3-15 所示。

表 3-14　斑块面积百分比计算结果

| 斑块面积百分比(%) | 裸地景观 | 建筑用地景观 | 耕地景观 | 沙漠景观 | 荒漠草地景观 | 森林景观 | 高山冰雪景观 | 草甸草地景观 | 典型草地景观 | 水体景观 |
|---|---|---|---|---|---|---|---|---|---|---|
| SG | **83.41** | 0.01 | 0.02 | 0.95 | 10.19 | 0.33 | 0.04 | 0.42 | 4.43 | 0.21 |
| AM | **76.31** | 0 | 0.11 | ＊1.5 | 11.82 | 0.24 | 0.25 | 1.4 | 5.51 | ＊2.87 |
| NF | 10.22 | 0.02 | 0.43 | 1.14 | 21.6 | ＊21.14 | 0.01 | ＊2.81 | **40.82** | 1.82 |
| CA | 1.18 | ＊0.27 | ＊4.66 | 0.08 | 4.02 | ＊21.06 | 0 | 2.8 | **65.67** | 0.26 |
| EP | 6.35 | 0.02 | 0.65 | 0 | ＊34.3 | 4.98 | 0 | 2.44 | **50.73** | 0.53 |
| 总 | **47.83** | 0.03 | 0.6 | 0.86 | 16.56 | 6.63 | 0.07 | 1.63 | 24.67 | 1.14 |

注:黑体数字表示某分区中指数最高值,＊表示某一类景观指数最高值

表 3-15　斑块密度、分形维数、聚集度指数计算结果

| 值 | 分区 | 典型草地景观 | 荒漠草地景观 | 草甸草地景观 | 森林景观 | 裸地景观 | 水体景观 | 耕地景观 | 建筑用地景观 |
|---|---|---|---|---|---|---|---|---|---|
| $PD$ (#/100 hm²) | SG | 1 | **1.62** | 0.3 | 0.15 | 0.66 | 0.34 | 0 | 0.01 |
| | AM | 3.09 | *4.18 | 1.14 | 0.18 | *1.49 | 0.91 | 0 | 0 |
| | NF | **2.63** | 2.38 | 0.93 | 1.81 | 0.78 | *2.25 | 0.11 | 0.01 |
| | CA | *3.77 | 0.74 | *2.75 | *2.58 | 0.86 | 1.42 | *0.55 | *0.05 |
| | EP | **1.85** | **1.86** | 1.59 | 0.94 | 0.78 | 0.81 | 0.02 | 0.01 |
| | 总 | 2.11 | **2.25** | 1.01 | 0.79 | 0.89 | 0.98 | 0.07 | 0.01 |
| $FD$ | SG | **1.28** | *1.25 | 1.21 | 1.23 | 1.13 | 1.07 | *1.14 | 1.08 |
| | AM | 1.2 | 1.21 | 1.15 | **1.28** | *1.16 | 1.07 | 1.06 | 1.05 |
| | NF | *1.31 | 1.23 | 1.24 | 1.21 | *1.16 | *1.08 | 1.12 | 1.06 |
| | CA | **1.31** | 1.21 | *1.27 | 1.13 | 1.13 | 1.04 | 1.13 | *1.10 |
| | EP | **1.29** | *1.25 | 1.22 | 1.19 | 1.15 | 1.05 | 1.06 | 1.07 |
| | 总 | **1.32** | 1.25 | 1.25 | 1.28 | 1.15 | 1.07 | 1.11 | 1.09 |
| $AI$ | SG | 84.81 | 87.14 | 64.66 | 75.14 | ***98.69** | 64.96 | 82.86 | 68.8 |
| | AM | 72.98 | 76.89 | 64.38 | 63.7 | **96.74** | *91.49 | *93.66 | 57.14 |
| | NF | 88.53 | 87.95 | *71.83 | *88.90 | 90.37 | 77.9 | 79.51 | 71.69 |
| | CA | **92.09** | 82.85 | 58.76 | 84.82 | 68.71 | 23.1 | 84.66 | *83.31 |
| | EP | *94.05 | ***94.19** | 69.07 | 82.53 | 89.99 | 71.9 | 93.48 | 80.2 |
| | 总 | 90.39 | 88.35 | 67.28 | 86.58 | **97.44** | 82.8 | 85.8 | 79.32 |

注:黑体数字表示某分区中指数最高值,*表示某一类景观指数最高值;考虑到由于高山冰雪和沙漠景观面积较小,各类指数的计算结果不具有代表性和分析性,因而表中去掉这两列景观的计算结果。

1)斑块面积百分比

斑块面积百分比($PLAND$)用以定量描述各分区景观的构成特点。结合图 3-10 及表3-14分析可知,南部戈壁区(SG)的优势景观为裸地景观($PLAND$ 值达 83.41%),景观类型较为单一,除大面积的裸地景观以外,该区北部分布有少量荒漠草地和典型草地景观;人文景观包括45 个建筑用地斑块和 32 个耕地斑块,其中,耕地景观大致分布在该分区北部杭爱山脉的南坡。阿尔泰山区(AM)的优势景观为裸地景观($PLAND$ 值为 76.31%);荒漠及水体景观的 $PLAND$ 值均为五大分区中相对最高的,水体景观大都分布在该分区北部与俄罗斯图瓦共和国交界地势低平处;人文景观包括 8 个建筑用地斑块和 24 个耕地斑块,耕地景观均分布于北部乌布苏湖和吉尔吉斯湖附近水源充足地带。北部森林区(NF)的优势景观为典型草地景观($PLAND$ 值为 40.82%);森林和草甸草地景观的 $PLAND$ 值也为五个分区中相对最大的,东北部低海拔处森林景观连片分布;裸地景观由该分区西南部向中部延伸;人文景观包括 51 个建筑用地斑块和 496 个耕地斑块,建筑用地景观散落分布在该区山谷等地势低洼处,耕地景观则集中分布在该区东北部色楞格河流及其支流沿岸。中央省及其北部区(CA)的优势景观为典型草地($PLAND$ 值为 65.67%);两类人文景观及森林景观的 $PLAND$ 值均较高,东北部肯特山区分布有大量森林景观,人文景观包括 62 个建筑用地斑块和 1107 个耕地斑块,耕地景观

和少量建筑用地景观分布在位于该区西部的额尔浑河沿岸,首都乌兰巴托市及克鲁伦河沿岸还分布有大量的建筑用地景观。东蒙古高原区(EP)的优势景观类型为典型草地($PLAND$值约为 50.73%);中部有条带状分布的荒漠草地景观($PLAND$值 34.30%),是五个分区中荒漠草地所占比例最多的分区;东西两侧分布有少量的森林景观;人文景观包括 19 个建筑用地斑块和 60 个耕地斑块,这些斑块大致分布在流经肯特省与东方省的克鲁伦河流沿岸山间河谷地带。蒙古国总体的优势景观为裸地和草地景观($PLAND$值达 47.83%和 42.86%),主要分布在蒙古国的西部阿尔泰山区、南部戈壁区、东蒙古高原区以及中央省及其北部区,其余各类景观 $PLAND$值之和不足 10%,其中,人文景观所占面积比最小,只占到总体面积的 0.63%,大致分布在首都乌兰巴托市以及河流沿岸或山谷地带。

2)斑块密度

斑块密度($PD$)用以定量描述景观的破碎化程度。景观破碎化主要分为地理破碎化和结构破碎化,是由于自然或人为因素干扰,使得连续的景观要素变为许多彼此隔离的不连续的斑块镶嵌体或嵌块。人类活动对生态系统、景观的最大危害是增大景观的破碎度,影响该景观内部的生态多样性水平(刘建锋 等,2005)。

由表 3-15 中 $PD$计算结果可知,各分区内破碎程度最低的均为耕地和建筑用地人文景观,这可能是由于这两类景观受人类聚居区限定,在蒙古国分布相对集中、连片,斑块较为完整,因而破碎程度最低。

各分区各类景观斑块密度分布情况如图 3-12 所示。南部戈壁区(SG)中荒漠草地景观破碎化程度较高($PD$值为 1.62),其余各类景观破碎化程度较低,分布较为集中;阿尔泰山区(AM)中荒漠草地景观破碎化程度最高($PD$值达 4.18),裸地景观的破碎化程度也是同类景

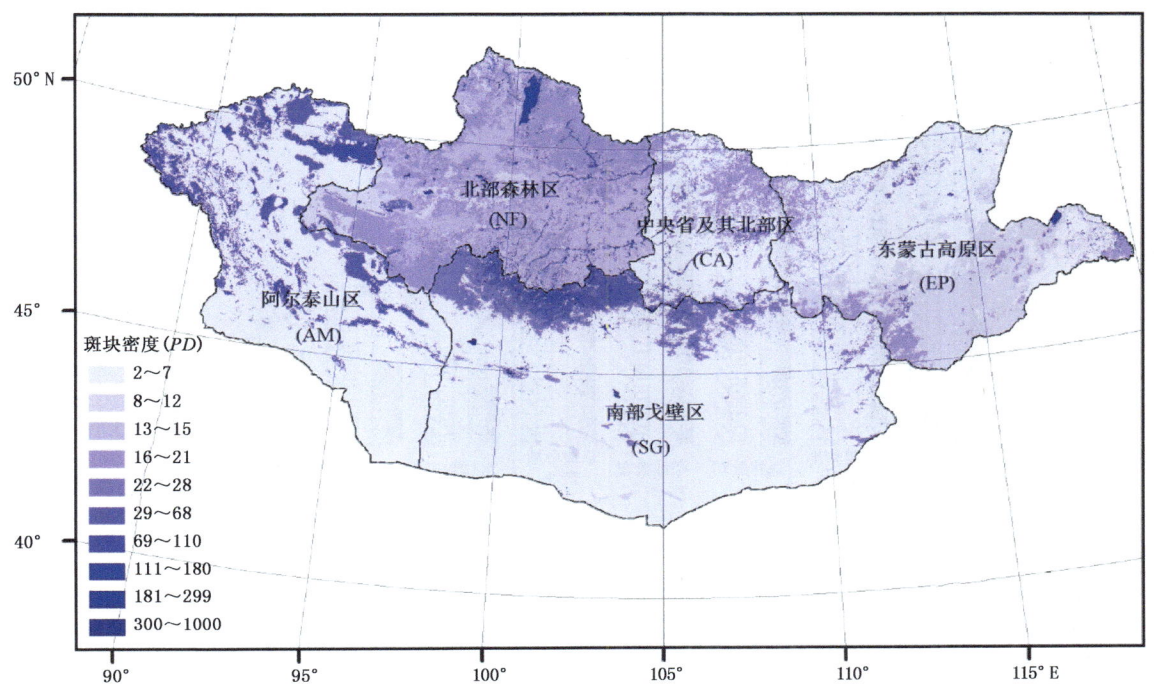

图 3-12  2010 年蒙古国五大分区各景观类型斑块密度分布图

观中最高的($PD$ 值达 1.49),说明在地形复杂的山区,荒漠草地和裸地多呈离散分布。北部森林区(NF)中典型草地破碎化程度较高($PD$ 值为 2.63),水体景观破碎化程度在同类型中较高($PD$ 值为 2.25),结合本小节(2)中景观水平各类指数的计算结果,NF 分区整体破碎程度很高,各类景观破碎且不均匀地分布在以典型草地景观为主要基质的景观格局中。中央省及其北部区(CA)中典型草地景观破碎化程度最高($PD$ 值为 3.77),草甸草地、森林、耕地以及建筑用地景观在同类型中均处于最大值;东蒙古高原区(EP)中典型草地和荒漠草地景观破碎化程度最高($PD$ 值分别为 1.85 和 1.86),说明该分区草地景观内部,不同覆盖度的草地斑块散落交错分布。

　　3)分形维数

　　分形维数($FD$)用来定量描述斑块的形状特点。由表 3-15 中 $FD$ 计算结果和图 3-13 可见,各分区及整体的形状存在一些突出的共性特征,如:典型草地景观较其余各景观类型的斑块形状最不规则;裸地、森林和荒漠草地景观的斑块形状较不规则;两类人文景观、水体及草甸草地景观的斑块形状比较规则。这些斑块形状特性可能与蒙古国独特的人地关系有关。因蒙古国地势较高,人类主要生产、生活活动大致集中分布在河流及湖泊沿岸地带,除耕地及建筑用地这两类人文景观以外,水体及其附近的草甸草地景观的斑块形状受到水文条件影响,也较为规则。结合图 3-10 中蒙古国整体景观分布可以得知,北部森林区(NF)的斑块形状较其他各分区整体上较不规则($FD$ 值较高),东蒙古高原区(EP)中荒漠草地景观类型的斑块形状较该区其他景观类型更不规则($FD$ 值较低)。

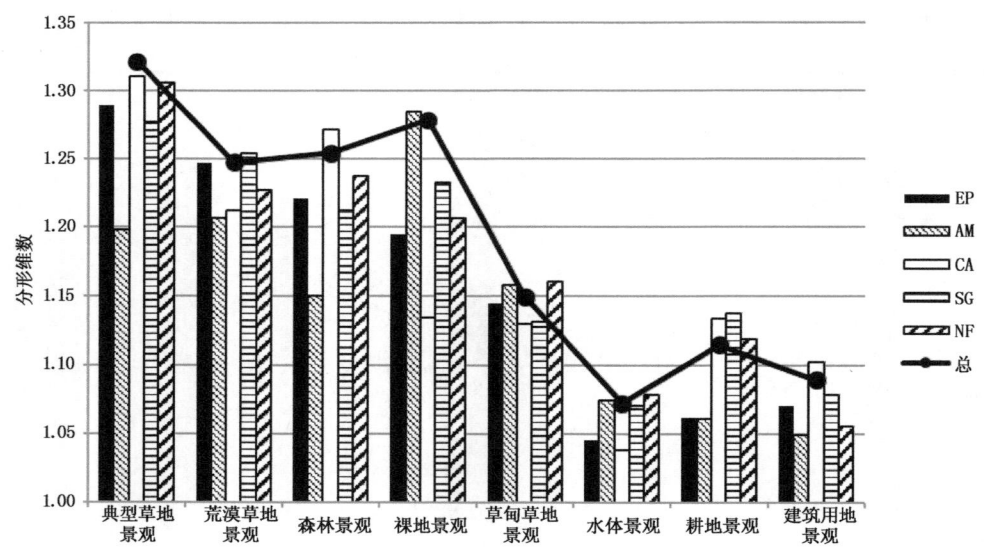

图 3-13　各分区及整体分形维数计算结果统计图

　　4)聚集度

　　聚集度指数($AI$)用来定量描述同类景观的斑块聚集特点。由表 3-15 中 $AI$ 计算结果以及图 3-14 中各分区各类景观的聚集度分布可见,南部戈壁区(SG)中的优势景观——裸地景观分布最为集中,且比其他分区此类景观分布更为集中($AI$ 值为 98.69);阿尔泰山区(AM)中

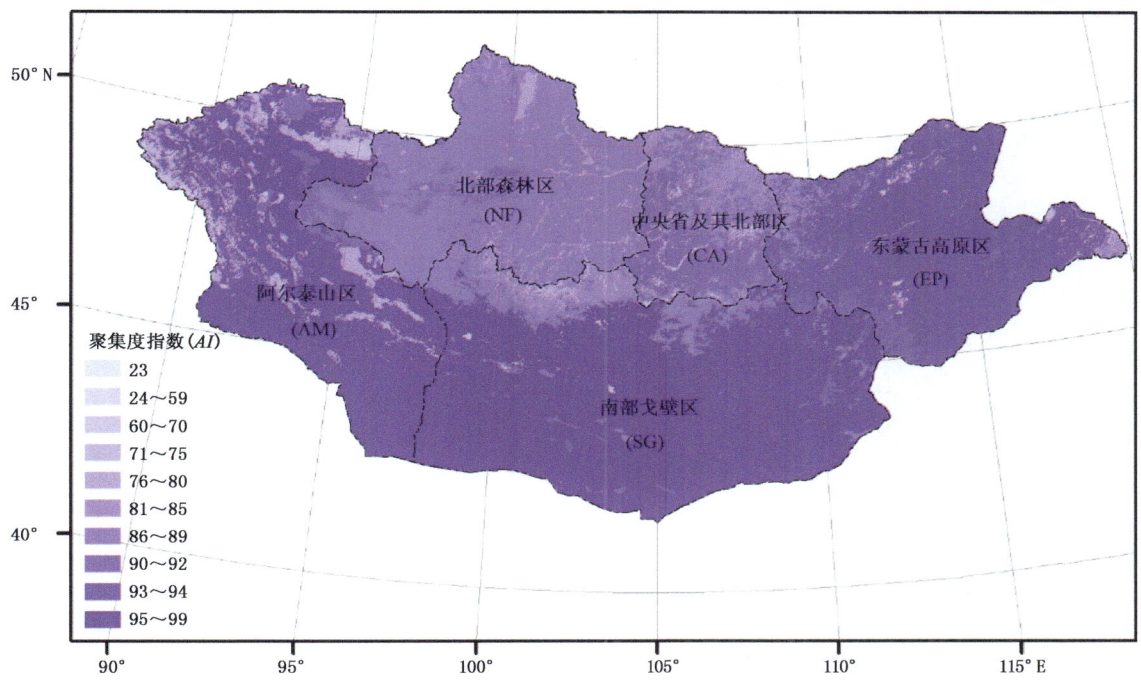

图 3-14　2010 年蒙古国五大分区各景观类型聚集度指数分布图

的优势景观——裸地景观分布在本区最为聚集($AI$ 值达 96.74),水体和耕地景观的聚集度在同类型中较高($AI$ 值分别为 91.49 和 93.66);北部森林区(NF)中裸地景观分布较为集中($AI$ 值达 90.37),森林和草甸草地景观较其他分区中的此类景观分布更为集中($AI$ 值分别为 88.9 和 71.83);中央省及其北部区(CA)中典型草地景观分布在本区中最为集中($AI$ 值为 92.09),建筑用地景观比其他分区的同类景观分布更为集中($AI$ 值达 83.31);东蒙古高原区(EP)中荒漠草地分布在本区最为聚集($AI$ 值达 94.19),且荒漠草地及典型草地景观较其他分区中的此类景观更为聚集(典型草地 $AI$ 值达 94.05),这两类景观在该分区相间交错分布,分布范围大致一致。

（4）实地调查

结合土地覆被数据验证和景观格局实际情况认知,作者于 2013 年 8 月 10—19 日以及 2014 年 8 月 1—10 日在蒙古国东南部以及中部地区,包含中央省及北部区(CA)、东蒙古高原区(EP)以及南部戈壁区(SG)三个地理分区内进行景观格局的实地调查,图 3-15 为实地调查的景观图片,表 3-16 为其对应位置信息。这些景观类型现实情况与本研究采用的分类系统一致。

图 3-15　蒙古国实地景观照片

**表 3-16　实际景观照片的位置信息**

| 照片号 | 获取地经度(E) | 获取地纬度(N) | 景观类型 |
|---|---|---|---|
| (a) | 106° 25′35″ | 48° 7′48″ | 森林景观 |
| (b) | 106° 11′45″ | 48° 25′30″ | 水体景观 |
| (c) | 110° 37′59″ | 45° 16′4″ | 裸地景观 |
| (d) | 105° 58′43″ | 48° 29′56″ | 草甸草地景观 |
| (e) | 111° 38′45″ | 45° 56′36″ | 典型草地景观 |
| (f) | 111° 42′41″ | 46° 4′46″ | 荒漠草地景观 |
| (g) | 106° 46′17″ | 47° 50′41″ | 建设用地景观 |
| (h) | 102° 7′46″ | 43° 47′37″ | 荒漠景观 |
| (i) | 106° 8′47″ | 48° 42′37″ | 耕地景观 |

## 3.3　蒙古国中央省土地覆盖与景观格局分析

### 3.3.1　中央省土地覆盖格局分析

　　本研究所采用的数据是分辨率为 30 m 的 TM 影像。分类方法采用基于像素的决策树分类法开展影像分类。图 3-16、图 3-17 分别为中央省土地覆盖分类图和各类别面积的大小。

　　由研究区土地覆盖图可得,研究区内自北向南,地物类型逐渐由植被覆盖密度较大的森林、草甸草地和典型草地过渡到植被覆盖密度较小的荒漠草地和裸地,而居民地主要分布在乌兰巴托市所在的研究区中部区域,分布较为集中,耕地主要沿河谷和山谷中气候较好的区域蔓延分布。各类型的具体分布格局如下:

　　林地:面积为 $122.20 \times 10^4 \, \mathrm{hm}^2$,约占研究区总面积的 14.81%,大致分布在中央省北部;

　　草甸草地:面积为 $65.86 \times 10^4 \, \mathrm{hm}^2$,约占研究区总面积的 7.98%,大致分布在中央省中部偏北;

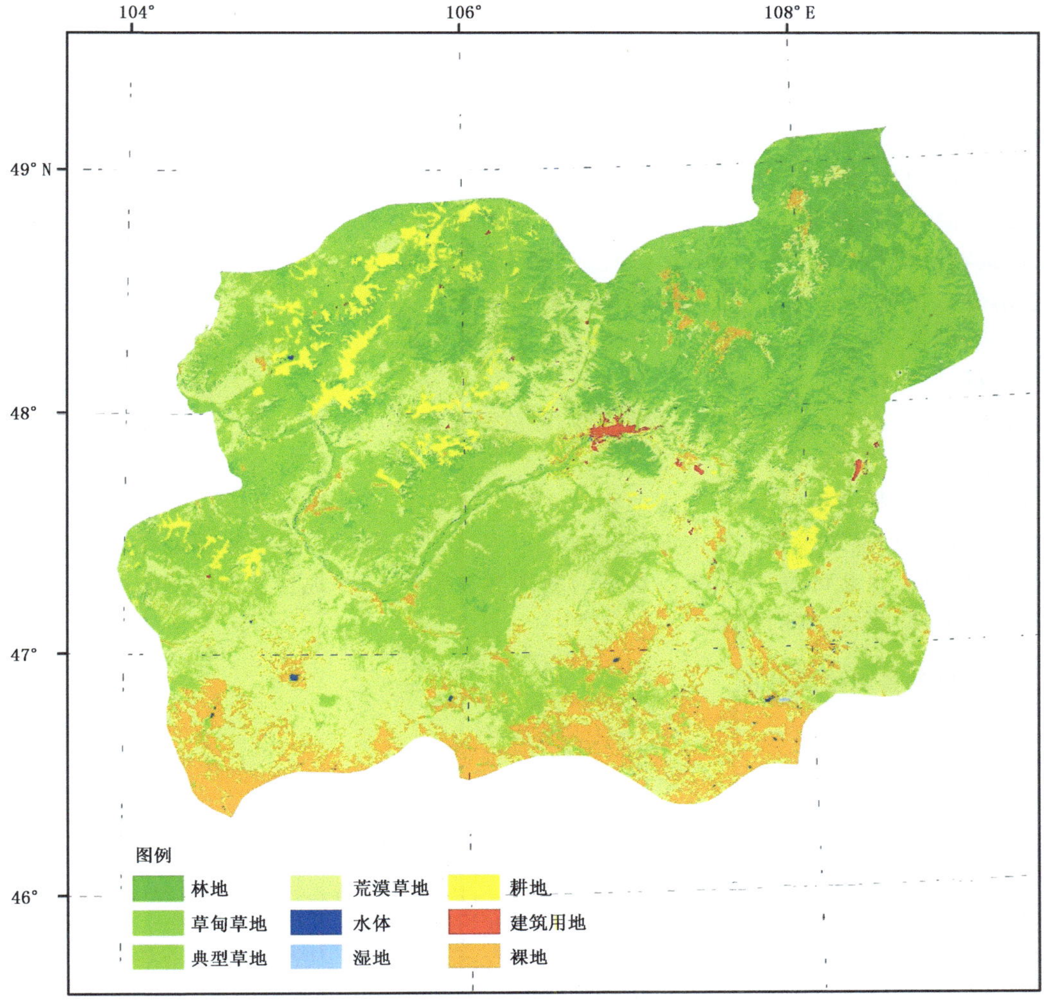

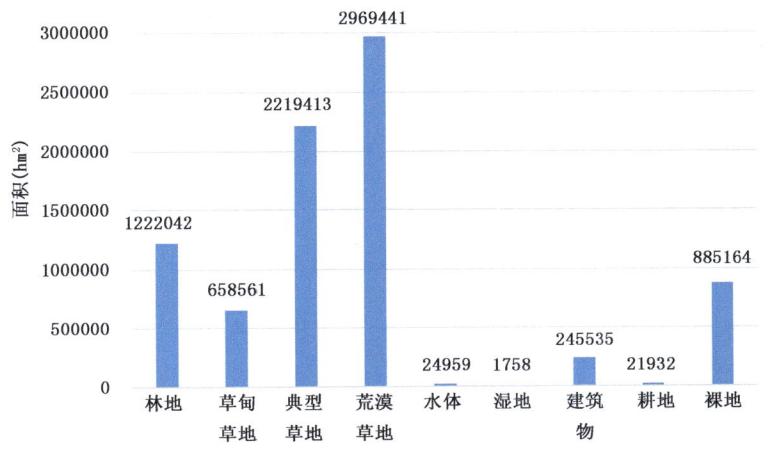

图 3-16　蒙古国中央省 2010 年土地覆盖图

图 3-17　分类图各类别面积大小

典型草地:面积为 221.94×10⁴hm²,约占研究区总面积的 26.91%,大致分布在中央省中部地带;

荒漠草地:面积为 296.94×10⁴hm²,约占研究区总面积的 36.00%,大致分布在中央省的中部和南部;

水体:面积为 2.50×10⁴hm²,约占研究区总面积的 0.30%,散布在整个中央省;

湿地:面积为 0.18×10⁴hm²,面积的 0.02%,分布在中央省的南部边界处;

建筑物:面积为 24.55×10⁴hm²,约占研究区总面积的 2.98%,在乌兰巴托市域内集中分布,散落分布在中央省及乌兰巴托城郊的小型城镇中;

耕地:面积为 2.19×10⁴hm²,约占研究区总面积的 0.27%,大致分布在中央省东西两部,靠近城镇居民点;

裸地:面积为 88.52×10⁴hm²,约占研究区总面积的 10.73%,大致分布中央省南部,与南戈壁省相邻处。

由各类别面积大小可得,研究区面积最大的土地类型是荒漠草地,然后依次是典型草地、林地、草甸草地和裸地。建筑物的面积超过了 20 万 hm²,而水体、耕地和湿地在研究区内占地面积相对较小。由此可得,中央省占优势的地物类型是草地,林地和裸地的分布面积也相对较广,是地物类型比较丰富的区域。

### 3.3.2　中央省景观格局分析

(1)指数分析

1)景观构成分析

景观构成是指各类景观类型由于其在面积、数量以及分布上的差异,而形成的具有一定形态特征和分布特征的空间实体组合结构。分析各类斑块的面积、数量以及在整个景观范围所占的百分比,可以更好地分析、研究和理解研究区域的景观格局特点。

根据分类体系的划分,将蒙古国中央省以及乌兰巴托市所在区域共划分为林地、草甸草地、典型草地、荒漠草地、水体、湿地、建筑物、耕地以及裸地等 9 类景观类型。利用 Fragstats 软件,将 Tiff 格式的分类图像进行景观要素参数统计和分析,统计结果如表 3-17 所示。

表 3-17　研究区各景观类型统计表

| 土地类型 | 斑块类型面(hm²) | 面积百分比(%) | 斑块数量(个) |
|---|---|---|---|
| 林地 | 1222042 | 14.81 | 26670 |
| 草甸草地 | 658561 | 7.98 | 26827 |
| 典型草地 | 2219413 | 26.91 | 53042 |
| 荒漠草地 | 2969441 | 36.00 | 40221 |
| 水体 | 24959 | 0.30 | 5731 |
| 湿地 | 1758 | 0.02 | 974 |
| 建筑物 | 245535 | 2.98 | 1528 |
| 耕地 | 21932 | 0.27 | 1709 |
| 裸地 | 885164 | 10.73 | 14469 |

蒙古国中央省以及乌兰巴托市所在区域总面积为 824.88×10⁴ hm²,共有 7 种 I 级类别,

分别是林地、草地、水体、湿地、建筑物、耕地以及裸地,其中中央省及乌兰巴托市所在区域内草地面积很大,而由于气温、降水以及地势的差异,导致该省内草地覆盖度也有不同,根据草地覆盖度不同,将该地区的草地分为三个 II 级类,草甸草地、典型草地以及荒漠草地。

景观要素的斑块大小是景观中资源环境特征、干扰状况以及群落演替共同作用的结果(肖烨,2012),在一定程度上可反映生物的多样性以及优势物种,分析出区域主要斑块类型。

从图 3-18 中可以看出研究区中,植被覆盖度在 5%～10% 的荒漠草地面积约占研究区总面积的 36%,为研究区中面积最大的土地类型;植被覆盖度在 10%～30% 的典型草地面积约占研究区总面积的 26.91%,是仅次于荒漠草地的土地类型;植被覆盖度大于 30% 的草甸草地面积约占研究区总面积的 7.98%,其覆盖面积也相当大。而三种草地的总面积更是占到了研究区总面积的 70.89%,是研究区中最典型的地物类型,也是本次研究中的关键地物类型。

研究区各地物类别占研究区总面积按从大到小的顺序排列为,荒漠草地＞典型草地＞林地＞裸地＞草甸草地＞建筑物＞水体＞耕地＞湿地。

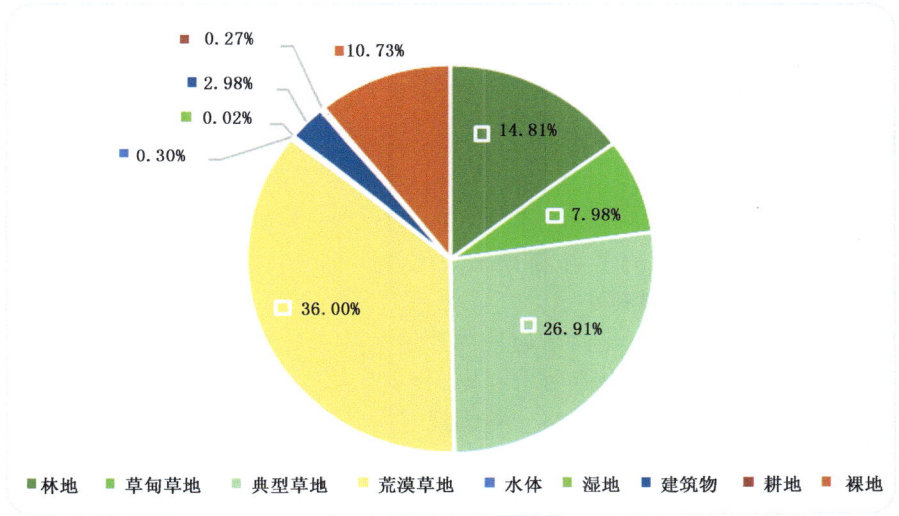

图 3-18　各景观类型面积百分比

从图 3-19 中可以得到,研究区中荒漠草地、典型草地以及草甸草地的斑块数量也以40221、53042、26827 个占到了所有类型中斑块数量最多的前三类。仅次于草地的土地类型是林地,它的斑块数量也达到了 26670 个。裸地和水体的斑块数量也分别达到了 14469、5731个,其他地物的斑块数量在整个研究区中不是很多。

研究区各地物类别的斑块数量按从大到小的顺序排列为,典型草地＞荒漠草地＞草甸草地＞林地＞裸地＞水体＞耕地＞建筑物＞湿地。

2)景观形状分析

斑块形状和大小及其相互关系将会对一系列生态学过程产生重要影响。斑块形状会对斑块内部许多过程产生影响,在生态学中常用来辅助判断是否有动物迁徙、木本植物群落以及动物觅食策略发生变化等现象的存在。对于景观格局而言,形状指标最重要的作用在于分析与其相关的"边缘效应"等现象。

借助于 Fragstats 软件,实验得到研究区分维数在斑块类型尺度上的均值、面积加权平均

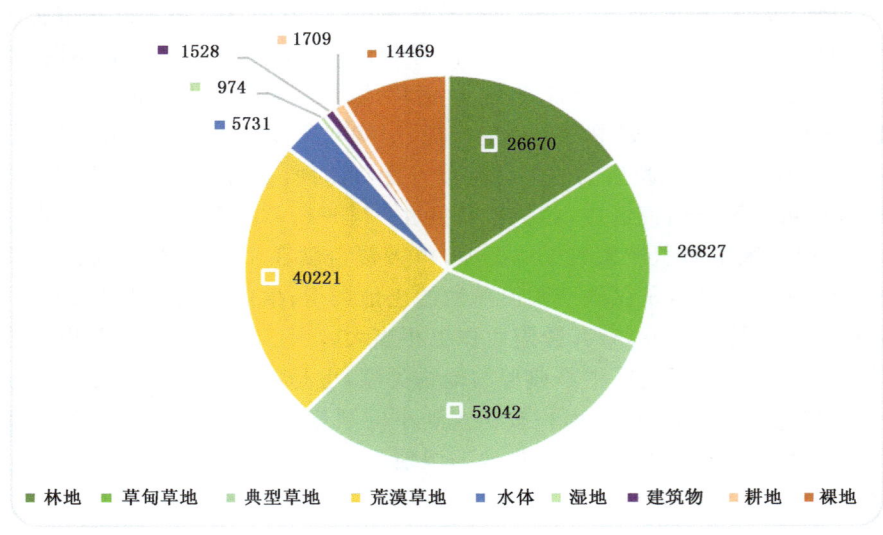

图 3-19　各类景观斑块数量（单位：个）

值、中值、极差、标准差、方差和周长面积分维数等参数，以及研究区斑块类型尺度上的斑块形状指数。

分维数指数的取值范围在 1～2 之间。对于一个二维斑块来说，它的分维数指标大于 1，就意味着它已经脱离了规则几何形状，随着斑块的复杂性越来越大，其分维数指数也会越来越大，而其受外界或人为的干扰就越小。

从表 3-18 中可以看到，研究区内平均分维数最大的土地覆盖类型是裸地，其分维数指数的中值为 1.0416；林地的分维数中值为 1.0394，排第二；而分维数最小的一类，则是景观面积最小的湿地，其分维数中值只有 1.0028。考虑到不同景观类型的覆盖面积也各不相同，如果仅考虑景观类型的分维数中值，可能会带来一些分析上的偏差，因而本实验又对基于面积加权数的分维数平均值做了景观类型层面的统计，结果如图 3-20 所示。除去因为覆盖度不同而单独划分的三种草地的 II 级类，林地和裸地分维数的面积加权平均值也很高，而分维数最小的依然是湿地。综上所述，林地和裸地的斑块形状应该是相对于其他几类景观类型较为复杂的。

表 3-18　研究区斑块类型尺度分维数

| 值<br>类型 | 均值 | 面积加权<br>平均值 | 中值 | 极差 | 标准差 | 方差 | 周长面积<br>分维数 |
|---|---|---|---|---|---|---|---|
| 林地 | 1.0394 | 1.2285 | 1.0225 | 0.3342 | 0.0467 | 4.4898 | 1.4371 |
| 草甸草地 | 1.0307 | 1.2516 | 1.0119 | 0.3475 | 0.0437 | 4.2381 | 1.454 |
| 典型草地 | 1.0339 | 1.296 | 1.0119 | 0.3912 | 0.0451 | 4.3595 | 1.4509 |
| 荒漠草地 | 1.0325 | 1.3222 | 1.0119 | 0.3818 | 0.0426 | 4.1241 | 1.4261 |
| 水体 | 1.0286 | 1.0832 | 1 | 0.2554 | 0.0452 | 4.3981 | 1.5281 |
| 湿地 | 1.0028 | 1.0327 | 1 | 0.1533 | 0.0133 | 1.3226 | 1.3937 |
| 建筑物 | 1.0178 | 1.1183 | 1 | 0.2026 | 0.0335 | 3.2876 | 1.2091 |
| 耕地 | 1.0099 | 1.1145 | 1 | 0.1829 | 0.026 | 2.5704 | 1.279 |
| 裸地 | 1.0416 | 1.2369 | 1.0279 | 0.3216 | 0.0432 | 4.1488 | 1.405 |

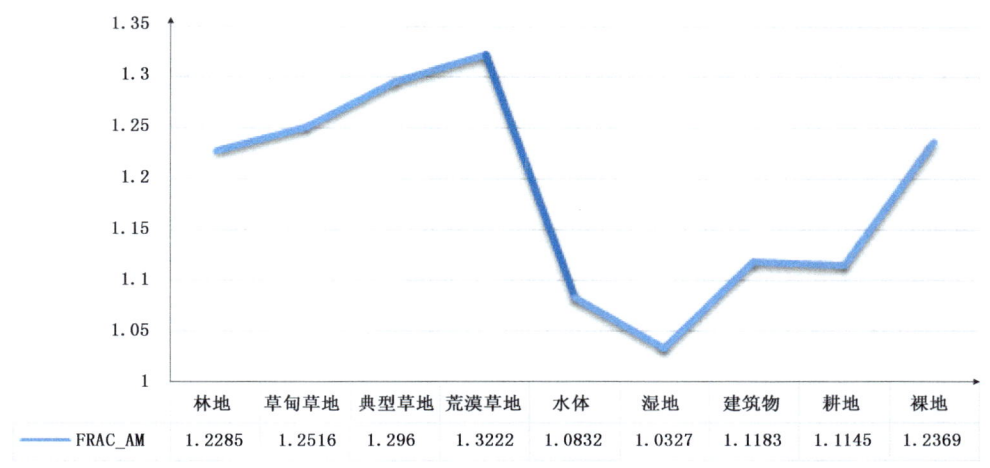

图 3-20　研究区各斑块类型分维数面积加权平均值

| | 林地 | 草甸草地 | 典型草地 | 荒漠草地 | 水体 | 湿地 | 建筑物 | 耕地 | 裸地 |
|---|---|---|---|---|---|---|---|---|---|
| FRAC_AM | 1.2285 | 1.2516 | 1.296 | 1.3222 | 1.0832 | 1.0327 | 1.1183 | 1.1145 | 1.2369 |

　　结合分类结果图来看,由于林地大致分布在中央省北部山脉地带,与山脉走向大致一致,林地斑块的形状也大致与山体形状保持一致。而中央省北部山体形状比较破碎,林地也多沿山脉中间水源丰沛、气候湿润、温度较高的河谷地带生长蔓延,因而研究区林地的分维数比较高;而裸地的分维度较高,可能是因为在解译过程中,裸地与荒漠草地的 NDVI 以及光谱特征比较类似,混分现象比较严重,因而在裸地与荒漠草地的边缘地带形状多不规则。由于湿地在解译过程中,仅靠人工知识来判断,所以区域面积比较小,形状也近乎规则,因而其分维数较小也是合理的。

　　研究区斑块形状指数如图 3-21 所示。除去草地的三个 II 级类,林地和裸地的斑块形状指数比较大,而建筑物、耕地的形状指数比较小,与分维数的大小规律大致一致。

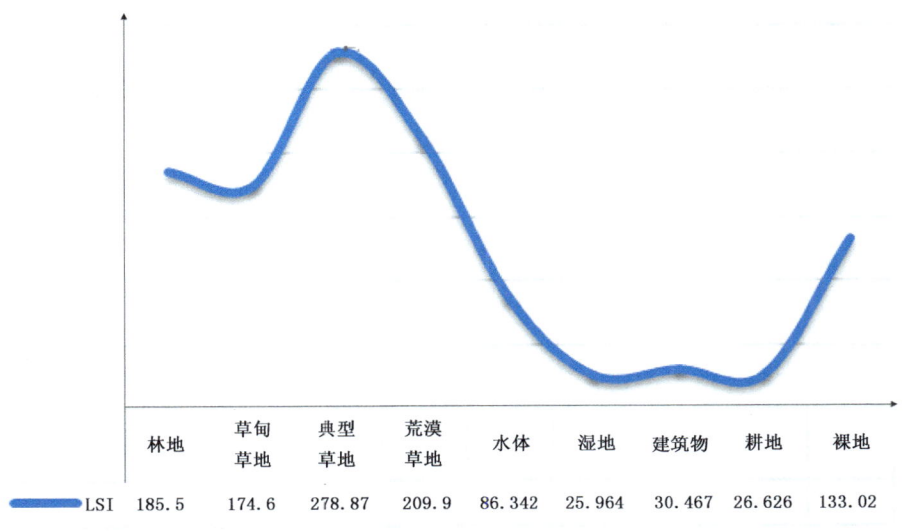

| | 林地 | 草甸草地 | 典型草地 | 荒漠草地 | 水体 | 湿地 | 建筑物 | 耕地 | 裸地 |
|---|---|---|---|---|---|---|---|---|---|
| LSI | 185.5 | 174.6 | 278.87 | 209.9 | 86.342 | 25.964 | 30.467 | 26.626 | 133.02 |

图 3-21　研究区各斑块类型形状指数

　　通过对不同景观类型分维数以及形状指数的比较,研究区中斑块形状最复杂的应该是林地,而草地、裸地以及水体的复杂程度次之,耕地、建筑物的复杂程度比较低。由于人为干扰程度越大,斑块复杂程度越低。这也说明了,研究区范围内,受人为干扰因素最小的是林地,草地、裸地和水体受人为干扰程度比较小,而建筑物、耕地等与人类生活密切相关的景观类型受人为干扰程度较高。

3)景观破碎化分析

利用 Fragstats 软件,可以得到研究区内斑块密度($PD$)、平均斑块面积(AREA_MN)、景观整体破碎度指数($FN_1$)以及各类景观要素的破碎度指数($FN_2$)。其中 $MPS$ 为平均斑块面积,$N_F$ 为某一景观类型的斑块数,$N_C$ 为景观的总面积,$N_P$ 为景观中各类斑块总数,$FN_1$ 和 $FN_2$ 分别是通过公式(3.13)和式(3.14)计算而得的景观整体破碎度指数以及各类景观要素的破碎度指数。结果如表 3-19 所示。

表 3-19　研究区破碎化指数

| 景观类型 | 林地 | 草甸草地 | 典型草地 | 荒漠草地 | 水体 | 湿地 | 建筑物 | 耕地 | 裸地 |
|---|---|---|---|---|---|---|---|---|---|
| $PD$ | 0.21 | 0.21 | 0.42 | 0.32 | 0.05 | 0.01 | 0.01 | 0.01 | 0.11 |
| $MPS$(hm²) | 45.82 | 24.54 | 41.84 | 73.82 | 4.35 | 1.80 | 160.69 | 12.83 | 61.17 |
| $N_F$(个) | 26670 | 26827 | 53042 | 40221 | 5731 | 974 | 1528 | 1709 | 14469 |
| $N_C$(hm²) | | | | | 12623688 | | | | |
| $N_P$(个) | | | | | 171171 | | | | |
| $FN_1$ | | | | | 0.013559 | | | | |
| $FN_2$ | 0.0968 | 0.0521 | 0.1758 | 0.2352 | 0.0019 | 0.0001 | 0.0194 | 0.0017 | 0.0701 |

研究区斑块密度、平均斑块面积、破碎度指数如图 3-22、图 3-23 和图 3-24 所示。由图可见,研究区平均斑块面积按照从大到小的顺序排列为:建筑物>荒漠草地>裸地>林地>典型草地>草甸草地>耕地>水体>湿地,研究区斑块类型的破碎度指数按照从小到大的顺序排列为:湿地<耕地<水体<建筑物<草甸草地<裸地<林地<典型草地<荒漠草地。以上结果表明,蒙古国中央省及乌兰巴托市所在区域建筑物区域的密集程度,平均斑块面积最大,破碎度指数也很小。

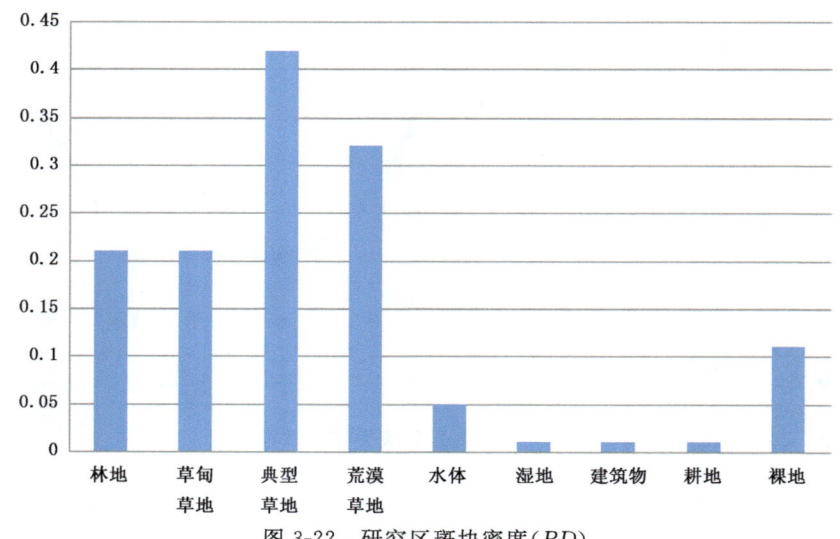

图 3-22　研究区斑块密度($PD$)

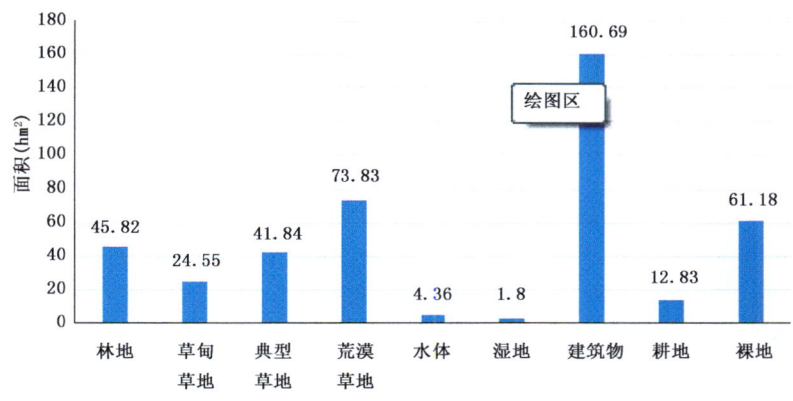

图 3-23　研究区平均斑块面积(AREA_MN)

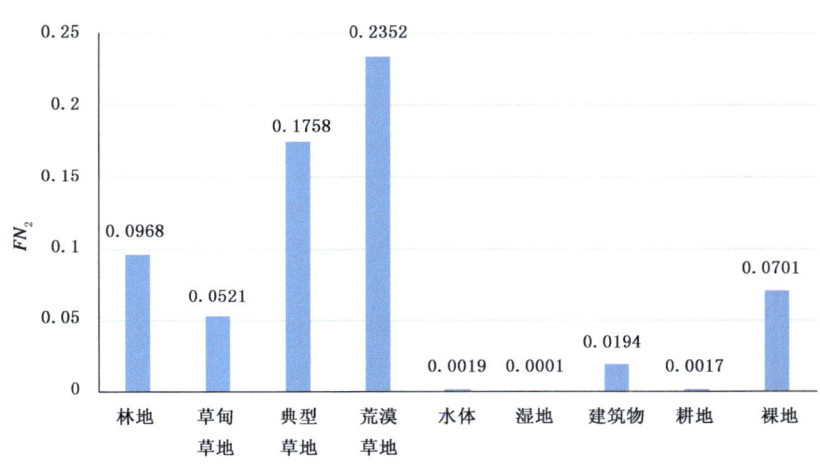

图 3-24　研究区破碎度指数($FN_2$)

4)景观多样性分析

通过 Fragstats 软件进行计算,得到研究区范围内的景观多样性指数($SHDI$)、均匀度指数($E$)、优势度指数($D$)以及参与优势度指数计算的最大多样性指数($H_{max}$),结果如表 3-20 所示。

表 3-20　研究区多样性指标

| 指标<br>研究区 | $SHDI$ | $E$ | $D$ | $H_{max}$ |
|---|---|---|---|---|
| 中央省及乌兰巴托市所在区域 | 1.585 | 0.7214 | 0.612225 | 2.197225 |

基于景观格局层面的多样性分析数据可以在整体层面上对研究区的功能、结构的多样性进行解释。多样性指数($SHDI$)能够反映出景观的异质性,景观越丰富,破碎化程度越高,计算出的多样性数值也越高。采用香农多样性指数($SHDI$)。当整个区域景观的构成要素相同时,其景观是均质的,多样性指数也为 0。当整个区域景观格局要素越丰富时,其多样性指数也会越大。均匀度指数($E$)与优势度指数($D$)也可以反映出景观的多样性。若均匀度指数偏

高,说明研究区景观具有均质性,若优势度指数偏高,则说明研究区景观的异质性比较高。本研究区内,多样性指数($SHDI$)为 1.585,均匀度指数($E$)为 0.7214,优势度指数($D$)为0.612225。这些结果说明了研究区内的九种斑块类型之间的比例差异较大。

(2)景观格局评价

综合由 Fragstats 计算得到的景观形状、数量以及多样性、破碎性指数,可以大致得到研究区景观格局分布。研究区范围内地物类型丰富、不单一,不同类别的景观斑块面积大小不一,其中研究区内分布面积最大的是草地,而草地中又以荒漠草地最占优势,如果研究区内生态环境继续恶劣、人为干扰不加克制,荒漠草地极有可能大面积向裸地类型过渡。

林地和裸地的分维数指数比较高,这两种地类受自然及人工干扰比较小;耕地、建筑用地分维数指数比较低,这两种地类受自然及人工干扰比较大。这也说明蒙古国北部林区以及南部裸地区域人迹罕至,而蒙古国首都乌兰巴托市及其附近区域人类活动比较频繁,对自然环境及景观格局影响较大。

中央省及乌兰巴托市的人口过度集中,使得城镇居民地分布较为集中。而以城镇居民点为中心,沿河流、山谷等气候良好、水源丰沛区域向外扩散的人类活动分布范围也成为研究区中生态景观脆弱区的集中分布点。

# 第 4 章　蒙古国土地覆盖变化

## 4.1　土地覆盖变化研究方法

　　土地利用转移矩阵可以用来分析两个时间节点间土地覆盖的变化情况，从而能够定量描述土地类型转移状态。一般情况下，土地利用转移矩阵如表 4-1 所示。表中的 $T_1$ 所在行表示这一时刻的土地利用类型，$T_2$ 所在列表示 $T_2$ 时刻的土地利用类型。表中的 $P_{ij}$ 为 $T_1 \sim T_2$ 期间，$i$ 类土地覆盖类型土地转为土地覆盖类型 $j$ 的土地面积；$P_{ii}$ 表示 $T_1 \sim T_2$ 期间 $i$ 类土地覆盖类型保持不变的土地面积。$P_{i+}$ 表示 $T_1$ 点的 $i$ 类总面积。类似，$P_{+j}$ 即表示 $j$ 类型的地物面积。$P_{i+} - P_{ii}$ 在 $T_1 \sim T_2$ 期间占 $i$ 地类减少的面积；在 $T_1 - T_2$ 期间，$P_{+j} - P_{jj}$ 表示 $j$ 地类增加的面积（刘瑞 等，2010）。

表 4-1　土地利用转移矩阵

| | | $T_2$ | | | | $P_{i+}$ | 减少 |
|---|---|---|---|---|---|---|---|
| | | $A_1$ | $A_2$ | ... | $A_n$ | | |
| $T_1$ | $A_1$ | $P_{11}$ | $P_{12}$ | ... | $P_{1n}$ | $P_{1*}$ | $P_{1*} - P_{11}$ |
| | $A_2$ | $P_{21}$ | $P_{22}$ | ... | $P_{2n}$ | $P_{2*}$ | $P_{2*} - P_{22}$ |
| | ⋮ | ⋮ | ⋮ | ⋮ | ⋮ | ⋮ | ⋮ |
| | $A_n$ | $P_{n1}$ | $P_{n2}$ | ... | $P_{nn}$ | $P_{n*}$ | $P_{n*} - P_{nn}$ |
| $P_{+j}$ | | $P_{+1}$ | $P_{+2}$ | ... | $P_{+n}$ | 1 | |
| 新增 | | $P_{+1} - P_{11}$ | $P_{+2} - P_{22}$ | ... | $P_{+n} - P_{nn}$ | | |

　　土地利用/土地覆盖变化研究中，土地利用转移矩阵使用矩阵列出研究区不同土地利用面积之间的转移类型，得到区域土地利用数量结构特征和各类土地变化方向。土地利用转移矩阵可以反映不同类型结构之间相互转化的关系，了解各土地类型转移前后的特征，在土地利用变化分析与模拟中具有重要作用，应用广泛（Paris 等，2012；朱会义 等，2003；鲁春阳 等，2007；岳东霞 等，2011；蔡为民 等，2006；张俊 等，2006）。

　　土地利用变化转移矩阵主要反映的是不同时期各地类的面积信息以及相互转化关系。除此之外，若要进行土地转移分析，土地利用类型的总变化量（Total Change，TC）、净变化量（Net Change，NC）和交换变化量（Swap Change，SC）是使用最为频繁的三个参数（Paris 等，2012）。

　　（1）土地利用净变化量是指某一类的地物类型的面积在两个时间节点内变化的绝对值，该参数反映地类的面积在数量上的变化，不包含空间信息（刘盛和 等，2012）。

$$NCa = \mid Sa' - Sa \mid = \left| \sum_{i=1}^{n} Sia - \sum_{j=1}^{n} Saj \right| = \left| \left( \sum_{i=1}^{n} Sia - Saa \right) - \left( \sum_{j=1}^{n} Saj - Saa \right) \right| = \mid Ia - Da \mid$$

$$(4.1)$$

（2）土地利用交换变化量反映的不仅是地类面积在数量上的变化，还表示在一定区域内某一类地物转换成其他地物的面积以及其他地类转化为该类地物的面积。

$$SCa = 2\mathrm{MIN}(P_{J+} - P_{JJ}, P_{+J} - P_{JJ})$$

$$(4.2)$$

（3）土地利用类型总变化量是指区域内所有地类面积变化的总量，即净变化量与交换变化量之和。

$$TCa = NCa + SCa = \mathrm{MIN}(P_{J+} - P_{JJ}, P_{+J} - P_{JJ}) + \mathrm{MAX}(P_{J+} - P_{JJ}, P_{+J} - P_{JJ})$$

$$(4.3)$$

## 4.2　蒙古国土地覆盖总体变化

蒙古国 1990 年和 2010 年各类型土地覆盖面积变化及变化幅度统计数据见表 4-2。1990—2010 年土地覆盖变化信息见表 4-3。蒙古国 1990—2010 年土地覆盖转移矩阵见表 4-4。

**表 4-2　蒙古国 1990 和 2010 年各类型土地覆盖面积变化及变化幅度统计表**

| 土地覆盖类型 | 1990 年面积 | 2010 年面积 | 1990—2010 年变化面积 | 1990—2010 年变化率 |
|---|---|---|---|---|
|  | 面积（km²） | 面积（km²） | 面积（km²） | 变化幅度（%） |
| 森林 | 127739.51 | 103668.07 | −24071.44 | 18.84 |
| 草甸草地 | 22469.75 | 25413.07 | 2943.32 | 13.10 |
| 典型草地 | 413244.74 | 385907.27 | −27337.47 | 6.62 |
| 荒漠草地 | 231261.45 | 259077.15 | 27815.71 | 12.03 |
| 冰雪 | 1069.07 | 1058.31 | −10.77 | 1.01 |
| 农田 | 14587.19 | 9330.58 | −5256.60 | 36.04 |
| 水体 | 17831.03 | 17762.55 | −68.47 | 0.38 |
| 建筑用地 | 473.29 | 495.89 | 22.60 | 4.78 |
| 沙地 | 5798.05 | 1929.89 | −3868.16 | 66.71 |
| 裸地 | 720463.73 | 748184.75 | 27721.03 | 3.85 |
| 沙漠 | 9403.51 | 11513.77 | 2110.26 | 22.44 |

**表 4-3　蒙古国 1990—2010 年土地覆盖变化信息表**

| 土地覆盖类型 | 新增量 | 减少量 | 总变化量 | 净变化量 | 交换变化量 |
|---|---|---|---|---|---|
|  | 面积（km²） | 面积（km²） | 面积（km²） | 面积（km²） | 面积（km²） |
| 森林 | 32597.3 | 56669 | 89266.3 | 24071.7 | 65194.6 |
| 草地 | 319235.8 | 315814 | 635049.8 | 58096.8 | 576953 |
| 冰雪 | 575.6 | 586.5 | 1162.1 | 10.9 | 1151.2 |
| 农田 | 1619.3 | 6875.9 | 8495.2 | 5256.6 | 3238.6 |

续表

| 土地覆盖类型 | 新增量 | 减少量 | 总变化量 | 净变化量 | 交换变化量 |
|---|---|---|---|---|---|
| | 面积(km²) | 面积(km²) | 面积(km²) | 面积(km²) | 面积(km²) |
| 水体 | 3226.6 | 3295 | 6521.6 | 68.4 | 6453.2 |
| 建设用地 | 268 | 245.3 | 513.3 | 22.7 | 490.6 |
| 裸土地 | 104782 | 78818.9 | 183600.9 | 33699.5 | 149901.4 |

**表 4-4　蒙古国 1990—2010 年土地覆盖转移矩阵(km²)**

| 类型 | | 2010 年 | | | | | | | | | |
|---|---|---|---|---|---|---|---|---|---|---|---|
| | | 森林 | 草甸草地 | 典型草地 | 荒漠草地 | 冰雪 | 农田 | 水体 | 建筑用地 | 沙地 | 裸地 | 沙漠 |
| 1990 年 | 森林 | 71070.7 | 3951.8 | 48010.9 | 3574.8 | 0.2 | 146.5 | 185.3 | 5.1 | 0.0 | 771.9 | 22.5 |
| | 草甸草地 | 1950.7 | 6094.1 | 12305.1 | 1467.9 | 1.3 | 42.5 | 317.6 | 4.5 | 0.0 | 283.6 | 2.4 |
| | 典型草地 | 28216.7 | 10528.2 | 247997.6 | 102158.0 | 43.4 | 1249.9 | 801.0 | 187.7 | 0.0 | 21552.7 | 509.7 |
| | 荒漠草地 | 1519.5 | 2731.9 | 61446.2 | 97070.3 | 93.6 | 163.4 | 528.2 | 17.1 | 9.9 | 66814.5 | 866.8 |
| | 冰雪 | 0.3 | 4.8 | 12.2 | 229.3 | 482.7 | 0.0 | 13.0 | 0.0 | 0.0 | 326.9 | 0.0 |
| | 农田 | 161.7 | 271.8 | 5468.7 | 838.0 | 0.0 | 7711.3 | 11.6 | 4.5 | 0.0 | 119.6 | 0.0 |
| | 水体 | 154.8 | 578.6 | 1209.0 | 502.9 | 10.9 | 2.9 | 14536.1 | 1.8 | 0.2 | 826.5 | 7.4 |
| | 建筑用地 | 0.6 | 3.8 | 160.7 | 42.6 | 0.0 | | 1.7 | 228.0 | 0.0 | 35.0 | 0.0 |
| | 沙地 | 0.0 | 0.0 | 4.3 | 106.1 | 0.0 | 0.0 | 0.0 | 0.0 | 1417.3 | 4255.7 | 14.7 |
| | 裸地 | 592.9 | 1246.8 | 9279.2 | 52889.4 | 426.1 | 13.2 | 1352.4 | 47.3 | 502.5 | 649726.3 | 4387.5 |
| | 沙漠 | 0.1 | 1.3 | 13.5 | 198.0 | 0.1 | 0.0 | 15.8 | 0.0 | 0.0 | 3472.0 | 5702.7 |

## 4.2.1　森林变化特征

1990—2010 年间,森林无论从数量上还是空间分布上都发生了显著的变化。从蒙古国 1990—2010 年土地利用变化信息表可以看出(表 4-3),森林的新增量为 32597.30 km²,减少量为 56669.00 km²,林地的总变化量为 89266.30 km²,净变化量为 24071.70 km²,交换变化量为 65194.60 km²,交换变化量明显大于净变化量,且占总变化量的 2/3 左右,说明森林的变化主要变现为空间位置的转移,同时还表现为林地面积的减少。

根据蒙古国 1990—2010 年土地利用转移矩阵统计数据(表 4-4),蒙古国 1990 年森林共转出 5.67 万 km²,2010 年森林转入了 3.26 万 km²,净流出 2.41 万 km²。从森林的转出面积来看,森林转出到典型草地的面积最多,达 48010.90 km²。空间上主要分布在肯特省北部、中央省北部、色楞格省以及库苏古尔省中部等地区。其次,林地转出较多的是草甸草地和荒漠草地,转出面积分别为 3951.80 km² 和 3574.80 km²,在空间上,转出的荒漠草地主要分布在西北部,如扎布汗省中部、后杭爱省和库苏古尔省交界处等;转出的草甸草地则主要分布在库苏古尔省北部和中央省东部且靠近乌兰巴托市等地。另外还有少量林地转出到农田和裸地等地类,但数量较少。从林地的转入面积来看,典型草地是林地的最大转入类型,转入面积达 28216.70 km²。转入的典型草地主要分布在布尔干省和库苏古尔省等北部地区。另外,草甸草地也是森林的主要转入类型,转入面积为 1950.7 km²,转入的草甸草地主要分布在布尔干省。荒漠草地转入 1519.50 km²,转入的荒漠草地则主要分布在布尔干省北部和扎布汗省。其他地类转入到森林的面积都较少,空间上分布不明显。

从蒙古国 1990—2010 年各行政区森林覆盖变化面积及幅度数据来看(表 4-5),这 20 年间,森林面积减少了 24071.44 km²,变化率达 18.84%。从变化量来看,肯特省、中央省和库苏古尔省的森林面积减少最多,分别减少了 6372.30 km²、4803.22 km² 和 3764.40 km²;布尔干省是森林新增面积最大的省份,新增面积达 2780.50 km²;变化幅度最大的地区是鄂尔浑省和巴彦乌列盖省,面积变化率达 323.19% 和 235.65%。

表 4-5  蒙古国 1990—2010 年各省森林变化面积及幅度

| 行政区划(省、市) | 1990 年面积 | 2010 年面积 | 1990—2010 年变化面积 | 1990—2010 年变化率 |
|---|---|---|---|---|
| | 面积(km²) | 面积(km²) | 面积(km²) | 变化幅度(%) |
| 库苏古尔 | 36107.30 | 32342.90 | −3764.40 | −10.43 |
| 乌布苏 | 2051.41 | 562.70 | −1488.71 | −72.57 |
| 巴彦乌列盖 | 38.06 | 127.74 | 89.68 | 235.65 |
| 东方 | 5254.28 | 2881.49 | −2372.79 | −45.16 |
| 布尔干 | 14288.30 | 17068.80 | 2780.50 | 19.46 |
| 色楞格 | 16487.00 | 15478.70 | −1008.30 | −6.12 |
| 扎布汗 | 5148.25 | 3030.91 | −2117.34 | −41.13 |
| 达尔汗乌拉 | 901.75 | 694.25 | −207.50 | −23.01 |
| 科布多 | 44.33 | 84.50 | 40.17 | 90.61 |
| 肯特 | 17769.60 | 11397.30 | −6372.30 | −35.86 |
| 后杭爱 | 12022.90 | 8264.19 | −3758.71 | −31.26 |
| 中央 | 13700.85 | 8897.63 | −4803.22 | −35.06 |
| 鄂尔浑 | 22.61 | 95.68 | 73.07 | 323.19 |
| 戈壁阿尔泰 | 258.96 | 9.04 | −249.93 | −96.51 |
| 乌兰巴托 | 1642.13 | 987.95 | −654.18 | −39.84 |
| 巴彦洪戈尔 | 122.93 | 143.74 | 20.82 | 16.93 |
| 前杭爱 | 1878.26 | 1600.24 | −278.02 | −14.80 |

### 4.2.2  草地变化特征

草地是蒙古国最重要土地覆盖类型,支撑着整个蒙古国经济的发展,而且在蒙古国的生态系统中起着重要的作用。1990—2010 年间,在人类和自然的双重压力下,草地的空间分布发生了明显的变化。从蒙古国 1990—2010 年土地利用变化信息表可以看出(表 4-3),草地的新增量为 31.92 万 km²,减少量为 31.58 km²,草地的总变化量为 63.51 万 km²,净变化量为 5.81 km²,交换变化量为 57.70 km²。草地的交换变化量非常接近总变化量,表明草地的变化以交换变化为主,主要表现为草地类型空间位置的转移。

蒙古国典型草地变化最为剧烈。根据蒙古国 1990—2010 年土地利用转移矩阵统计数据(表 4-4),1990 年典型草地共流出 16.52 万 km²,2010 年转入 13.79 万 km²,净流出 2.73 万

km$^2$。从典型草地的转出面积来看,典型草地转出到荒漠草地最多,其次是森林和裸地,转出面积分别为 10.22 万 km$^2$、2.82 万 km$^2$ 和 2.16 万 km$^2$。其中典型草地和荒漠草地之间的变化主要分布在苏赫巴托尔省、肯特省南部、中戈壁省北部、后杭爱省和库苏古尔省南部地区,空间上分布比较广泛。典型草地转出到裸地的区域主要分布在扎布汗省和库苏古尔省交界地区。从典型草地的转入面积来看,荒漠草地、森林、草甸草地、裸地以及农田是其主要的转入类型,荒漠草地和森林转入的面积分别为 6.15 万 km$^2$ 和 4.80 万 km$^2$,其中转入的荒漠草地主要分布在东方省北部和苏赫巴托尔省北部地区,转入的裸地主要分布在东戈壁省、东方省和库苏古尔省等地区。

草甸草地 1990 年共转出 1.64 万 km$^2$,2010 年转入 1.93 万 km$^2$,净流出 0.29 万 km$^2$。从草甸草地的转出面积来看,草甸草地主要转出到典型草地,面积达 1.23 万 km$^2$,空间上主要分布在肯特省。从草甸草地的转入面积来看,典型草地和森林是其主要转入源,二者分别转入了 1.05 万 km$^2$ 和 3951.80 km$^2$。由于蒙古国草甸草地分布较少,草甸草地主要分布在河流和湖泊周围,新增的草甸草地主要分布在库苏古尔省和巴彦乌列盖省西部地区。

荒漠草地总量上变化较小,但是空间分布发生了明显的变化。荒漠草地 1990 年共转出 16.53 km$^2$,2010 年转入 16.20 万 km$^2$,净流出 0.33 万 km$^2$。从荒漠草地的转出面积来看,荒漠草地转出到典型草地和裸地的面积最大,面积分别达 6.15 万 km$^2$ 和 6.68 万 km$^2$。转出的裸地主要分布在中戈壁省、扎布汗省和科布多省等地,荒漠草地的退化明显有向南移动的趋势。荒漠草地转出到典型草地主要分布在东方省和苏赫巴托尔省北部地区。从荒漠草地的转入面积来看,典型草地是最大的转入源,面积达 10.22 万 km$^2$。空间上主要分布在东方省东部、苏赫巴托尔省中部以及中戈壁省等地区。

从蒙古国 1990—2010 年各省草地覆盖变化面积及幅度数据来看(表 4-6),这 20 年间,草地面积增加了 2.19 万 km$^2$。从变化量来看,乌布苏省、中戈壁省和布尔干省的草地面积减少最多,分别减少了 8942.41 km$^2$、8802.15 km$^2$ 和 4890.86 km$^2$;戈壁阿尔泰省和扎布汗省是蒙古国草地新增面积最大的两个省份,新增面积达 6680.55 km$^2$ 和 5699.37 km$^2$;变化幅度最大的地区是戈壁阿尔泰省,面积变化率达 96.06%。

表 4-6　蒙古国 1990—2010 年各省草地变化面积及幅度

| 行政区划(省、市) | 1990 年面积 | 2010 年面积 | 1990—2010 年变化面积 | 1990—2010 年变化率 |
|---|---|---|---|---|
| | 面积(km$^2$) | 面积(km$^2$) | 面积(km$^2$) | 变化幅度(%) |
| 库苏古尔 | 56716.32 | 54181.12 | −2535.20 | −4.47 |
| 乌布苏 | 28259.21 | 19316.80 | −8942.41 | −31.64 |
| 巴彦乌列盖 | 15100.90 | 14304.18 | −796.72 | −5.28 |
| 东方 | 110397.42 | 110925.36 | 527.94 | 0.48 |
| 布尔干 | 32671.90 | 27781.04 | −4890.86 | −14.97 |
| 色楞格 | 20965.14 | 21112.78 | 147.64 | 0.70 |
| 扎布汗 | 50497.85 | 56197.21 | 5699.37 | 11.29 |
| 达尔汗乌拉 | 1770.51 | 1960.34 | 189.83 | 10.72 |
| 科布多 | 14272.98 | 10503.06 | −3769.92 | −26.41 |
| 肯特 | 59021.23 | 62373.51 | 3352.28 | 5.68 |
| 后杭爱 | 39939.88 | 40817.51 | 877.63 | 2.20 |

续表

| 行政区划(省、市) | 1990 年面积 | 2010 年面积 | 1990—2010 年变化面积 | 1990—2010 年变化率 |
|---|---|---|---|---|
| | 面积(km²) | 面积(km²) | 面积(km²) | 变化幅度(%) |
| 中央 | 56680.31 | 60436.74 | 3756.43 | 6.63 |
| 鄂尔浑 | 760.81 | 635.20 | −125.60 | −16.51 |
| 戈壁阿尔泰 | 6954.79 | 13635.35 | 6680.55 | 96.06 |
| 乌兰巴托 | 2125.38 | 2664.32 | 538.94 | 25.36 |
| 苏赫巴托尔 | 73142.44 | 70236.63 | −2905.81 | −3.97 |
| 巴彦洪戈尔 | 31551.14 | 30936.97 | −614.17 | −1.95 |
| 前杭爱 | 23145.69 | 19680.82 | −3464.87 | −14.97 |
| 戈壁苏木贝尔 | 3252.38 | 1990.72 | −1261.65 | −38.79 |
| 中戈壁 | 26412.03 | 17609.88 | −8802.15 | −33.33 |
| 东戈壁 | 8254.58 | 6920.05 | −1334.53 | −16.17 |
| 南戈壁 | 5080.33 | 862.30 | −4218.03 | −83.03 |

## 4.2.3　农田变化特征

1990—2010 年间,随着经济转型发展,畜牧业快速发展,农田逐渐被边缘化,农田的空间分布发生了明显的变化。从蒙古国 1990—2010 年土地利用变化信息表可以看出(表 4-3),农田的新增量为 1619.30 km²,减少量为 6875.90 km²,农田的总变化量为 8495.20 km²,净变化量为 5256.60 km²,交换变化量为 3238.60 km²。农田的交换变化量和净变化量相差不大,而且比较接近总变化量的一半,表明农田总量呈减少趋势,同时农田也在发生比较大的空间转移。

根据蒙古国 1990—2010 年土地利用转移矩阵统计数据(表 4-4),农田 1990 年共转出 6875.92 km²,2010 年转入 1619.32 万 km²,净流出 5256.6 万 km²。从农田的转出面积来看,农田主要转出为典型草地,面积达 5468.70 km²。蒙古国农田的面积减少的幅度非常大,主要是由于大量耕地弃耕,开发为草地。转出的草地主要分布在中央省、东方省和扎布汗等地。从农田的转入面积来看,典型草地是其主要转入类型,面积为 1249.90 km²。转入的典型草地主要分布在经济发达且气候湿润的北部地区,例如色楞格省。

从蒙古国 1990—2010 年各省农田覆盖变化面积及幅度数据来看(表 4-7),这 20 年间,农田面积减少了 5256.60 km²。从变化量来看,中央省、东方省和布尔干省的农田面积减少最多,分别减少了 1842.80 km²、679.48 km² 和 569.17 km²;蒙古国仅苏赫巴托尔省的耕地略有增加,其他各省农田面积都呈减少趋势;从变化幅度看,由于戈壁苏木贝尔省、中戈壁省和南戈壁省的耕地几乎没有,因此其变化率为 100%。

**表 4-7　蒙古国 1990—2010 年各省农田变化面积及幅度**

| 行政区划(省、市) | 1990 年面积 | 2010 年面积 | 1990—2010 年变化面积 | 1990—2010 年变化率 |
|---|---|---|---|---|
| | 面积(km²) | 面积(km²) | 面积(km²) | 变化幅度(%) |
| 库苏古尔 | 311.94 | 250.38 | −61.57 | −19.74 |
| 乌布苏 | 519.69 | 326.61 | −193.08 | −37.15 |

| 行政区划（省、市） | 1990 年面积 | 2010 年面积 | 1990—2010 年变化面积 | 1990—2010 年变化率 |
|---|---|---|---|---|
| | 面积（km²） | 面积（km²） | 面积（km²） | 变化幅度（%） |
| 东方 | 1391.64 | 712.16 | −679.48 | −48.83 |
| 布尔干 | 1027.60 | 458.43 | −569.17 | −55.39 |
| 色楞格 | 3521.77 | 3208.28 | −313.49 | −8.90 |
| 扎布汗 | 545.73 | 234.04 | −311.69 | −57.12 |
| 达尔汗乌拉 | 461.05 | 350.91 | −110.14 | −23.89 |
| 肯特 | 1154.94 | 841.68 | −313.26 | −27.12 |
| 后杭爱 | 569.98 | 275.51 | −294.47 | −51.66 |
| 中央 | 4035.67 | 2192.87 | −1842.80 | −45.66 |
| 鄂尔浑 | 30.04 | 22.71 | −7.33 | −24.40 |
| 戈壁阿尔泰 | 30.19 | 27.86 | −2.33 | −7.71 |
| 乌兰巴托 | 57.84 | 13.86 | −43.98 | −76.04 |
| 苏赫巴托尔 | 295.42 | 301.46 | 6.04 | 2.04 |
| 巴彦洪戈尔 | 113.04 | 47.42 | −65.61 | −58.04 |
| 前杭爱 | 466.77 | 66.42 | −400.35 | −85.77 |
| 戈壁苏木贝尔 | 26.48 | 0.00 | −26.48 | −100.00 |
| 中戈壁 | 26.04 | 0.00 | −26.04 | −100.00 |
| 南戈壁 | 1.36 | 0.00 | −1.36 | −100.00 |

### 4.2.4　建筑用地变化特征

建设用地与人类的生产生活关系最为密切。1990—2010 年间,蒙古国的经济建设快速发展,中心区域建设用地的规模增长较快,但周边区域发展缓慢。从蒙古国 1990—2010 年土地利用变化信息表可以看出(表 4-3),建设用地的新增量为 268.00 km²,减少量为 245.30 km²,建设用地的总变化量为 513.30 km²,净变化量为 22.70 km²,交换变化量为 490.60 km²。建设用地的交换变化量几乎等于总变化量,说明蒙古国建设用地主要表现空间位置的转移。

根据蒙古国 1990—2010 年土地利用转移矩阵统计数据(表 4-4),蒙古国建设用地 1990 年共转出 245.31 km²,2010 年转入 267.92 万 km²,净流入 22.60 km²,建设用地的规模略有增长。建设用地主要分布在乌兰巴托市和其他各省省会等相对发达的城市内,分布的规模较小。从建设用地的转出面积来看,建设用地主要转为典型草地,面积为 160.70 km²,蒙古国转出的建设用地主要分布在中央省、东方省和扎布汗省等地。从建设用地的转入面积来看,典型草地和裸地是其主要转入类型,面积分别为 187.70 km² 和 47.30 km²。转入的典型草地主要分布在经济发达的中央省和乌兰巴托市。

从蒙古国 1990—2010 年各省建设用地覆盖变化面积及幅度数据来看(表 4-8),这 20 年间,建设用地面积增加了 22.70 km²。从变化量来看,东方省和达尔汗乌拉省的建设用地面积减少最多,分别减少了 30.45 km² 和 20.54 km²;乌兰巴托市、肯特省和中央省是蒙古国建设用地新增面积最多的省(市),新增建设用地面积达 21.97 km²、18.30 km² 和 13.95 km²;从变化幅度看,由于乌布苏省、前杭爱省和后杭爱省的变化率都非常高,建设用地增长很快。

表 4-8　蒙古国 1990—2010 年省建设用地变化面积及幅度

| 行政区划(省、市) | 1990 年面积 | 2010 年面积 | 1990—2010 年变化面积 | 1990—2010 年变化率 |
|---|---|---|---|---|
| | 面积(km²) | 面积(km²) | 面积(km²) | 变化幅度(%) |
| 库苏古尔 | 12.29 | 17.81 | 5.52 | 44.93 |
| 乌布苏 | 0.04 | 1.50 | 1.46 | 3859.52 |
| 东方 | 48.14 | 17.70 | −30.45 | −63.24 |
| 布尔干 | 3.27 | 1.23 | −2.04 | −62.42 |
| 色楞格 | 42.06 | 46.11 | 4.05 | 9.63 |
| 扎布汗 | 10.25 | 8.89 | −1.36 | −13.23 |
| 达尔汗乌拉 | 37.36 | 16.83 | −20.54 | −54.97 |
| 肯特 | 22.41 | 40.71 | 18.30 | 81.68 |
| 后杭爱 | 0.00 | 6.60 | 6.60 | 100.00 |
| 中央 | 129.78 | 143.73 | 13.95 | 10.75 |
| 鄂尔浑 | 12.89 | 13.19 | 0.29 | 2.27 |
| 戈壁阿尔泰 | 1.43 | 3.46 | 2.03 | 142.59 |
| 乌兰巴托 | 103.29 | 125.26 | 21.97 | 21.27 |
| 苏赫巴托尔 | 2.82 | 2.65 | −0.17 | −6.09 |
| 巴彦洪戈尔 | 7.07 | 2.98 | −4.10 | −57.92 |
| 前杭爱 | 0.28 | 5.38 | 5.10 | 1820.90 |
| 戈壁苏木贝尔 | 21.53 | 5.49 | −16.05 | −74.52 |
| 中戈壁 | 7.15 | 11.87 | 4.72 | 66.10 |
| 东戈壁 | 3.56 | 2.84 | −0.72 | −20.24 |
| 南戈壁 | 7.66 | 21.69 | 14.02 | 182.96 |

### 4.2.5　水体变化特征

水体主要分布在蒙古国北部湿润地区,河流则主要分布于杭爱山周边地区。随着气候变暖和人类不合理的经济活动,导致研究区水体面积持续萎缩,细小湖泊消失较快。从蒙古国1990—2010 年土地利用变化信息表可以看出(表 4-3),水体的新增量为 3226.60 km²,减少量为 3295.00 km²,水体的总变化量为 6521.60 km²,净变化量为 68.40 km²,交换变化量为6453.20 km²。水体的交换变化量几乎等于总变化量,说明水体的变化表现为空间转移。

根据蒙古国 1990—2010 年土地利用转移矩阵统计数据(表 4-4),蒙古国水体 1990 年共转出 3294.98 km²,2010 年转入 3226.512 万 km²,净流出 68.58 km²,水体的变化非常小。从水体的转出面积来看,水体主要转为典型草地和裸地,面积分别为 1209.00 km² 和 826.50 km²,蒙古国转出的水体主要分布在东方省和后杭爱省等地。从水体的转入面积来看,裸地和草地是其主要转入类型,面积分别为 1352.40 km² 和 1646.80 km²。转入的裸地主要分布在西部的巴彦乌列盖省和科布多省。

从蒙古国 1990—2010 年各省水体覆盖变化面积及幅度数据来看(表 4-9),这 20 年间,水体面积减少了 68.40 km²。从变化量来看,东方省和肯特省的水体面积减少最多,分别减少了 422.09 km² 和 129.62 km²;巴彦乌列盖省和南戈壁省是蒙古国水体新增面积最多的省份,新增水体面积达 576.07 km² 和 190.55 km²;从变化幅度看,由于南戈壁省和戈壁苏木贝尔省的变化率比较高,近年来水体增长较快。

**表 4-9　蒙古国 1990—2010 年各省水体变化面积及幅度**

| 行政区划(省、市) | 1990 年面积 | 2010 年面积 | 1990—2010 年变化面积 | 1990—2010 年变化率 |
|---|---|---|---|---|
| | 面积(km²) | 面积(km²) | 面积(km²) | 变化幅度(%) |
| 库苏古尔 | 3904.63 | 3658.92 | −245.71 | −6.29 |
| 乌布苏 | 5665.03 | 5817.55 | 152.52 | 2.69 |
| 巴彦乌列盖 | 670.95 | 1247.01 | 576.07 | 85.86 |
| 东方 | 1691.25 | 1269.16 | −422.09 | −24.96 |
| 布尔干 | 350.41 | 288.05 | −62.35 | −17.79 |
| 色楞格 | 156.61 | 129.34 | −27.27 | −17.41 |
| 扎布汗 | 914.23 | 786.31 | −127.93 | −13.99 |
| 达尔汗乌拉 | 11.72 | 10.21 | −1.50 | −12.83 |
| 科布多 | 2189.36 | 2308.00 | 118.64 | 5.42 |
| 肯特 | 286.70 | 157.08 | −129.62 | −45.21 |
| 后杭爱 | 479.77 | 504.66 | 24.90 | 5.19 |
| 中央 | 227.18 | 177.96 | −49.21 | −21.66 |
| 鄂尔浑 | 8.42 | 13.26 | 4.84 | 57.43 |
| 戈壁阿尔泰 | 166.37 | 190.54 | 24.17 | 14.53 |
| 乌兰巴托 | 23.55 | 13.38 | −10.17 | −43.17 |
| 苏赫巴托尔 | 180.13 | 89.70 | −90.43 | −50.20 |
| 巴彦洪戈尔 | 526.91 | 582.20 | 55.29 | 10.49 |
| 前杭爱 | 136.36 | 137.16 | 0.80 | 0.59 |
| 戈壁苏木贝尔 | 4.98 | 11.01 | 6.03 | 121.11 |
| 中戈壁 | 131.64 | 66.78 | −64.86 | −49.27 |
| 东戈壁 | 41.29 | 50.18 | 8.89 | 21.54 |
| 南戈壁 | 63.36 | 253.91 | 190.55 | 300.75 |

## 4.2.6　冰雪变化特征

冰雪主要分布在蒙古国西部高山区,面积数量较少。在过去几十年里,随着气候变暖,导蒙古国的冰雪面积呈减少趋势。从蒙古国 1990—2010 年土地利用变化信息表可以看出(表 4-3),冰雪的新增量为 575.60 km²,减少量为 586.50 km²,冰雪的总变化量为 1162.10 km²,净变化量为 10.90 km²,交换变化量为 1151.20 km²。冰雪的交换变化量几乎等于总变化量,说明冰雪的变化主要表现为空间位置转移。

根据蒙古国 1990—2010 年土地利用转移矩阵统计数据(表 4-4),蒙古国冰雪 1990 年共转出 586.50 km²,2010 年转入 575.60 万 km²,净流出 10.90 km²,冰雪的面积规模略有减少。

冰雪主要分布在巴彦乌列盖省和扎布汗省等高海拔地区,分布的规模较小。从冰雪的转出面积来看,冰雪主要转为裸地和荒漠草地,面积为 326.90 km² 和 229.30 km²,蒙古国转出的冰雪主要分布在扎布汗和巴彦乌列盖省。从冰雪的转入面积来看,裸地是其主要转入类型,面积分别为 426.10 km²。转入的裸地主要分布在巴彦洪戈尔省。

从蒙古国 1990—2010 年各省冰雪覆盖变化面积及幅度数据来看(表 4-10),这 20 年间,冰雪面积减了 10.90 km²。从变化量来看,扎布汗省和科布多省的冰雪面积减少最多,分别减少了 198.51 km² 和 35.69 km²;巴彦洪戈尔省和巴彦乌列盖省是蒙古国水体新增面积最多的省份,新增水体面积达 162.91 km² 和 45.61 km²;从变化幅度看,由于巴彦洪戈尔省和后杭爱省的变化率都非常高,冰雪面积增加明显。

表 4-10　蒙古国 1990—2010 年各省冰雪变化面积及幅度

| 行政区划(省) | 1990 年面积 | 2010 年面积 | 1990—2010 年变化面积 | 1990—2010 年变化率 |
|---|---|---|---|---|
| | 面积(km²) | 面积(km²) | 面积(km²) | 变化幅度(%) |
| 库苏古尔 | 19.78 | 19.09 | −0.69 | −3.47 |
| 乌布苏 | 52.18 | 28.71 | −23.47 | −44.97 |
| 巴彦乌列盖 | 634.78 | 680.39 | 45.61 | 7.18 |
| 扎布汗 | 198.51 | 0.00 | −198.51 | −100.00 |
| 科布多 | 95.27 | 59.58 | −35.69 | −37.46 |
| 后杭爱 | 2.51 | 15.21 | 12.70 | 505.99 |
| 戈壁阿尔泰 | 54.83 | 65.48 | 10.65 | 19.43 |
| 巴彦洪戈尔 | 11.30 | 174.21 | 162.91 | 1442.22 |
| 前杭爱 | 0.00 | 15.70 | 15.70 | 100.00 |

### 4.2.7　裸土地变化特征

裸地主要分布于蒙古国南部和西部,是蒙古国分布最广泛的土地覆盖类型。1990—2010 年间,在人类压力的影响下,裸土地是变化最为剧烈的类型,裸土地的总量和空间分布都发生了显著的变化。从蒙古国 1990—2010 年土地利用变化信息表可以看出(表 4-3),裸土地的新增量为 10.48 万 km²,减少量为 7.88 万 km²,裸地的总变化量为 18.36 万 km²,净变化量为 3.37 万 km²,交换变化量为 14.99 万 km²。裸地的交换变化量占总变化量的 81.64%,交换变化量明显大于净变化量,说明裸地的交换变化和面积新增同时发生,但主要表现为交换变化,也有部分裸地新增。

根据蒙古国 1990—2010 年土地利用转移矩阵统计数据(表 4-4),蒙古国裸土地 1990 年共转出 7.88 万 km²,2010 年转入 10.48 万 km²,净流入 3.37 万 km²,面积增长比较显著。从裸土地的转出面积来看,裸土地主要转为荒漠草地和典型草地,其中转为荒漠草地的面积高达 5.31 万 km²,空间上主要分布在扎布汗省和后杭爱省等中西部地区。从裸土地的转入面积来看,新增裸土地主要是典型草地和荒漠草地转化而来,面积分别为 6.68 万 km² 和 2.16 万 km²。转入的草地在空间上主要分布在蒙古国中部,特别是中戈壁省,另外是西部的乌布苏省和科布多等也有大量的草地转为裸土地。从裸土地的变化来看,蒙古国荒漠化形势严峻。

从蒙古国 1990—2010 年各省裸土地覆盖变化面积及幅度数据来看(表 4-11),这 20 年间,裸土地面积增加了 3.37 万 km$^2$。从变化量来看,戈壁阿尔泰省和扎布汗省的裸土地面积减少最多,分别减少了 6565.21 km$^2$ 和 2997.27 km$^2$;乌布苏省和中戈壁省是蒙古国裸土地新增面积最多的省份,新增裸土地面积达 9637.77 km$^2$ 和 8888.30 km$^2$;从变化幅度来看,由于中央省和库苏古尔省的变化率都非常高,裸土地面积增长很快。

表 4-11　蒙古国 1990—2010 年各省裸土地变化面积及幅度

| 行政区划(省、市) | 1990 年面积 | 2010 年面积 | 1990—2010 年变化面积 | 1990—2010 年变化率 |
|---|---|---|---|---|
| | 面积(km$^2$) | 面积(km$^2$) | 面积(km$^2$) | 变化幅度(%) |
| 库苏古尔 | 3321.17 | 7740.44 | 4419.27 | 133.06 |
| 乌布苏 | 33082.48 | 42720.25 | 9637.77 | 29.13 |
| 巴彦乌列盖 | 29292.80 | 26450.50 | −2842.30 | −9.70 |
| 东方 | 4652.37 | 3385.53 | −1266.84 | −27.23 |
| 布尔干 | 399.11 | 389.02 | −10.09 | −2.53 |
| 色楞格 | 104.44 | 8.10 | −96.34 | −92.24 |
| 扎布汗 | 25227.96 | 22230.69 | −2997.27 | −11.88 |
| 达尔汗乌拉 | 8.32 | 0.17 | −8.15 | −97.95 |
| 科布多 | 59495.24 | 62401.95 | 2906.72 | 4.89 |
| 肯特 | 2361.16 | 4344.80 | 1983.64 | 84.01 |
| 后杭爱 | 2184.72 | 2305.98 | 121.26 | 5.55 |
| 中央 | 471.32 | 1557.93 | 1086.61 | 230.55 |
| 鄂尔浑 | 7.45 | 0.00 | −7.45 | −100.00 |
| 戈壁阿尔泰 | 134202.12 | 127636.91 | −6565.21 | −4.89 |
| 乌兰巴托 | 9.31 | 1.49 | −7.82 | −83.99 |
| 苏赫巴托尔 | 8706.97 | 10448.10 | 1741.13 | 20.00 |
| 巴彦洪戈尔 | 83321.54 | 82749.65 | −571.89 | −0.69 |
| 前杭爱 | 37305.50 | 40216.01 | 2910.51 | 7.80 |
| 戈壁苏木贝尔 | 2234.96 | 3533.78 | 1298.82 | 58.11 |
| 中戈壁 | 48127.10 | 57015.40 | 8888.30 | 18.47 |
| 东戈壁 | 101153.30 | 102458.28 | 1304.98 | 1.29 |
| 南戈壁 | 159992.20 | 164029.52 | 4037.32 | 2.52 |

## 4.3　蒙古国各省土地覆盖变化特征

从蒙古国 1990—2010 年各省级行政区土地覆盖变化面积及变化幅度数据(表 4-12)可以看出,库苏古尔省面积变化位于前三位的土地类型是裸土地、林地和草地;其中林地和草地面积呈减少趋势,减少面积分别为 3764.4 km$^2$ 和 2535.2 km$^2$;裸土地的面积呈增加趋势,增加面积为 4419.27 km$^2$;变化幅度位于前三位的是裸土地、建筑用地和农田,变化幅度分别为 133.06%、44.93% 和 −9.74%。

乌布苏省面积变化位于前三位的是裸土地、草地和林地;其中,裸土地面积呈上升趋势,增加面积为 9637.77 km$^2$;草地和林地面积呈减少趋势,减少面积分别为 8942.41 km$^2$ 和

1488.71 km²;乌布苏省增加的裸土地主要来源于草地,草地的减少幅度为 31.64%,超过四分之一的草地都转化为裸土地,说明乌布苏省的沙漠化较严重;变化幅度位于前三位的是建筑用地、林地和冰雪,变化幅度分别为 3859.52%、−72.57%和−44.97%。

巴彦乌列盖省位于蒙古国的高海拔地区,水域资源较为丰富;变化面积较大的土地类型有裸土地、草地和水体;其中,裸土地和草地的面积呈减少趋势,面积分别减少了 2842.3 km² 和 796.72 km²;水体的面积呈增加趋势,面积增加了 576.07 km²;变化幅度位于前三位的是林地、水体和裸地,变化幅度分别为 235.65%、85.86%和−9.70%;该省地处高海拔且温度较低,不适合居住和农作物的生长。

东方省位于蒙古国东北部,变化面积较大的是林地、裸土地与农田,都呈减少趋势,分别减少了 2372.79 km²、1266.84 km² 和 679.48 km²;变化幅度最大的是建设用地、农田和林地,变化幅度分别为−63.24%、−48.83%和−45.16%。

布尔干省面积变化较大的土地类型为草地、林地和农田,其中,林地的面积呈增加趋势,增加面积为 2780.50 km²;草地和农田的面积呈减少趋势,减少面积分别为 4890.86 km² 和 569.17 km²;变化幅度最大的是建设用地、农田和林地,变化幅度分别为−62.42%、−55.39%和 19.46%。

色楞格省面积变化最大的是林地、农田和草地,其中草地面积有所增加,增加面积为 147.64 km²;林地和农田面积有所减少,减少面积分别为 1008.3 km² 和 313.49 km²;变化幅度最大的是裸土地和建筑用地,变化幅度分别为−92.24%和 17.41%;其他类型变化幅度较小。

扎布汗省土地类型丰富,面积变化较大的是草地、裸土地和林地;其中,草地的面积呈增加趋势,面积增加了 5699.37 km²;裸土地和林地面积有所减少,减少面积分别为 2997.27 km² 和 2117.34 km²;变化幅度较大的是冰雪、农田和林地,变化幅度分别为−100%、−57.12%和−41.13%。

达尔汗乌拉省面积变化位于前三位的是林地、草地和农田;草地面积有所增加,增加面积为 189.83 km²;林地和农田面积有所减少,分别减少了 207.5 km² 和 110.14 km²;变化幅度最大的是裸土地、建筑用地和农田,变化幅度分别为−97.95%、−54.97%和−23.89%。

科布多省面积变化较大的土地类型有草地和裸土地;草地面积呈减少趋势,面积减少了 3769.92 km²;裸土地面积增加了 2906.72 km²;水体增加也较为明显;变化幅度最大的是林地、冰雪和草地,变化幅度分别为 90.61%、−37.46%和−26.41%;科布多省位于巴彦乌列盖省南部,海拔也较高,农田和建筑用地几乎没有。

肯特省面积变化最大的土地类型是林地、草地和裸土地;其中,林地面积减少了 6372.3 km²,草地和裸土地面积分别增加了 3352.28 m² 和 1983.64 km²;裸土地、建筑用地和水体的变化幅度较大,变化幅度分别为 84.01%、81.68%和−45.21%。

后杭爱省在 1990—2015 年期间面积变化较大的类型是林地、草地和农田;草地面积增加了 877.63 km²;林地和农田的面积分别减少了 3758.71 km² 和 294.47 km²;变化幅度较大的是冰雪、建筑用地和农田,变化幅度分别为 505.99%、100%和−51.66%。

中央省面积变化较为显著的是林地、草地和农田;其中,草地面积增加了 3756.43 km²,林地和农田面积分别减少了 4803.22 km² 和 1842.8 km²;变化幅度最大的土地类型是裸土地、农田和林地,变化幅度分别为 230.55%、−45.66%和−35.06%。

鄂尔浑省面积变化位于前两位的土地类型是草地和林地;林地面积增加了 73.07 km²,草地面积减少了 125.6 km²，其他类型面积变化较小；幅度变化较大的是林地、裸土地和水体，变化幅度分别为 323.19%、−100% 和 57.43%。

戈壁阿尔泰省面积变化较大的是草地和裸土地；其中，草地面积增加了 6680.55 km²，裸土地面积减少了 6565.21 km²；林地也有一定面积的变化，其他类型面积变化较小；变化幅度较大的是建筑用地、林地和草地，变化幅度分别为 142.59%、−96.51% 和 96.06%。

乌兰巴托市面积变化较大的土地类型是林地、草地和农田；其中，林地面积减少了 654.18 km²，草地和农田面积分别增加了 538.94 km² 和 43.98 km²；变化幅度较大的是裸土地、农田和水体，变化幅度分别为 −83.99%、−76.04% 和 43.17%。

苏赫巴托尔省面积变化较大的是草地和裸土地；其中，裸土地面积增加了 1741.13 km²，草地面积减少了 2905.81 km²，林地面积变化很小几乎为零；变化幅度最大的是水体和裸土地，变化幅度分别为 −50.2% 和 20.00%。

巴彦洪戈尔省土地类型丰富，1990—2010 年期间，面积变化较大的是草地、裸土地和冰雪；其中，草地和裸土地面积分别减少了 614.17 km² 和 571.89 km²，冰雪面积增加了 162.91 km²；变化幅度最大的是冰雪和农田，变化幅度分别为 1442.22% 和 −58.04%。

前杭爱省面积变化位于前三位的土地类型分别是草地、裸土地和农田；其中，裸土地面积增加了 2910.51 km²，草地和农田面积分别减少了 3464.87 km² 和 400.35 km²；变化幅度较大的是建筑用地、冰雪和农田，变化幅度分别为 1820.90%、100% 和 −85.77%。

戈壁苏木贝尔省土地类型较少；其中，变化面积最大的是裸土地和草地，裸土地面积增加了 1298.82 km²，草地面积减少了 1261.65 km²；变化幅度较大的是水体和农田，变化幅度分别为 121.11% 和 −100%；戈壁苏木贝尔省的农田在 2010 年全部消失，转化为其他土地类型。

中戈壁省面积变化较大的是裸土地和草地；其中，裸土地面积增加了 8888.3 km²，草地面积减少了 8802.15 km²；变化幅度较大的是农田、建筑用地和水体，变化幅度分别为 −100%、66.10% 和 −49.27%。

东戈壁省的土地类型较少，仅有四种类型；其中，草地和裸土地面积变化较大，变化面积均在 1300 km² 左右，裸土地面积增加，草地面积减少；水体的面积有所增加，增加面积较小，但是变化幅度很大，变化幅度为 21.54%，建筑用地面积有所减少，减少幅度约为 20.24%，东戈壁省的沙漠化较为严重。

南戈壁省的变化与中戈壁省、东戈壁省相似，变化面积最大的土地类型是草地和裸土地，草地面积减少，裸土地面积增加，变化均在 4000 km² 左右；水体面积增加明显，增加面积为 190.55 km²；变化幅度位于前三位的是水体、建筑用地和农田，变化幅度分别为 300.75%、182.96% 和 −100%。

表 4-12　1990—2010 年各省级行政区土地覆盖变化面积及变化幅度

| 省(市)名 | 草地 | | 林地 | | 农田 | | 建设用地 | | 水体 | | 冰雪 | | 裸土地 | |
|---|---|---|---|---|---|---|---|---|---|---|---|---|---|---|
| | 变换面积 (km²) | 变化幅度 (%) | 变换面积 (km²) | 变化幅度 (%) | 变换面积 (km²) | 变化幅度 (%) | 变换面积 (km²) | 变化幅度 (%) | 变换面积 (km²) | 变化幅度 (%) | 变换面积 (km²) | 变化幅度 (%) | 变换面积 (km²) | 变化幅度 (%) |
| 库苏古尔 | −2535.2 | −4.47 | −3764.4 | −10.43 | −61.57 | −19.74 | 5.52 | 44.93 | −245.71 | −6.29 | −0.69 | −3.47 | 4419.27 | 133.06 |
| 乌布苏 | −8942.41 | −31.64 | −1488.71 | −72.57 | −193.08 | −37.15 | 1.46 | 3859.52 | 152.52 | 2.69 | −23.47 | −44.97 | 9637.77 | 29.13 |
| 巴彦乌列盖 | −796.72 | −5.28 | 89.68 | 235.65 | — | — | — | — | 576.07 | 85.86 | 45.61 | 7.18 | −2842.3 | −9.70 |

续表

| 省(市)名 | 草地 | | 林地 | | 农田 | | 建设用地 | | 水体 | | 冰雪 | | 裸土地 | |
|---|---|---|---|---|---|---|---|---|---|---|---|---|---|---|
| | 变换面积(km²) | 变化幅度(%) | 变换面积(km²) | 变化幅度(%) | 变换面积(km²) | 变化幅度(%) | 变换面积(km²) | 变化幅度(%) | 变换面积(km²) | 变化幅度(%) | 变换面积(km²) | 变化幅度(%) | 变换面积(km²) | 变化幅度(%) |
| 东方 | 527.94 | 0.48 | −2372.79 | −45.16 | −679.48 | −48.83 | −30.45 | −63.24 | −422.09 | −24.96 | — | — | −1266.84 | −27.23 |
| 布尔干 | −4890.86 | −14.97 | 2780.5 | 19.46 | −569.17 | −55.39 | −2.04 | −62.42 | −62.35 | −17.79 | — | — | −10.09 | −2.53 |
| 色楞格 | 147.64 | 0.70 | −1008.3 | −6.12 | −313.49 | −8.90 | 4.05 | 9.63 | −27.27 | −17.41 | — | — | −96.34 | −92.24 |
| 扎布汗 | 5699.37 | 11.29 | −2117.34 | −41.13 | −311.69 | −57.12 | −1.36 | −13.23 | −127.93 | −13.99 | −198.51 | −100.00 | −2997.27 | −11.88 |
| 达尔汗乌拉 | 189.83 | 10.72 | −207.5 | −23.01 | −110.14 | −23.89 | −20.54 | −54.97 | −1.5 | −12.83 | — | — | −8.15 | −97.95 |
| 科布多 | −3769.92 | −26.41 | 40.17 | 90.61 | — | — | — | — | 118.64 | 5.42 | −35.69 | −37.46 | 2906.72 | 4.89 |
| 肯特 | 3352.28 | 5.68 | −6372.3 | −35.86 | −313.26 | −27.12 | 18.3 | 81.68 | −129.62 | −45.21 | — | — | 1983.64 | 84.01 |
| 后杭爱 | 877.63 | 2.20 | −3758.71 | −31.26 | −294.47 | −51.66 | 6.6 | 100.00 | 24.9 | 5.19 | 12.7 | 505.99 | 121.26 | 5.55 |
| 中央 | 3756.43 | 6.63 | −4803.22 | −35.06 | −1842.8 | −45.66 | 13.95 | 10.75 | −49.21 | −21.66 | — | — | 1086.61 | 230.55 |
| 鄂尔浑 | −125.6 | −16.51 | 73.07 | 323.19 | −7.33 | −24.40 | 0.29 | 2.27 | 4.84 | 57.43 | — | — | −7.45 | −100.00 |
| 戈壁阿尔泰 | 6680.55 | 96.06 | −249.93 | −96.51 | −2.33 | −7.71 | 2.03 | 142.59 | 24.17 | 14.53 | 10.65 | 19.43 | −6565.21 | −4.89 |
| 乌兰巴托 | 538.94 | 25.36 | −654.18 | −39.84 | −43.98 | −76.04 | 21.97 | 21.27 | −10.17 | −43.17 | — | — | −7.82 | −83.99 |
| 苏赫巴托尔 | −2905.81 | −3.97 | — | — | 6.04 | 2.04 | −0.17 | −6.09 | −90.43 | −50.20 | — | — | 1741.13 | 20.00 |
| 巴彦洪戈尔 | −614.17 | −1.95 | 20.82 | 16.93 | −65.61 | −58.04 | −4.1 | −57.92 | 55.29 | 10.49 | 162.91 | 1442.22 | −571.89 | −0.69 |
| 前杭爱 | −3464.87 | −14.97 | −278.02 | −14.80 | −400.35 | −85.77 | 5.1 | 1820.90 | 0.8 | 0.59 | 15.7 | 100.00 | 2910.51 | 7.80 |
| 戈壁苏木贝尔 | −1261.65 | −38.79 | — | — | −26.48 | −100.00 | −16.05 | −74.52 | 6.03 | 121.11 | — | — | 1298.82 | 58.11 |
| 中戈壁 | −8802.15 | −33.33 | — | — | −26.04 | −100.00 | 4.72 | 66.10 | −64.86 | −49.27 | — | — | 8888.3 | 18.47 |
| 东戈壁 | −1334.53 | −16.17 | — | — | — | — | −0.72 | −20.24 | 8.89 | 21.54 | — | — | 1304.98 | 1.29 |
| 南戈壁 | −4218.03 | −83.03 | — | — | −1.36 | −100.00 | 14.02 | 182.96 | 190.55 | 300.75 | — | — | 4037.32 | 2.52 |

# 第 5 章　中蒙俄跨境区域土地覆盖变化

## 5.1　中蒙毗邻区域土地覆盖变化

### 5.1.1　中蒙毗邻区域概况

本研究中选取的中蒙毗邻区域包括中国内蒙古自治区与蒙古国接壤的所有县(旗、市),行政区划上包括蒙古国南部四个省和中国内蒙古自治区 18 个县(旗、市)。其中蒙古国四省是南戈壁省、东戈壁省、苏赫巴托尔省和东方省;中国内蒙古自治区 18 县(旗、市)是额济纳旗、阿拉善右旗、阿拉善左旗、乌拉特后旗、乌拉特中旗、达尔罕茂明安联合旗、白云鄂博矿区、四子王旗、二连浩特市、苏尼特右旗、苏尼特左旗、阿巴嘎旗、东乌珠穆沁旗、科尔沁右翼前旗、阿尔山市、新巴尔虎左旗、新巴尔虎右旗和满洲里市。该区域范围如图 5-1 所示。

中蒙毗邻地区地势较为平坦,区域内山脉较少,主要有中部的戈壁阿尔泰山东支和西北部的肯特山脉以及东部大兴安岭。在研究区范围内,从高山到盆地的垂直带谱依次为:高山冰川、高山裸地、山地森林、草甸草原、典型草地、荒漠草地、裸地、沙地、沙漠等,构成了一个完整的自然环境。

(1)地形地貌

研究区域蒙古国一侧(简称蒙古国区域)地势西高东低,由高山和戈壁逐渐向地势平坦的草原过渡。南戈壁省位于戈壁地带,境内地势起伏很大,境内海拔 1300~1600 m。中部为戈壁阿尔泰山东支脉所占据,有古尔珺赛汗、色布莱、给勒奔特等高山。境内还有绵延 150 km 的洪果尔河沙丘、自然结构独特的尧勒峡谷等。东戈壁省地势平坦,整个地区由草原、半荒漠和戈壁沙漠地带组成,境内没有明显的垂直自然带。苏赫巴托尔省属于草原地带,平均海拔 1000 m 左右,该省南部分布着较多火山岩,地势变化稍大,面积约 1 万 km$^2$。东方省地处蒙古国东部,地势平坦,海拔高度 560~1300 m,境内几乎没有高山,平原约占全省面积的五分之四。

中国内蒙古区域地势整体呈两端高、中间低,中部分布着广袤的平原。西部的额济纳旗和阿拉善等地的总势西南高、北边低,中间呈低平状,平均海拔 1200~1400 m,境内多为北东走向的断裂凹陷盆地,地形呈扇状。著名的巴丹吉林、腾格里、乌兰布和三大沙漠横贯阿拉善全境,黄河流经阿拉善左旗南部境内流程达 85 km。中部的乌拉特左右旗、四子王旗和苏尼特左右旗等地势平坦,地势由南向北倾斜,境内分布着广袤的平原。苏尼特右旗的地势变化较大,呈三级阶段分布。东部的东乌珠穆沁旗、阿尔山市和新巴尔虎左右旗等地势开始抬升,呈北高南低,由东向西倾斜,海拔高度在 1000~1500 m。东乌珠穆沁旗地处大兴安岭西麓,境内地势

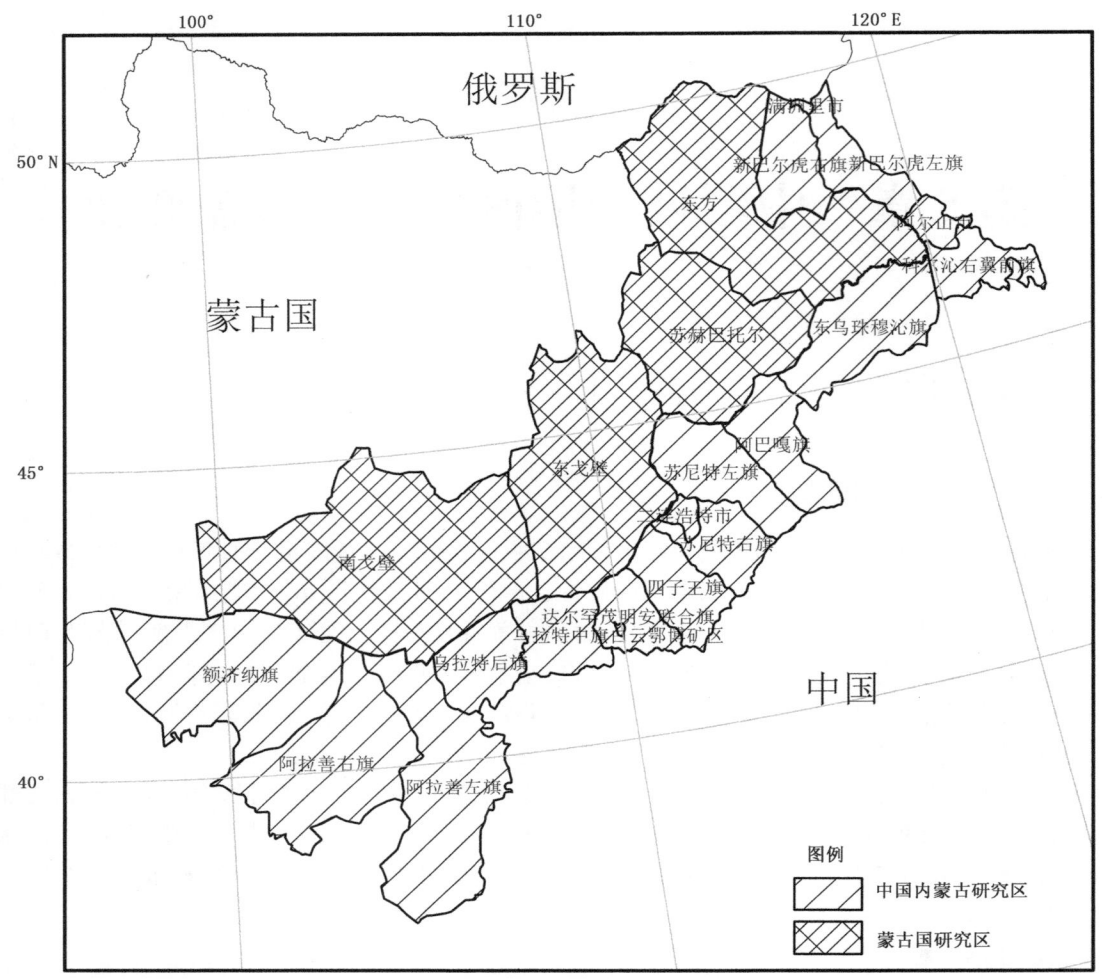

图 5-1　中蒙毗邻区域分布图

平坦。阿尔山市地理环境独特,横跨大兴安岭西南山麓,海拔高度由西南向东北逐渐升高。新巴尔虎左旗位于呼伦贝尔草原西南腹地,大兴安岭北麓,东南部为山地丘陵,中部为高平原,北部海拉尔河一带为低山丘陵,南部为大兴安岭北麓山林区。

(2)气候资源

中蒙毗邻地区年平均气温 3.9 ℃,7 月为最热月份,平均气温 20～35 ℃;1 月为最冷月,平均气温为－15～－30 ℃,最低气温可达－42 ℃;风速 5～15 m/s,有时可达 40 m/s;境内年均降水量 37 mm。中国内蒙古横跨多个经度,区域内气候差异较大,特别是东西部气候差异明显。额济纳和阿拉善地区的西部地区属内陆干燥气候,达尔罕和苏尼特等中部地区属干旱性大陆性气候,东乌珠穆沁旗和新巴尔虎等东部地区属于北温带大陆性气候。

西部地区干旱少雨,降水稀少,蒸发量远大于降水量,且还具有温差大、风沙多等气候特点。该区域年均气温 8.6 ℃,1 月平均气温－11.6 ℃,7 月平均气温 26.6 ℃。境内平均降水 40 mm 左右。境内年均蒸发量为 3841.51 mm;无霜期天数最短 179 d,最长 227 d;年日照时数达 2600～3500 h,平均风速 2.9～5 m/s。

中部地区年降水量平均为 170～190 mm,蒸发量平均为 2384 mm;平均气温 4.3 ℃,无霜期 130 d;平均风速 5.5 m/s,是国内最佳的风能区;平均日照时数为 3231.8 h,光热资源丰富。

东部地区相对温暖湿润,年平均气温 0.7 ℃;年降水量 300 mm 左右,但降水分布不均,主要集中在 6—8 月;年生长期(日均 5 ℃ 以上)95 d,无霜期平均为 120 d,日照时间年均 2975 h,太阳辐射强烈。内蒙古中部地区水热资源丰富,是中国重要的农业区和商品粮基地。

(3)水文资源

中蒙毗邻地区河流和湖泊分布广泛,但分布极不均匀,其中河流多为内陆河流,也有少量外流河,如中国内蒙古境内的黄河。大型的湖泊则主要分布在该地区东部,且常年不干涸,是重要的水源涵养区域。

蒙古国境内的河流和湖泊主要分布在与中国接壤的苏赫巴托尔省和东方省。境内有大小河流 130 多条,但很多都是季节性河流,著名的河流有色楞格河、鄂嫩河、克鲁伦河、乌勒兹河、哈拉哈河和诺门嫩河等。境内各类大小湖泊共有 200 多个,其中比较著名的是呼和湖、贝尔湖等大型湖泊,呼和湖是蒙古境内最低点,海拔约 560 m。蒙古国南部地区地表水虽然短缺,但地下水资源丰富,中蒙毗邻地区可利用水资源约 20% 来自地表水,约 80% 来自地下水。

内蒙古自治区虽属于中国北方,但水资源依然非常丰富,境内有多条著名的河流,如额济纳河、黄河、塔布河、努格斯河、乌拉盖河、那仁河、阿尔苏巴拉河、巴音罕盖河、哈拉哈河、克鲁伦河、额尔古纳河、乌尔逊河、海拉尔河等。其中额济纳河是中国第二大内陆河,干流全长 821 km,在额济纳旗境流程 250 km,最后注入苏古淖尔和嘎顺淖尔。境内更是湖泊众多,是我国重要的淡水资源分布区,著名的湖泊有居延海、呼伦湖、古日乃湖、查干高勒、乌梁素海、呼和淖尔、查干淖尔、额吉淖尔、天池、鹿鸣湖、七仙湖等湖泊。

(4)生物资源

中蒙毗邻地区地形多样,地貌类型全,受温带大陆性气候的影响,气候适中,部分区域水热条件良好,为大量的动植物的栖息、生存和繁衍提供了有利的条件,因此,区内生物资源丰富,畜牧业发达。人工饲养的动物有绵羊、山羊、牛、骆驼,马等各种牲畜;陆地野生动物有黑尾黄羊、野山羊、狐狸、兔子、野骡、盘羊、野骆驼、猞猁、獾、狼、短尾黄羊、旱獭、豹子、野驴、赤狐、毛腿沙鸡、黄鼠、长爪沙鼠、跳鼠、沙蜥、沙蟒、沙狐狸、刺猬等 600 多种;飞禽有鹰、五更鸟、树鸡、雪鸡、兀鹫、野鸭、黄鸭、麻鸭、白额大雁、天鹅、灰鹤、鸿雁、丹顶鹤、飞龙、乌鸡、班翅山鹑等 100 多种;鱼类资源有聊鲑、鳅鱼、鳕鱼、狗鱼、鲤鱼、鲇鱼、花鱼等 50 多种。研究区内珍贵稀有动物 10 余种,仅列入中国国家一、二类保护的兽类和鸟类就有 49 种。蒙古野驴数量稀少,是世界上珍贵的兽类。其中位于中蒙边境中方一侧的乌拉特梭梭林蒙古野驴国家级自然保护区是中国珍稀动物蒙古野驴的重要栖息场所。

中蒙毗邻地区植物资源也非常丰富,特别是牧草资源种类齐全。研究区内生长的牧草有偃麦草、野大麦、星星草、糙隐子草、羊草、无芒雀麦、宽穗雀麦、丛生隐子草、画眉草、狗尾草草地早熟禾、散穗早熟禾、山野豌豆、大针茅、赖草、黄花苜蓿、圆柱披碱草、天蓝苜蓿、扁蓿豆等 370 余种;可食用的植物有柳蒿、沙木、草原白蘑、金针、木耳、细叶百合、山丹、黄花菜、野韭菜、山葱、田苣菜等 150 余种,以猴头、口蘑、发菜最负盛名。药用价值的植物有 200 多种,主要有麻黄、山大黄、银柴胡、角茴香、蒙古扁桃、甘草、芍药、列当、远志、地丁、远志、锁阳、知母、天仙子、车前子、沙参、菌陈、地黄、甘草、黄芪、杏仁、玉竹、苍耳、薄草、秦艽、苁蓉、紫草等;野生植物种类丰富,有 2000 余种,被列为中国第一批国家保护的珍稀野生植物有 24 种。野生植物以山区植物最为丰富,有丰富的森林和草原植物,还有草甸、沼泽与水生植物,其中以禾本科、菊科最多,豆科、藜科、蔷薇科、百合科次之。天然乔木有黄榆、山杨、白桦、胡杨等。其他野生植物还有金根子、龙胆、藏红花、榆树、胡杨、沙棘、沙树、乡柳、柳条、桃树、樟子松、落叶松、甜杨、荨麻、大叶草、芦苇、蒲、红柳、狼毒、野罂粟、荨麻等。

### 5.1.2　中蒙毗邻地区 1990—2010 年土地覆盖总体变化

中蒙毗邻地区 1990 年和 2010 年土地覆盖格局如图 5-2 和图 5-3 所示,其各类型土地覆盖面积变化及变化幅度统计数据见表 5-1 所示。

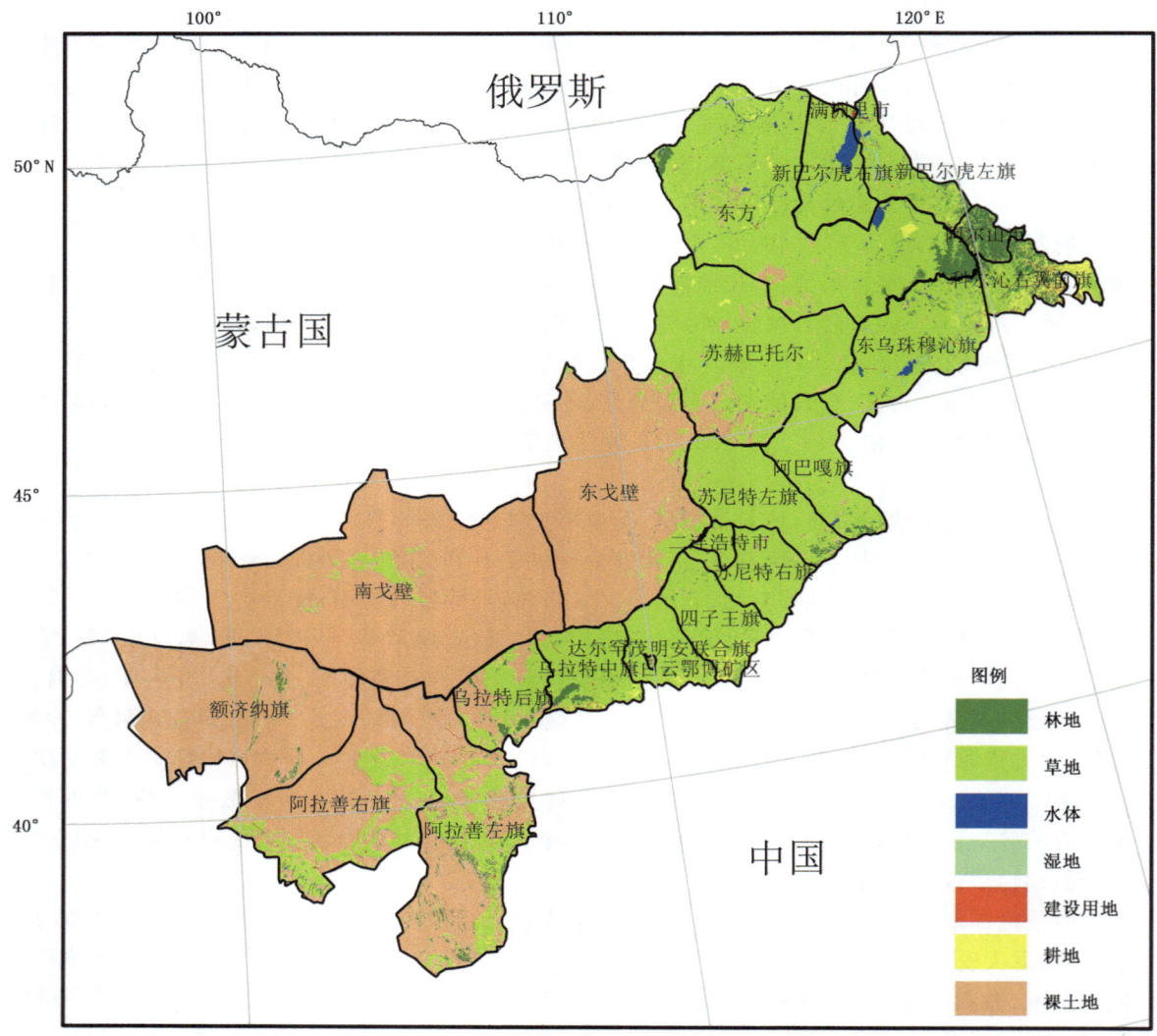

图 5-2　1990 年中蒙毗邻区域土地覆盖分布图

研究区各土地覆盖类型的动态变化表现如下。

(1)林地动态变化

林地面积总量有所减少,但中蒙两国林地面积变化差异明显。中蒙毗邻地区 1990—2010

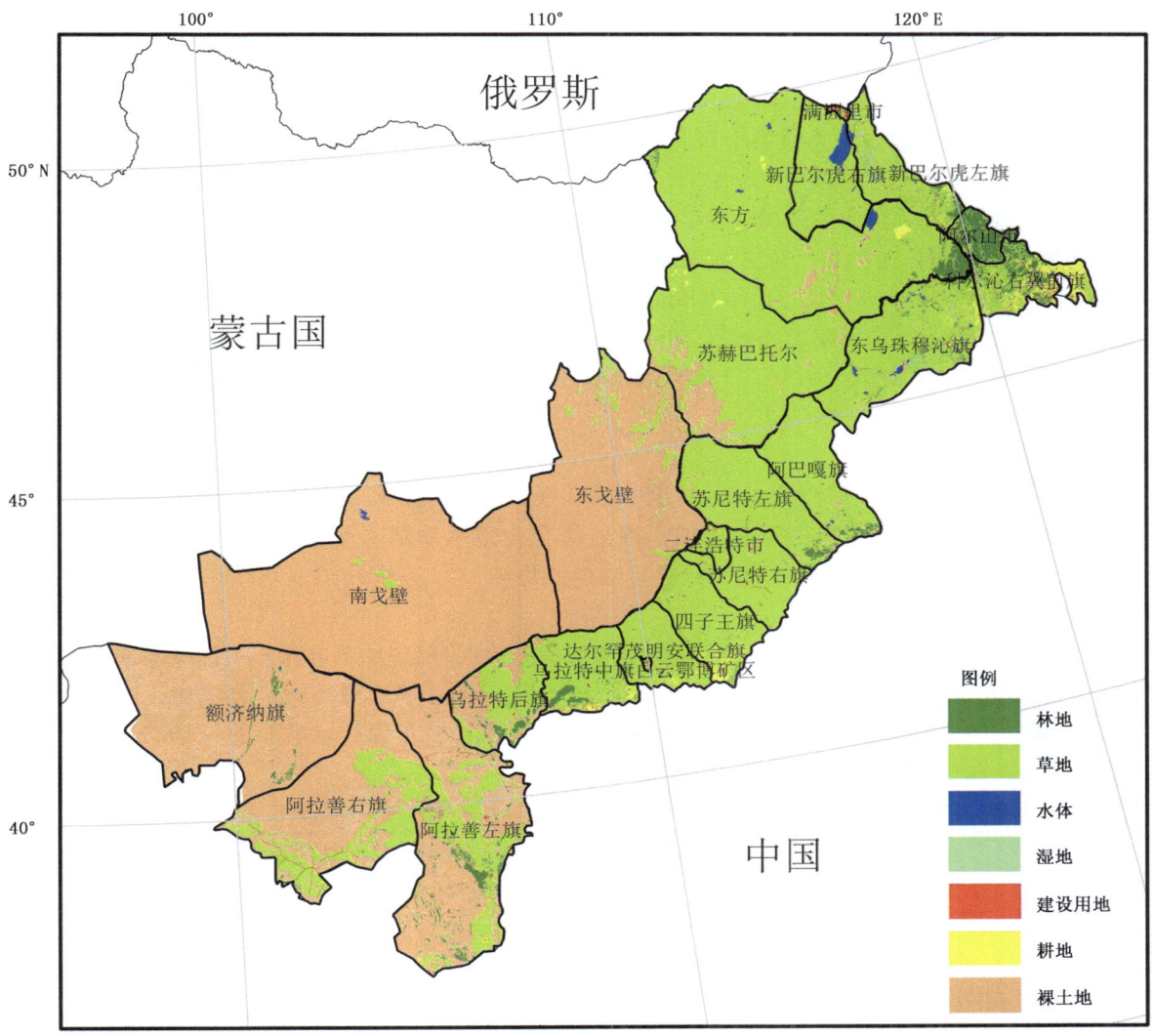

图 5-3　2010 年中蒙毗邻区域土地覆盖分布图

年间林地面积减少了 2050.58 km²，其中蒙古国区域减少了 2372.65 km²，减少幅度达 45.16%，中国内蒙古区域林地增加了 318.87 km²。

（2）草地动态变化

草地面积减少明显，草地退化趋势显著，其中蒙古国区域草地面积减少量远大于中国内蒙古区域。中蒙毗邻地区 1990—2010 年间草地面积减少了 3483.56 km²，其中蒙古国区域减少了 2439.42 km²，中国内蒙古区域减少了 1040.24 km²。

（3）耕地动态变化

耕地面积略有增加，增加幅度为 2.03%，耕地的变化情况和林地的变化类似，其中蒙古国区域耕地面积大量减少，减少幅度达 39.96%；中国内蒙古区域的耕地略有增加，增幅为 10.30%。中蒙毗邻地区 1990—2010 年间耕地面积增加了 207.96 km²，其中蒙古国区域减少了 674.73 km²，中国内蒙古区域增加了 880.99 km²。

（4）水体动态变化

水体面积明显减少，减少幅度达 15.12%。中蒙毗邻地区 1990—2010 年间水体面积减少了 936.00 km²，其中蒙古国区域水体减少了 313.06 km²，中国内蒙古区域水体减少了 622.95 km²。水体面积的减少主要是由于研究区内大型湖泊萎缩和细小湖泊消失以及河流干涸。

（5）建设用地动态变化

建设用地面积增加明显，增幅达 53.07%。建设用地的变化最能体现中蒙两国 1990—2010 年间经济建设的差别。蒙古国区域由于经济制度改革，南部地区建设用地略有减少；中国内蒙古经济在 1990—2010 年间里取得了突飞猛进的发展，内蒙古区域的建设用地显著增加，几乎增加了一倍。中蒙毗邻地区 1990—2010 年间建设用地面积增加了 730.82 km²，其中蒙古国区域建设用地减少了 17.33 km²，减少幅度为 17.33%，中国内蒙古区域建设用地增加了 747.19 km²，增幅达 56.74%。

（6）湿地动态变化

湿地主要分布在中国内蒙古区域，蒙古国几乎没有湿地。研究区湿地面积减少了 91.97 km²，减少的湿地都在中国内蒙古区域。湿地的变化跟水体的变化有很大的关联性，1990—2010 年间中国内蒙古区域的水体面积也呈减少的趋势。

（7）裸地动态变化

裸地面积快速增加，是所有地类中净增加最多的地类，但中蒙两国毗邻地区裸地面积变化差异明显，其中，中国内蒙古区域的裸地略有减少，蒙古国区域的裸地则显著增加。中蒙毗邻地区 1990—2010 年间裸地面积增加了 5619.58 km²，其中蒙古国区域增加了 5815.01 km²，中国内蒙古区域裸地减少了 91.97 km²。

表 5-1　中蒙毗邻地区 1990 年和 2010 年各类型土地覆盖面积变化及变化幅度统计表

| 土地覆盖类型 | 中蒙毗邻地区净变化面积 | 中蒙毗邻地区变化率 | 蒙古国区域净变化面积 | 蒙古国区域变化率 | 中国内蒙古区域净变化面积 | 中国内蒙古区域变化率 |
|---|---|---|---|---|---|---|
| | 面积（km²） | 变化幅度（%） | 面积（km²） | 变化幅度（%） | 面积（km²） | 变化幅度（%） |
| 林地 | −2050.58 | 8.24 | −2372.65 | 45.16 | 318.87 | 1.62 |
| 草地 | −3483.56 | 0.71 | −2439.42 | 1.24 | −1040.24 | 0.36 |
| 冰雪 | 0 | 0 | 0 | 0 | 0 | 0 |
| 耕地 | 207.96 | 2.03 | −674.73 | 39.96 | 880.99 | 10.3 |
| 水体 | −936 | 15.12 | −313.06 | 15.84 | −622.95 | 14.78 |
| 建设用地 | 730.82 | 53.07 | −17.33 | 27.86 | 747.19 | 56.74 |
| 裸地 | 5619.58 | 1.19 | 5815.01 | 2.12 | −192.22 | 0.1 |
| 湿地 | −91.97 | 1.08 | 0 | 0 | −91.97 | 1.08 |

### 5.1.3　中蒙毗邻地区 1990—2010 年土地覆盖变化时空特征

中蒙毗邻地区 1990—2010 年的土地覆盖变化中，各个区域土地覆盖类型在空间上均发生了不同程度的相互转化和转变。耕地、建设用地、水体和林地是变化幅度最大的几个地类，其中建设用地的变化幅度达 53.07%。结合研究区的转移矩阵统计数据和各土地类型的空间分布变化结果，中蒙毗邻地区的土地覆盖动态变化特征主要概括为：建设用地在中国内蒙古区域快速扩张、耕地在中国内蒙古区域中部持续开发和蒙古国北部快速退化、裸地在研究区西部和蒙古国南部持续增加、林地在蒙古国区域北部快速减少和中国内蒙古区域西部缓慢增加。

（1）林地变化特征分析

林地是中蒙毗邻地区面积较大的土地覆盖类型，在 1990—2010 年间，林地无论在数量上还是空间分布上都发生了显著的变化。从中蒙毗邻地区 1990—2010 年土地利用变化信息表可以看出（表 5-3），林地的新增量为 928.75 km²，减少量为 2978.17 km²，林地的总变化量为 3906.92 km²，净变化量为 2049.42 km²，交换变化量为 1857.50 km²，净变化量和交换变化量几乎各占总变化量的一半，说明林地的变化既表现为空间位置的转移也表现为林地面积的小幅减少。

根据中蒙毗邻地区 1990—2010 年土地利用转移矩阵统计数据（表 5-2）和林地转换分布图（图 5-4），从林地的转出面积来看，1990—2010 年林地减少的面积主要转变为草地和裸地，转

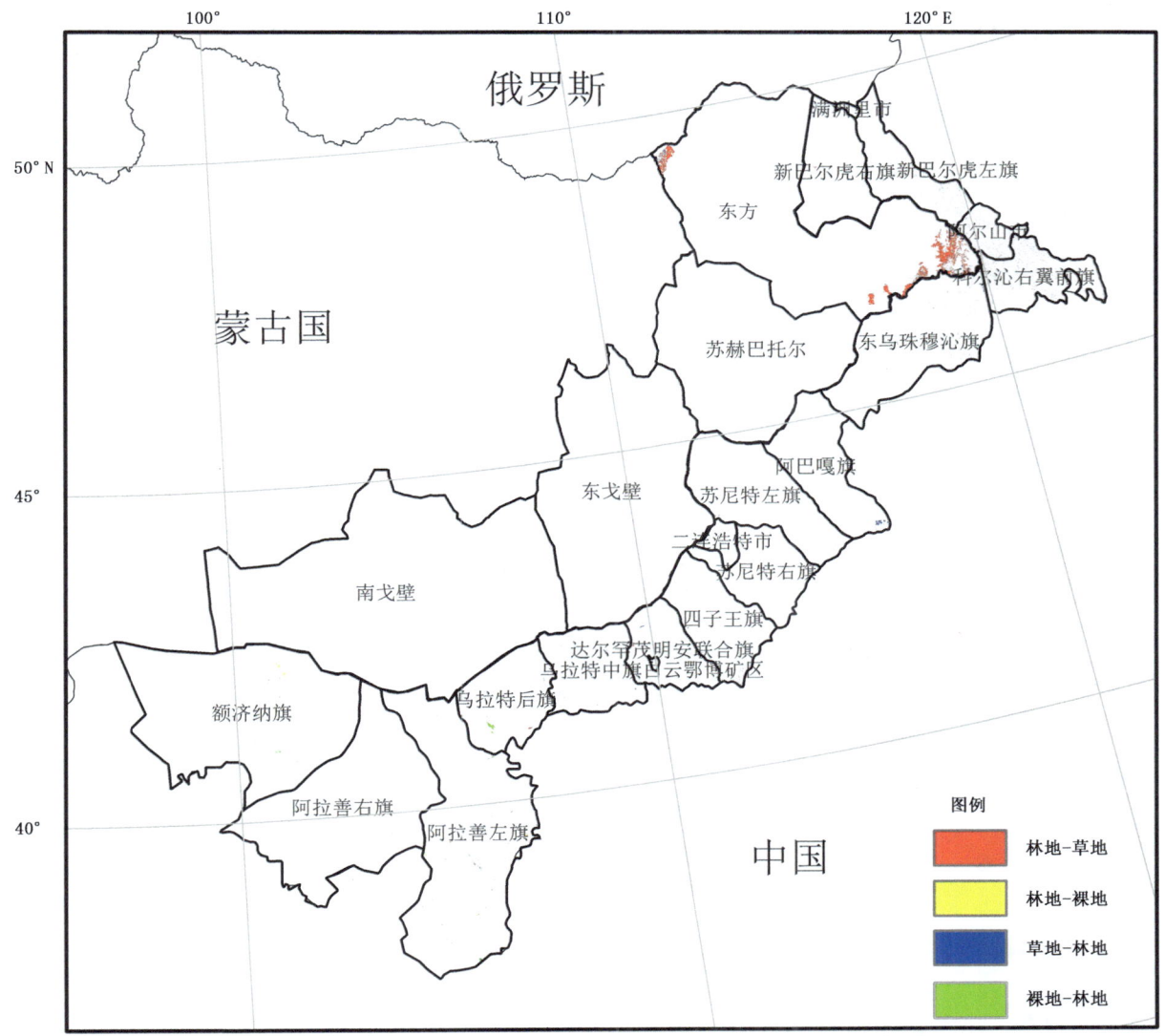

图 5-4　中蒙毗邻地区 1990—2010 年林地转换分布图

出面积分别为 2789.62 km² 和 117.21 km²,占本类型 1990 年面积的 11.21% 和 0.47%。从空间分布上看,林地转出到草地主要分布在蒙古国东方省东部,特别是靠近中国阿尔山市与科尔奇右翼前旗的突出区域,还有部分转出的林地分布在蒙古国东方省和中国东乌珠穆沁旗交界地区;林地转出到裸地则主要分布在中国额济纳旗北部,空间上非常明显。林地转出到其他地类的面积都很小,空间分布上不明显。从林地的转入面积来看,1990—2010 年林地增加的面积主要由草地和裸地转变而来,转入面积分别为 592.82 km² 和 246.85 km²,占本类型 2010 年面积的 2.60% 和 1.08%。从空间分布上看,草地转入为林地主要分布在阿尔山市、东乌珠穆沁旗以及阿巴嘎旗南部等地区;裸地转入林地则主要在乌拉特后旗和阿拉善左旗。

　　从林地类型的转入和转出统计面积来看,林地转草地是林地类型最大的净转出,达 2196.80 km²,另外,林地对建设用地也表现为净转出,但二者的净变化量很小;裸地转林地是林地类型最大的净转入,面积为 129.64 km²,耕地、湿地、建设用地等其他地类和林地主要表现为交换变化,且面积都非常小。林地类型与草地类型的变化最为密切,林地减少的面积主要转化为草地,因此林地退化为草地的倾向最为明显。

表 5-2　1990—2010 年中蒙毗邻地区土地利用转移矩阵 (单位:km²)

| 土地覆盖类型 | | 2010 年 | | | | | | | | 总量 | 减少 |
|---|---|---|---|---|---|---|---|---|---|---|---|
| | | 林地 | 草地 | 冰雪 | 耕地 | 水体 | 建设用地 | 裸地 | 湿地 | | |
| 1990年 | 林地 | 21898.39 | 2789.62 | 0.00 | 28.19 | 3.64 | 11.16 | 117.21 | 28.35 | 24880.28 | 2978.17 |
| | 草地 | 592.82 | 464596.31 | 0.00 | 1175.87 | 323.40 | 550.02 | 20640.62 | 163.69 | 488071.75 | 23446.42 |
| | 冰雪 | 0.00 | 0.00 | 0.00 | 0.00 | 0.00 | 0.00 | 0.00 | 0.00 | 0.00 | 0.00 |
| | 耕地 | 28.55 | 1086.22 | 0.00 | 9010.02 | 6.89 | 80.99 | 4.31 | 15.32 | 10234.52 | 1222.28 |
| | 水体 | 22.76 | 975.92 | 0.00 | 15.77 | 4359.1 | 10.10 | 550.05 | 254.10 | 6188.69 | 1828.70 |
| | 建设用地 | 5.04 | 102.58 | 0.00 | 12.44 | 0.86 | 1233.78 | 16.01 | 6.02 | 1376.97 | 142.95 |
| | 裸地 | 246.85 | 14756.36 | 0.00 | 109.74 | 430.14 | 205.36 | 455361.73 | 40.48 | 471172.94 | 15788.93 |
| | 湿地 | 32.73 | 253.56 | 0.00 | 88.36 | 128.05 | 15.70 | 81.77 | 7932.06 | 8533.20 | 600.17 |
| 总量 | | 22829.70 | 484588.19 | 0.00 | 10442.48 | 5252.7 | 2107.79 | 476792.52 | 8441.06 | 1010458.35 | |
| 新增 | | 928.75 | 19964.26 | 0.00 | 1430.37 | 892.98 | 873.33 | 21409.97 | 507.96 | | |

表 5-3　中蒙毗邻地区 1990—2010 年土地利用变化信息表

| 土地覆盖类型 | 新增量 面积(km²) | 减少量 面积(km²) | 总变化量 面积(km²) | 净变化量 面积(km²) | 交换变化量 面积(km²) |
|---|---|---|---|---|---|
| 林地 | 928.75 | 2978.17 | 3906.92 | 2049.42 | 1857.50 |
| 草地 | 19964.26 | 23446.42 | 43410.68 | 3482.16 | 39928.52 |
| 冰雪 | 0.00 | 0.00 | 0.00 | 0.00 | 0.00 |
| 耕地 | 1430.37 | 1222.28 | 2652.65 | 208.09 | 2444.56 |
| 水体 | 892.98 | 1828.70 | 2721.68 | 935.72 | 1785.96 |
| 建设用地 | 873.33 | 142.95 | 1016.28 | 730.38 | 285.90 |
| 裸地 | 21409.97 | 15788.93 | 37198.90 | 5621.04 | 31577.86 |
| 湿地 | 507.96 | 600.17 | 1108.13 | 92.21 | 1015.92 |

（2）草地变化特征分析

草地是中蒙毗邻地区面积最大的土地覆盖类型，在整个蒙古高原的自然环境中起着重要的作用。1990—2010 年间，在人类和自然的双重压力下，草地的空间分布发生了明显的变化。从中蒙毗邻地区 1990—2010 年土地利用变化信息表可以看出（表 5-3），草地的新增量为 19964.26 km²，减少量为 23446.42 km²，草地的总变化量为 43410.68 km²，净变化量为 3482.16 km²，交换变化量为 39928.52 km²。草地的交换变化量非常接近总变化量，表明草地的变化以交换变化为主，主要表现为草地类型空间位置的转移。

根据中蒙毗邻地区 1990—2010 年土地利用转移矩阵统计数据（表 5-2）和草地转换分布图（图 5-5），从草地的转出面积来看，1990—2010 年草地减少的面积主要转变为裸地、耕地和林地，转出面积分别为 20640.62 km²、1175.87 km² 和 592.82 km²，占本类型 1990 年面积的

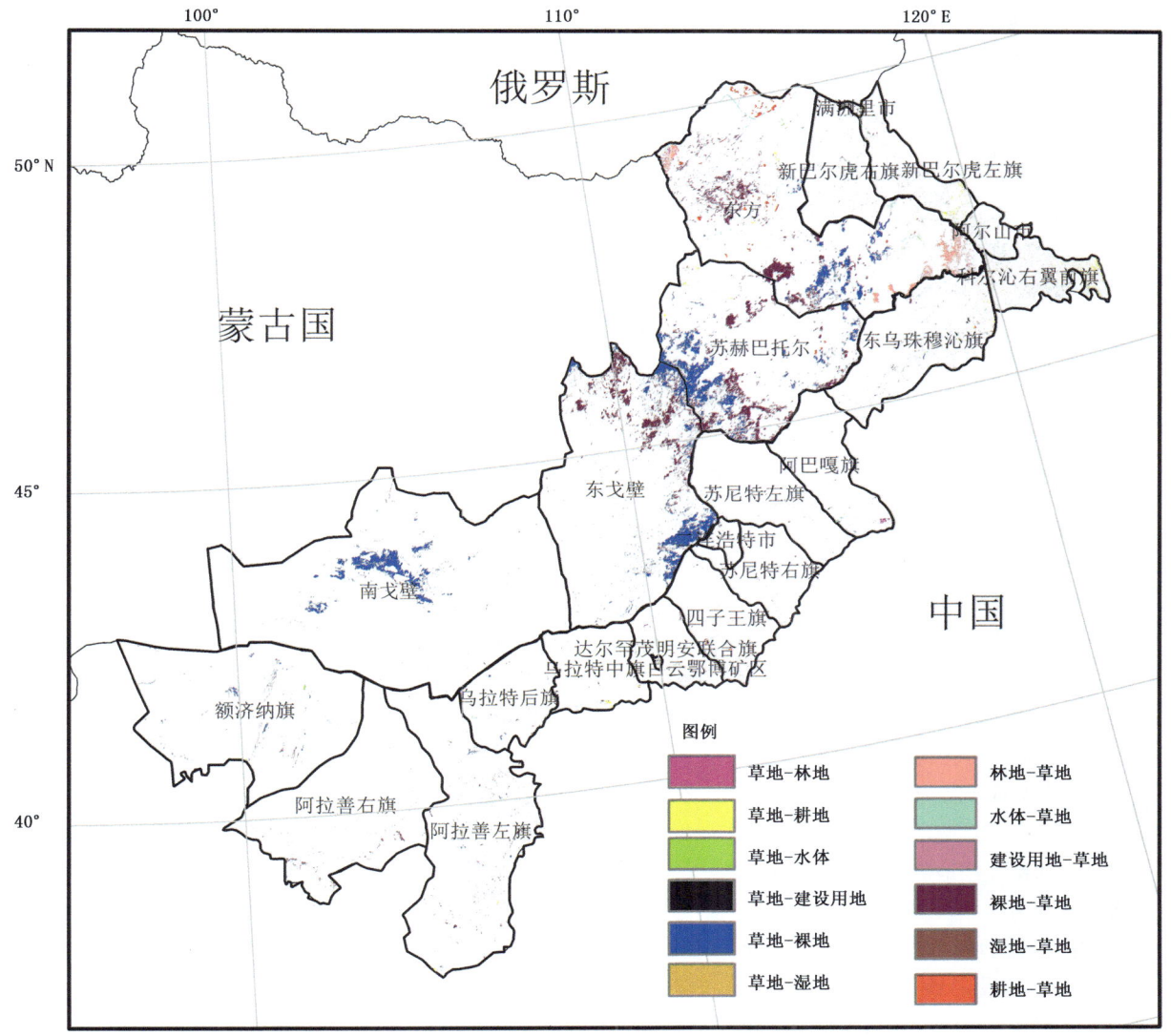

图 5-5　中蒙毗邻地区 1990—2010 年草地转换分布图

4.23％、0.24％和0.12％。从空间分布上看,草地转出到裸地主要分布在蒙古国境内,特别是南戈壁省中部地区、东戈壁省与中国二连浩特市交界地区、苏赫巴托尔省与东戈壁省交界地区以及东方省南部四个区域,也有少量分布在中国额济纳旗等内蒙古西部地区;草地转出到耕地主要分布在中国新巴尔虎左旗和科尔沁右翼前旗。草地转出到水体和建设用地等其他地类比较分散,而且面积相对较少。从草地的转入面积来看,1990—2010年草地增加的面积主要由裸地和林地转变而来,转入面积分别为14756.36 km²和2789.62 km²,占本类型2010年面积的3.05％和0.58％。从空间分布上看,裸地转入为草地主要分布在蒙古国东方省中部、东戈壁省和苏赫巴托尔省交界地区以及苏赫巴托尔省南部等地区;林地转入草地则主要在蒙古国东方省东部以及东方省和中国东乌珠穆沁旗交界地区。

从草地类型的转入和转出的统计面积来看,草地转裸地是草地类型最大的净转出,达5884.26 km²,其次是建设用地为447.44 km²;林地转草地是草地类型最大的净转入,面积为2196.80 km²。由于草地的变化主要是交换变化,因此,其净变化量较小。从草地的转移变化可知,草地和裸地具有双向转化特性,二者空间变化关系密切。

(3)耕地变化特征分析

1990—2010年间,在人类和自然的双重压力下,耕地的空间分布发生了明显的变化。从中蒙毗邻地区1990—2010年土地利用变化信息表可以看出(表5-3),耕地的新增量为1430.37 km²,减少量为1222.28 km²,耕地的总变化量为2652.65 km²,净变化量为208.09 km²,交换变化量为2444.56 km²。耕地的交换变化量占总变化量的92.16％,表明耕地总量略有增加,耕地变化主要以交换变化为主。

根据中蒙毗邻地区1990—2010年土地利用转移矩阵统计数据(表5-2)和耕地转换分布图(图5-6),从耕地的转出面积来看,1990—2010年耕地减少的面积主要转变为草地和建设用地,转出面积分别为1086.22 km²和80.99 km²,占本类型1990年面积的10.61％和0.79％。从空间分布上看,耕地转出到草地主要分布在蒙古国境内的东方省,尤其是东方省北部,转出的耕地非常明显;耕地转出到建设用地主要分布在中国内蒙古的二连浩特和苏尼特右旗。从耕地的转入面积来看,1990—2010年耕地增加的面积主要由草地和裸地转变而来,转入面积分别为1175.87 km²和109.74 km²,占本类型2010年面积的11.26％和1.05％。从空间分布上看,草地转入为耕地主要分布在中国新巴尔虎左旗和科尔沁右翼前旗等北部地区,另外,在中国乌拉特中旗也有部分草地转化为耕地;裸地转入耕地则主要在中国阿拉善左旗。耕地的变化跟人类活动和自然条件的关系密切,随着人口增长和市场经济调节,中国内蒙古地区表现为草地开发为耕地。中国内蒙古西部的阿拉善地区和中部的乌拉特等地水资源较为丰富,黄河从内蒙古中部流过。随着水利设施完善,大量土地开发为耕地,且随着气候变暖,北部地区积温升高,原来较不适宜的区域都开发为耕地,因此,内蒙古北部的新巴尔虎左旗等地大量草地转为耕地。

从耕地类型的转入和转出的统计面积来看,耕地转建设用地是草地类型最大的净转出,达68.55 km²;裸地转耕地是耕地类型最大的净转入,面积为105.43 km²,其次是草地,面积为89.65 km²。由于耕地的变化以交换变化为主,净变化量较小。新增的耕地几乎都发生在中国内蒙古区域,转出的耕地则主要分布在蒙古国区域。

(4)建设用地变化特征分析

1990—2010年间,研究区的经济建设快速发展,建设用地规模快速增加。建设用地的发展主要表现在中国内蒙古区域内各城镇周边建设用地、交通用地和工矿用地规模的显著增加

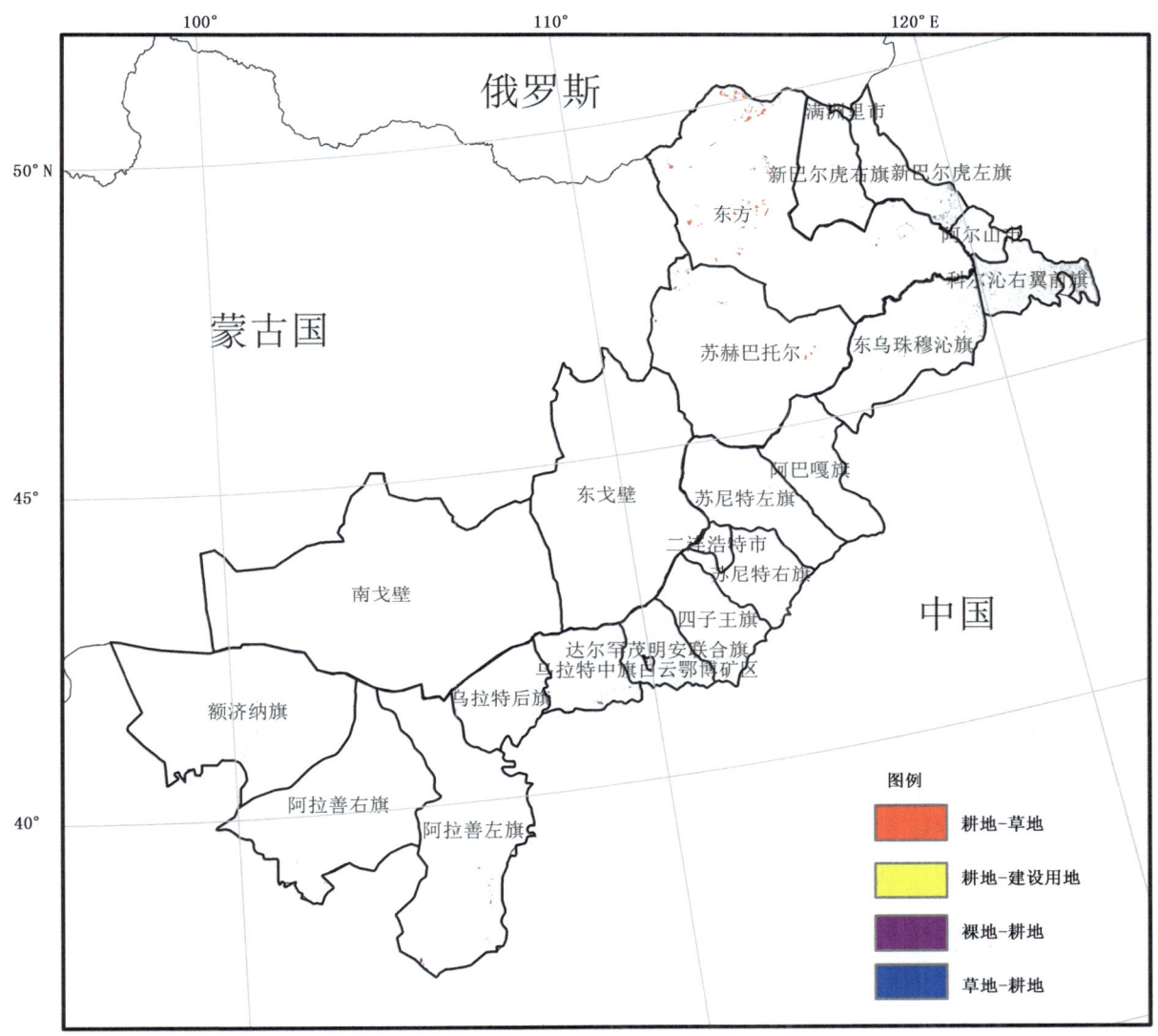

图 5-6　中蒙毗邻地区 1990—2010 年耕地转换分布图

和经济活跃的口岸地区的建设用地和交通用地的增长。从中蒙毗邻地区 1990—2010 年土地利用变化信息表可以看出(表 5-3),建设用地的新增量为 873.33 km²,减少量为 142.95 km²,建设用地的总变化量为 1016.28 km²,净变化量为 730.38 km²,交换变化量为 285.90 km²。建设用地的净变化量占总变化量的 71.87%,净变化量明显大于交换变化量,说明建设用地主要表现为数量的增加。

　　根据中蒙毗邻地区 1990—2010 年土地利用转移矩阵统计数据(表 5-2)和建设用地转换分布图(图 5-7),从建设用地的转出面积来看,1990—2010 年建设用地减少的面积主要转变为草地,转出面积为 102.58 km²,占本类型 1990 年面积的 7.45%,建设用地转出到其他地类的面积都非常少。从空间分布上看,建设用地转出到草地主要分布在中国内蒙古境内的白云鄂博

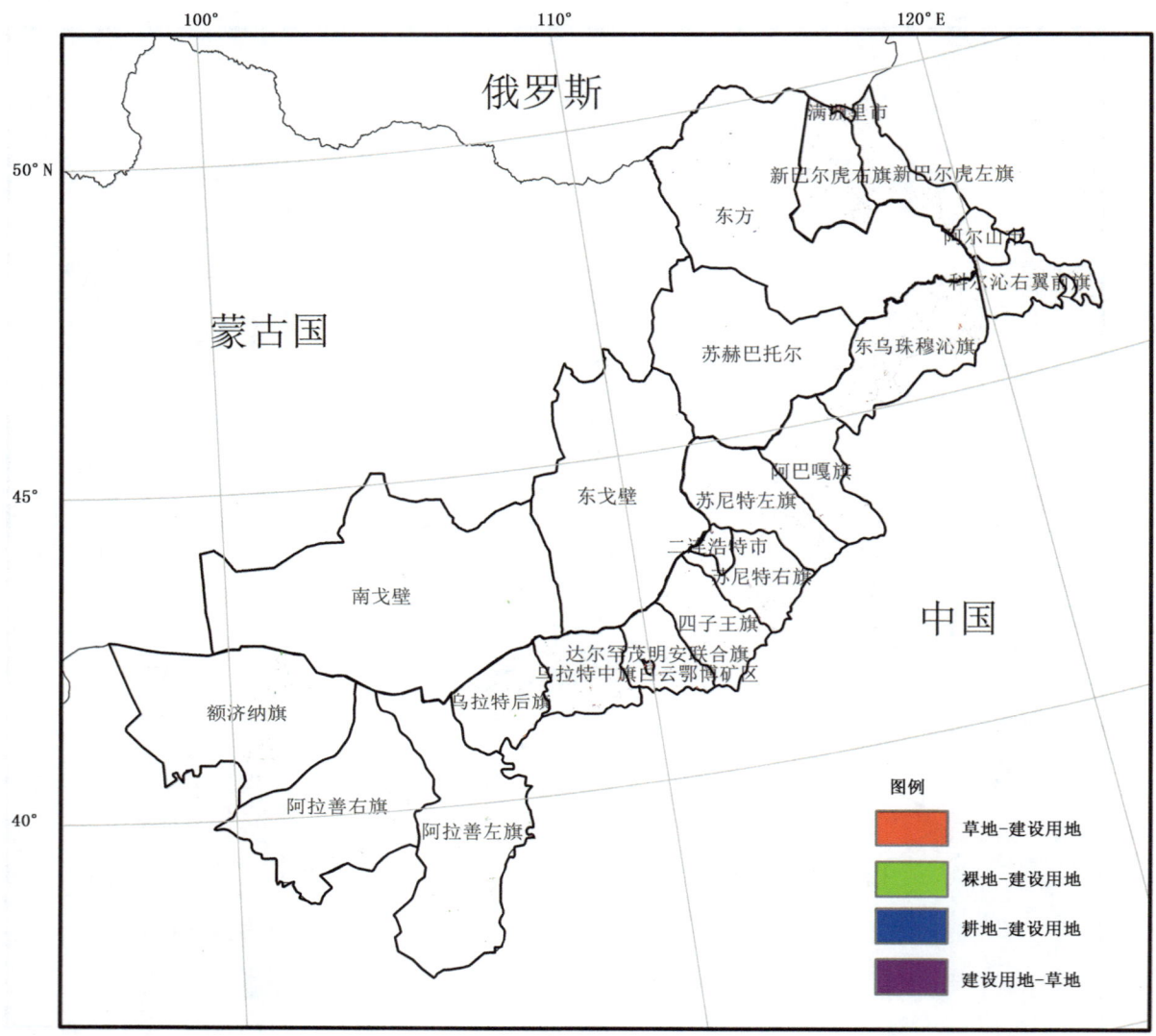

图 5-7　中蒙毗邻地区 1990—2010 年建设用地转换分布图

矿区。从建设用地的转入面积来看,1990—2010 年建设用地增加的面积主要由草地和裸地转变而来,转入面积分别为 550.02 km² 和 205.36 km²,占本类型 2010 年面积的 26.10% 和 9.74%。从空间分布上看,草地转入为建设用地的分布非常广泛,中国内蒙古各旗(县)都有分布;裸地转入为建设用地则主要在内蒙古额济纳旗和阿拉善左旗等西部地区。

　　从建设用地类型的转入和转出的统计面积来看,建设用地主要表现为净转入,草地转建设用地是建设用地类型最大的净转入,面积为 447.44 km²,其次是裸地类型。建设用地的交换变化主要发生在草地类型,二者的交换面积为 205.16 km²。

　　(5)水体和湿地变化特征分析

　　1990—2010 年间,随着气候变暖和人类活动加强,导致研究区水体面积持续萎缩,湿地面积也呈减少趋势。从中蒙毗邻地区 1990—2010 年土地利用变化信息表可以看出(表 5-3),水体的新增量为 892.98 km²,减少量为 1828.70 km²,水体的总变化量为 2721.68 km²,净变化量为 935.72 km²,交换变化量为 1785.96 km²。水体的交换变化量占总变化量的 65.62%,交换变化量略大于净变化量,说明水体不仅表现为数量的减少,还存在比较大面积的空间转移。湿地的新增量为 507.96 km²,减少量为 600.17 km²,湿地的总变化量为 1108.13 km²,净变化量为 92.21 km²,交换变化量为 1015.92 km²。湿地的交换变化量几乎等于总变化量,说明湿地的变化表现为空间转移。

　　根据中蒙毗邻地区 1990—2010 年土地利用转移矩阵统计数据(表 5-2)和水体和湿地转换分布图(图 5-8),从水体的转出面积来看,1990—2010 年水体减少的面积主要转变为草地和裸地,转出面积分别为 975.92 km² 和 550.05 km²,占本类型 1990 年面积的 15.77% 和 8.89%,

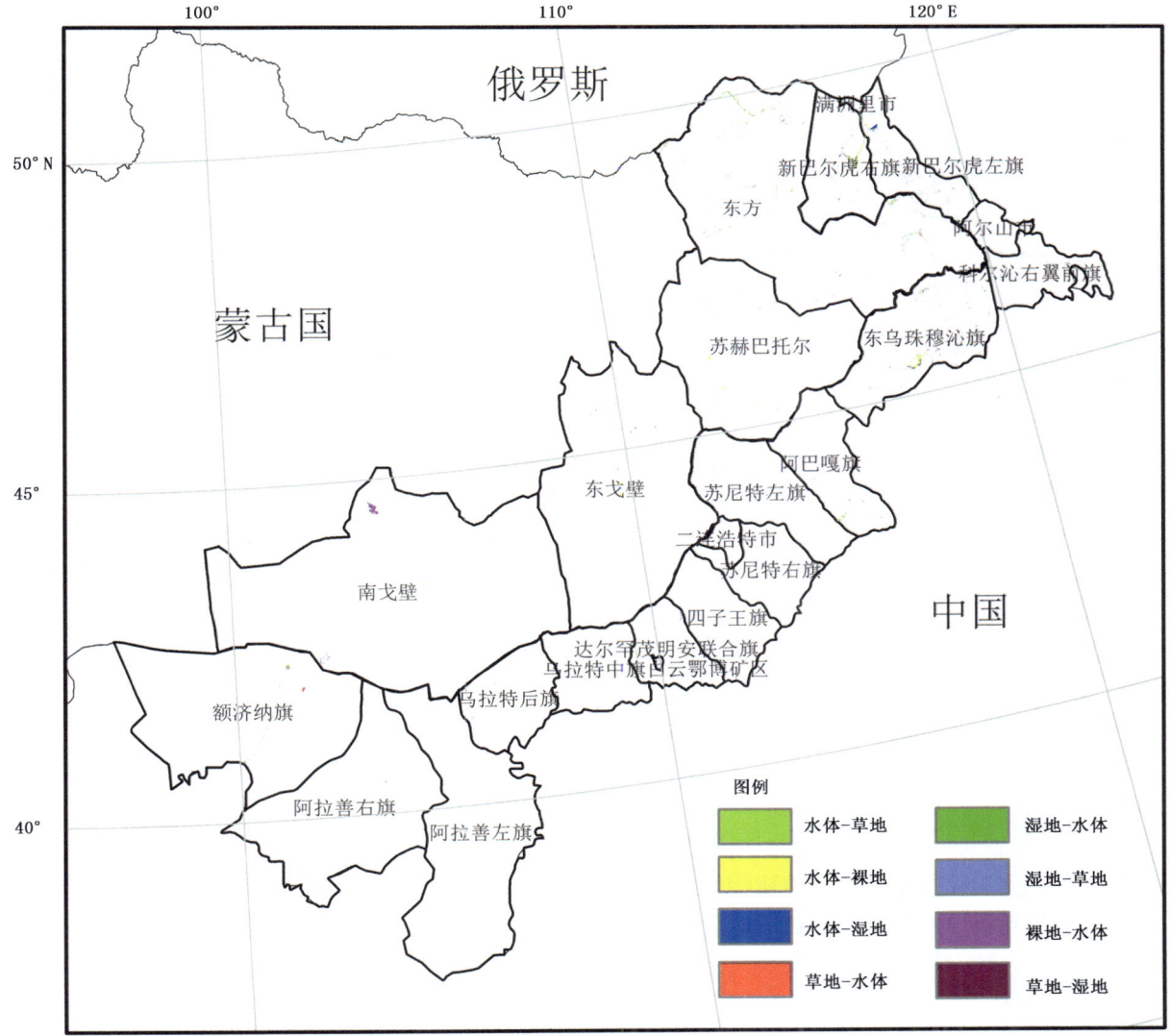

图 5-8　中蒙毗邻地区 1990—2010 年水体和湿地转换分布图

还有部分水体转为湿地。从空间分布上看,水体转出到草地主要分布在蒙古国区域的苏赫巴托尔省和中国内蒙古境内的新巴尔虎右旗和东乌珠穆沁旗。从水体的转入面积来看,1990—2010 年建设用地增加的面积主要由裸地和草地转变而来,转入面积分别为 430.14 km² 和 323.40 km²,占本类型 2010 年面积的 8.19% 和 6.16%。从空间分布上看,裸地转入为水体分布较为集中,主要在蒙古国南戈壁省北部以及南戈壁省和中国额济纳旗交界区周围;草地转入为水体面积较小,空间上不是很明显,主要分布在蒙古国东方省东部地区。湿地主要分布在中国内蒙古,蒙古国几乎没有。从湿地的转出面积来看,1990—2010 年湿地减少的面积主要转变为草地和水体,转出面积分别为 253.56 km² 和 128.05 km²,占本类型 1990 年面积的 3.20% 和 1.61%。从空间分布上看,湿地转出到草地和水体主要分布在中国内蒙古境内的新巴尔虎右旗。从湿地的转入面积来看,1990—2010 年湿地增加的面积主要由水体和草地转变而来,转入面积分别为 254.10 km² 和 163.69 km²,占本类型 2010 年面积的 3.20% 和 2.06%。从空间分布上看,水体和草地转入为湿地主要分布在中国新巴尔虎左旗。

从水体和湿地类型的转入和转出的统计面积来看,湿地主要表现为交换变化,净变化量非常小。湿地的交换变化主要发生在水体类型,二者具有双向转化的特性。水体转草地是水体类型最大的净转出,达 652.52 km²;水体在 1990—2010 年里持续减少,大部分区域转为草地。

(6)裸地变化特征分析

裸地是中蒙毗邻地区第二大土地覆盖类型,面积仅次于草地。裸地主要分布于研究区西部,是中国额济纳旗、阿拉善右旗和蒙古国南戈壁省等地区最主要的土地覆盖类型。1990—2010 年间,裸地是变化最为剧烈的类型,裸地的总量和空间分布都发生了显著的变化。从中蒙毗邻地区 1990—2010 年土地利用变化信息表可以看出(表 5-3),裸地的新增量为 21409.97 km²,减少量为 15788.93 km²,裸地的总变化量为 37198.90 km²,净变化量为 5621.04 km²,交换变化量为 31577.86 km²。裸地的交换变化量占总变化量的 84.89%,交换变化量明显大于净变化量,但净变化量也占总变化量的 15.11%,说明裸地的交换变化和面积新增同时发生,但主要表现为交换变化,也有部分裸地新增。

根据中蒙毗邻地区 1990—2010 年土地利用转移矩阵统计数据(表 5-2)和裸地转换分布图(图 5-9),从裸地的转出面积来看,1990—2010 年裸地减少的面积主要转变为草地和水体,转出面积为 14756.36 km² 和 430.14 km²,占本类型 1990 年面积的 3.13% 和 0.09%,裸地转出到其他地类的面积都非常少。从空间分布上看,裸地转出到草地主要分布在两个区域,分别是蒙古国东戈壁省和苏赫巴托尔省交界地区以及东方省中部,二者的变化在空间上非常明显。从转入面积来看,1990—2010 年裸地增加的面积主要由草地转变而来,转入面积分别为 20640.62 km²,占本类型 2010 年面积的 4.33%。从空间分布上看,草地转入为裸地的分布比较广泛,在研究区东部到西部都有分布。特别是蒙古国区域,空间上更为明显,如南戈壁省中部、东戈壁省与中国二连浩特交界处、苏赫巴托尔省西南部和东戈壁南部。中国内蒙古区域退化的草地则主要分布在额济纳旗和阿拉善左旗等西部地区。

从裸地类型的转入和转出的统计面积来看,草地转裸地是裸地类型最大的净转入,面积达 5884.26 km²。裸地主要为交换变化,与其交换的主要是草地类型,二者的交换面积为 29512.71 km²,占裸地所有交换面积的 93.46%。

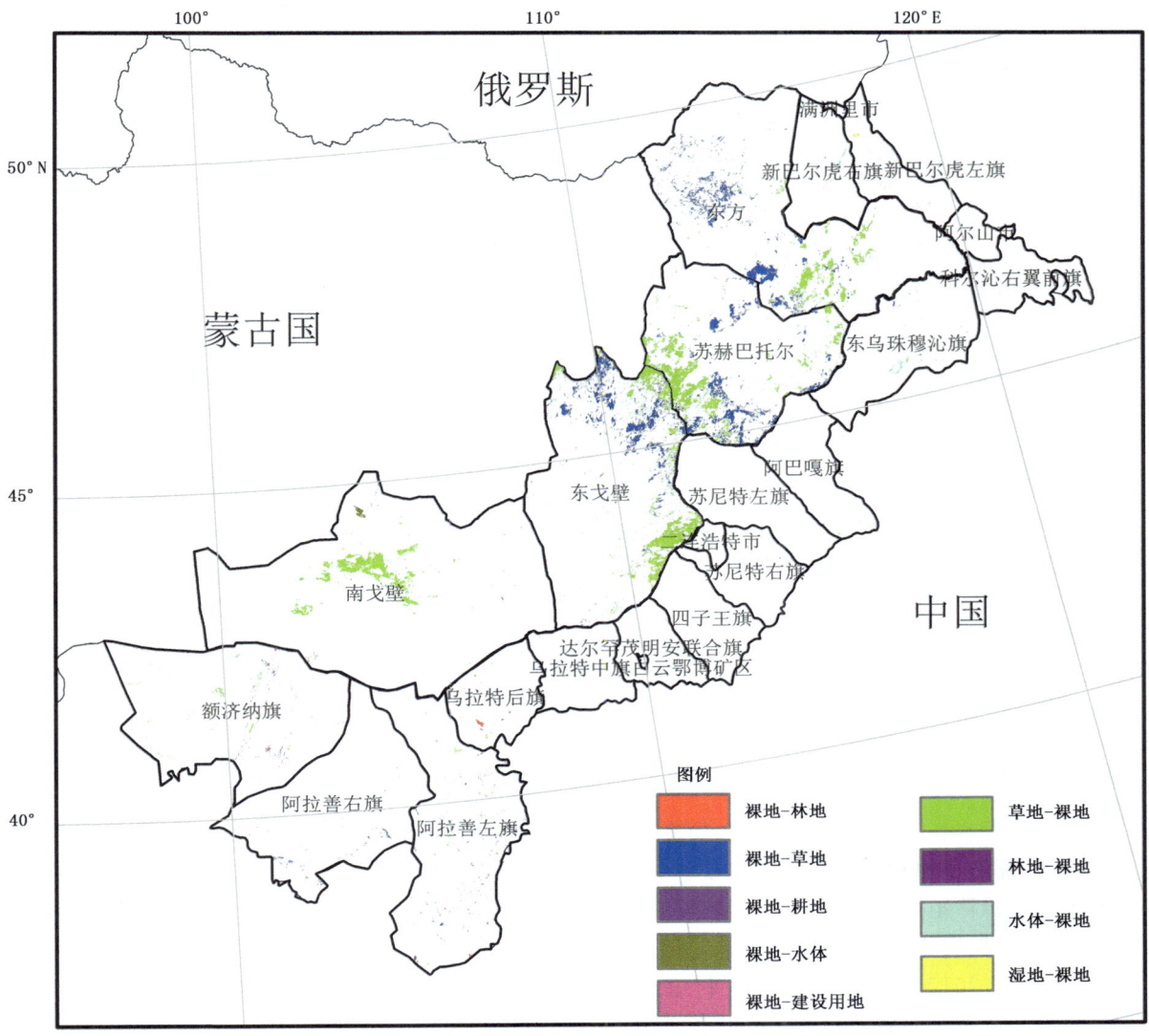

图 5-9　中蒙毗邻地区 1990—2010 年裸地转换分布图

表 5-4　中蒙毗邻地区 1990—2010 年土地利用变化信息表

| 土地覆盖类型 | 新增量 | 减少量 | 总变化量 | 净变化量 | 交换变化量 |
|---|---|---|---|---|---|
| | 面积（km²） | 面积（km²） | 面积（km²） | 面积（km²） | 面积（km²） |
| 林地 | 928.75 | 2978.17 | 3906.92 | 2049.42 | 1857.50 |
| 草地 | 19964.26 | 23446.42 | 43410.68 | 3482.16 | 39928.52 |
| 冰雪 | 0.00 | 0.00 | 0.00 | 0.00 | 0.00 |
| 耕地 | 1430.37 | 1222.28 | 2652.65 | 208.09 | 2444.56 |
| 水体 | 892.98 | 1828.70 | 2721.68 | 935.72 | 1785.96 |
| 建设用地 | 873.33 | 142.95 | 1016.28 | 730.38 | 285.90 |
| 裸地 | 21409.97 | 15738.93 | 37198.90 | 5621.04 | 31577.86 |
| 湿地 | 507.96 | 600.17 | 1108.13 | 92.21 | 1015.92 |

## 5.2　蒙古国南戈壁省土地覆盖变化

### 5.2.1　蒙古国南戈壁省概况

蒙古国南戈壁省面积 16.5 万 $km^2$，是蒙古国面积最大的省份，位于该国南部戈壁地带，最低海拔 1300 m，最高 1600 m。戈壁阿尔泰山东部支脉占据了该省的整个中部地区，有讷莫格特、给勒奔特等高山，及数百千米的戈壁和沙丘。绿洲、沙漠和高山在戈壁穿插，地形地貌类型丰富多样。南戈壁省与巴彦洪戈尔省、前杭爱省和中戈壁省以及东戈壁省相连，并与中国内蒙古北部阿拉善盟接壤。南戈壁省省会达兰扎德嘎德距离首都乌兰巴托市 575 km。截至 2014年，全省约 1.9 万户，人口约 5.96 万（王灵桂，2015）。

中国是蒙古国主要的贸易伙伴之一，两国之间开放的通商口岸有 13 个，其中位于蒙古国南戈壁省境内的有噶书苏海图和西伯库伦口岸，对应中国内蒙古境内的甘其毛都和策克口岸。南戈壁省是蒙古国矿产资源开发重点区域之一，毗邻中国，拥有广阔的市场。古尔班特斯为蒙古国南戈壁省下属县，位于该省西部，人口密度约为 0.8 人/$km^2$，是蒙古国人口最稀少的地区之一。西库伦口岸位于南戈壁省古尔班特斯县内，紧邻中国内蒙古阿拉善盟。经过该口岸的贸易辐射内蒙古、陕西、甘肃、宁夏和青海五个省（自治区）。2003 年中蒙合作开发的那林苏海特煤田投产后，开采出来原煤以公路运输方式通过策克口岸出口至中国。2003—2010 年，那林苏海特煤田通过西库伦口岸向中国出口煤炭约 880 万 t（王峻岭，2015；Navch 和 Bolormaa，2006；Kexin 等，2015）。

### 5.2.2　蒙古国南戈壁省 1990—2010 年土地覆盖变化时空特征分析

南戈壁省在 1990—2010 年内，所有的地类都发生了程度不一的相互转化。森林、农田、草甸草地、荒漠草地和沙地是变化幅度较大的几个土地覆盖类型。结合各土地类型空间分布转换图以及转移矩阵，分析各地类的时空特征变化，得到如下结果。

（1）草地变化特征分析

1990—2010 年间，草地面积在村镇扩张等人为因素和气温、降水等自然的双重影响下变化明显。从南戈壁省土地利用变化信息表（表 5-6）和南戈壁省 1990—2010 年草地转换分布图（图 5-10）可以看出，1990—2010 年，草地面积 20 年内减少了 4912.88 $km^2$，增加了 672.72 $km^2$，总变化量为 5585.6 $km^2$，净变化量为 4240.16 $km^2$，交换变化量为 1345.44 $km^2$。草地的交换变化量远小于总变化量，大量的草地变为其他类型土地。由图 5-8 可知，草地转化为裸地最多，南戈壁省草场近二十年来退化严重。

南戈壁荒漠草地变化最为剧烈，根据南戈壁省的土地利用转移矩阵（表 5-8）可知，1990 年荒漠草地转出面积为 3743.72 $km^2$，2010 年转入面积 625.25 万 $km^2$，净流出 3118.47 $km^2$。从荒漠草地的转出面积来看，荒漠草地转出到裸地最多，为 3687.54 $km^2$，其次是沙漠，为 51.79 $km^2$。荒漠草地变化为裸地和沙漠在空间上分布相对集中，主要分布在南戈壁省北部地区以及古尔班特斯县那林苏海特煤田附近。从荒漠草地的转入面积来看，典型草地为主要转入类型，典型草地转入的面积为 568.45 $km^2$。

草甸草地 1990 年共转出 22.14 $km^2$，2010 年没有转入，净流出 22.14 $km^2$。从草甸草地的转出面积来看，草甸草地主要转出到裸地和典型草地，面积分别为 1.77 $km^2$ 和 6.05 $km^2$。

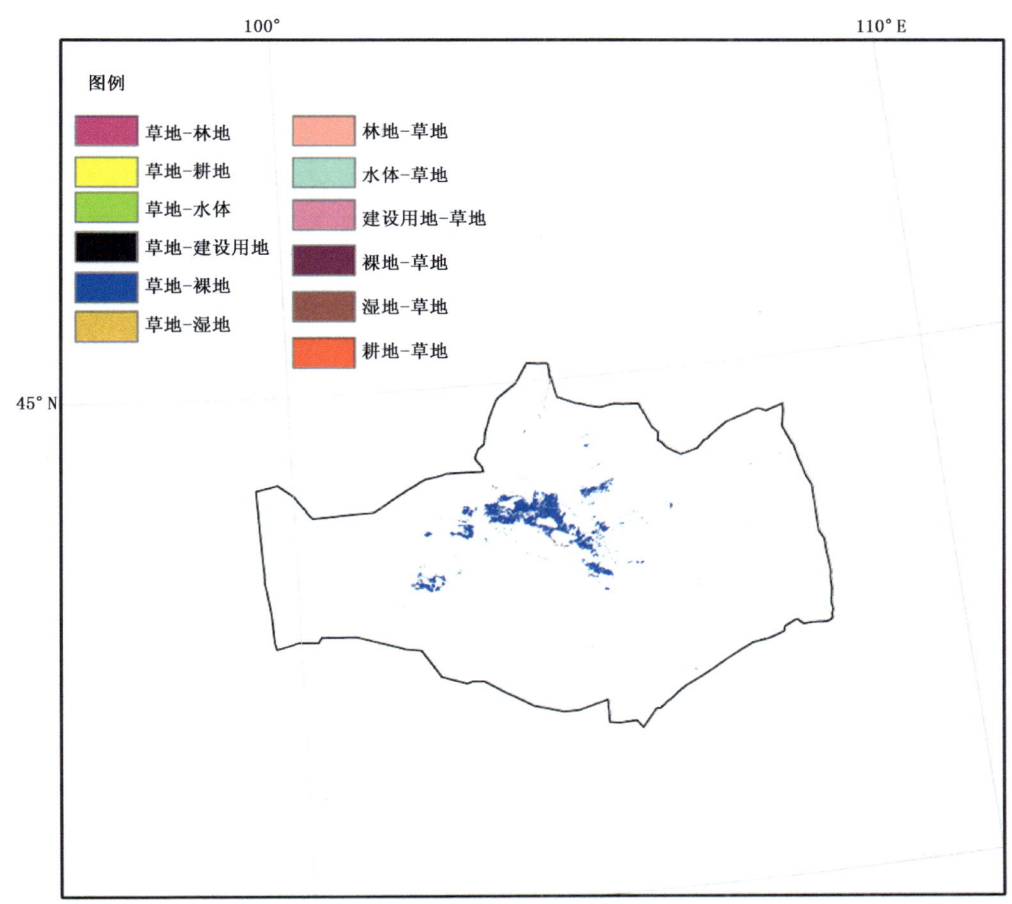

图 5-10    南戈壁省 1990—2010 年草地转换分布图

表 5-5    南戈壁省 1990 年和 2010 年各类型土地覆盖面积变化及变化幅度统计表

| 土地覆盖类型 | 1990 年面积 | 2010 年面积 | 1990—2010 年变化面积 | 1990—2010 年变化率 |
|---|---|---|---|---|
| | 面积（km²） | 面积（km²） | 面积（km²） | 变化幅度（%） |
| 森林 | 0 | 0 | 0 | 0 |
| 草地 | 5080.33 | 862.30 | −4218.03 | −83.03 |
| 冰雪 | 0 | 0 | 0 | 0 |
| 农田 | 1.36 | 0.00 | −1.36 | −100.00 |
| 水体 | 63.36 | 253.91 | 190.55 | 300.75 |
| 建筑用地 | 7.66 | 21.69 | 14.02 | 182.96 |
| 裸地 | 159992.20 | 164029.52 | 4037.32 | 2.52 |
| 沙漠 | 766.20 | 2634.52 | −1868.32 | −248.84 |

典型草地变化也较大,典型草地 1990 年共转出 1147.02 km²,2010 年转入 47.47 km²,净流出 1099.05 km²。从典型草地的转出面积来看,典型草地转出到裸地和荒漠草地的面积最大,面积分别达 578.57 km² 和 568.45 km²。

（2）水体变化特征分析

从南戈壁省土地利用变化信息表（表 5-6）和南戈壁省 1990—2010 年水体转换分布图（图

5-11)可知,水体 1990—2010 年内面积减少了 31.11 km²,增加了 221.62 km²,水体的总变化量为 252.73 km²,净变化量为 190.51 km²,交换变化量为 62.2 km²。从水体的转出面积来看,水体主要转为裸地,面积为 26.87 km²。南戈壁省转出的水体主要分布在该省的北部一些区域。

表 5-6    南戈壁省 1990—2010 年土地利用变化信息表

| 土地覆盖类型 | 新增量 | 减少量 | 总变化量 | 净变化量 | 交换变化量 |
|---|---|---|---|---|---|
| | 面积(km²) | 面积(km²) | 面积(km²) | 面积(km²) | 面积(km²) |
| 草甸草地 | 0 | 22.14 | 22.14 | 22.14 | 0 |
| 典型草地 | 47.47 | 1147.02 | 1194.49 | 1099.55 | 94.94 |
| 荒漠草地 | 625.25 | 3743.72 | 4368.97 | 3118.47 | 1250.5 |
| 建设用地 | 18.06 | 4.03 | 22.09 | 14.03 | 8.06 |
| 草地 | 672.72 | 4912.88 | 5585.6 | 4240.16 | 1345.44 |
| 裸地 | 4429.88 | 2261.22 | 6691.1 | 2168.66 | 4522.44 |
| 农田 | 0 | 1.37 | 1.37 | 1.37 | 0 |
| 沙漠 | 1987.06 | 118.73 | 2105.79 | 1868.33 | 237.46 |
| 水体 | 221.62 | 31.11 | 252.73 | 190.51 | 62.22 |
| 冰雪 | 0 | 0 | 0 | 0 | 0 |

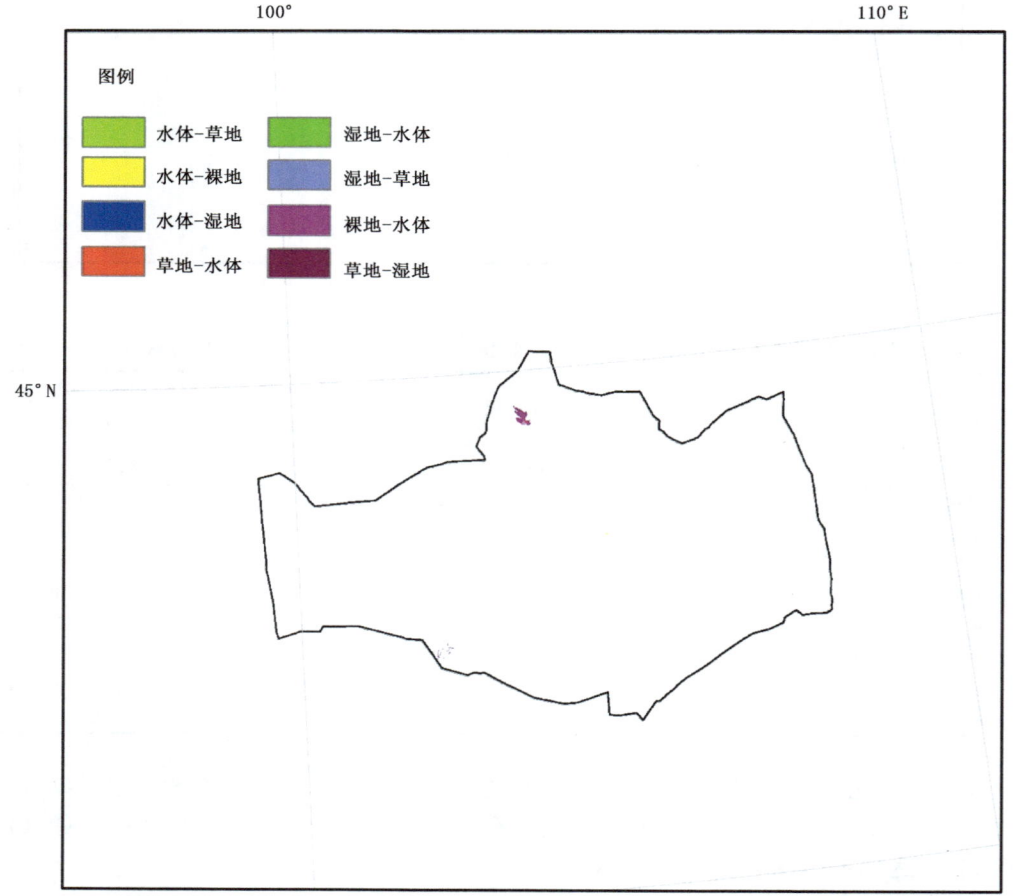

图 5-11    南戈壁省 1990—2010 年水体转换分布图

(3)建设用地变化特征分析

南戈壁省的建设用地主要为数量上的变化,空间位置上转移较少。从南戈壁省土地利用变化信息表(表 5-6)和南戈壁省 1990—2010 年建设用地转换分布(图 5-12)可知,建设用地的总变化量为 22.09 km²,净变化量为 14.03 km²,交换变化量为 8.06 km²。

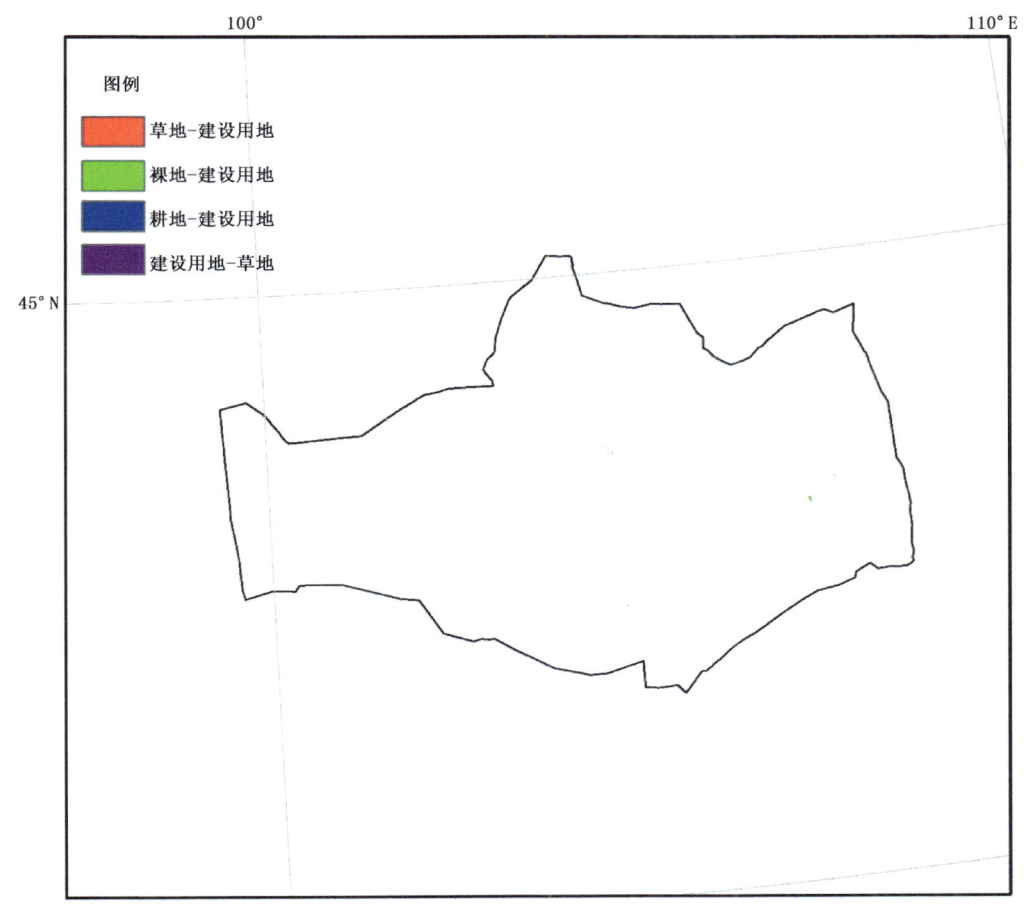

图 5-12　南戈壁省 1990—2010 年建设用地转换分布图

(4)裸地变化特征分析

1990—2010 年间,裸地是南戈壁省最大的土地覆盖类型,也是该地区分布最广泛的地类,裸地的面积和空间分布变化显著。从表 5-6 和图 5-13 可知,1990—2010 年间裸地面积减少了 2261.22 km²,增加了 4429.88 km²,总变化量为 6691.1 km²,净变化量为 2168.66 km²,交换变化量为 4522.44 km²。交换变化量比净变化量的 2 倍还多,说明裸地地类的变换主要表现为交换变化并伴随着部分裸地新增。

根据南戈壁地区 1990—2010 年土地利用转移矩阵统计数据,净流入 4429.88 km²,面积增长比较显著。从裸地的转出面积来看,裸地主要转为了沙漠,转为沙漠的面积高达 1935.14 km²,空间上主要分布在古尔班特斯县和该省南部的中蒙边境地区。从裸地的转入面积来看,新增裸地主要是荒漠草地转化而来,面积为 3687.54 km²。转入的草地在空间上主要分布在南戈壁省中部。

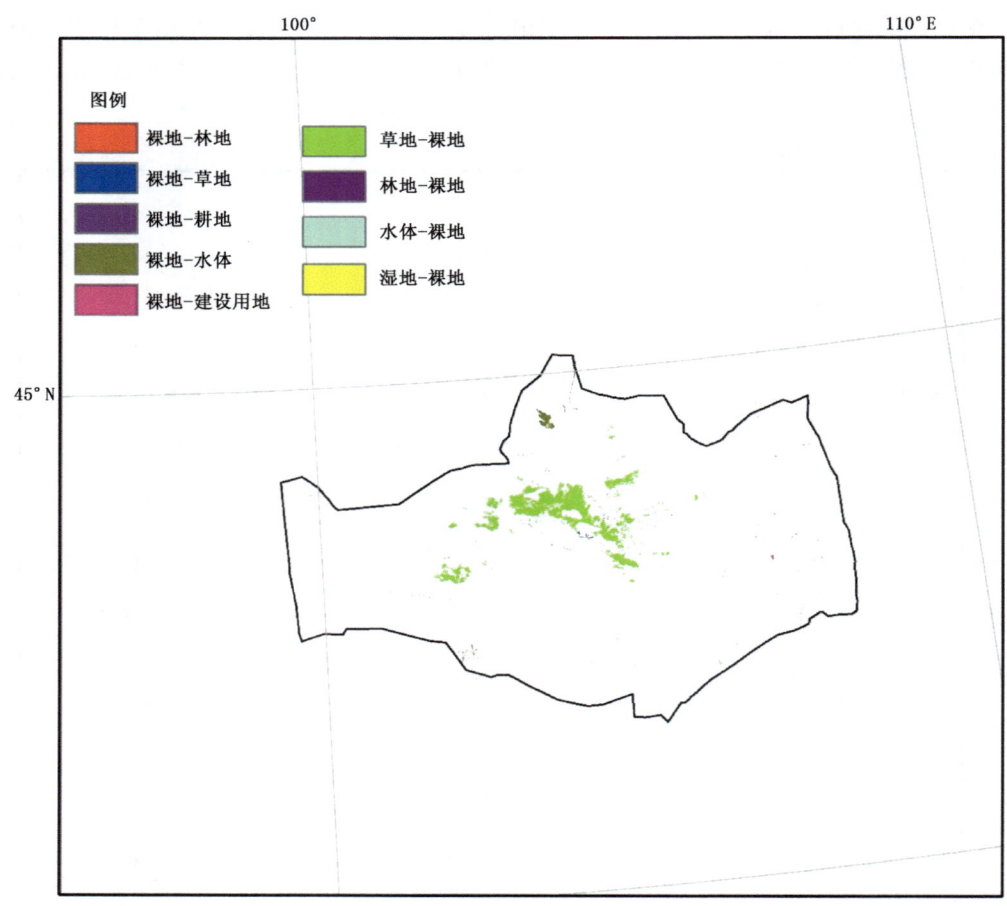

图例

| | | | |
|---|---|---|---|
| 🟧 裸地-林地 | | 🟩 草地-裸地 | |
| 🟦 裸地-草地 | | 🟪 林地-裸地 | |
| 🟪 裸地-耕地 | | 🟩 水体-裸地 | |
| 🟫 裸地-水体 | | 🟨 湿地-裸地 | |
| 🟥 裸地-建设用地 | | | |

图 5-13　南戈壁省 1990—2010 年裸地转换分布图

### 5.2.3　南戈壁省古尔班斯地区 2002—2015 年土地覆盖变化时空特征

古尔班特斯地区 2002—2015 年的土地覆盖变化中,不同土地覆盖类型在空间上均发生了不同程度的相互转化和转变。草地、沙漠/沙地、裸地是变化较大的几个地类。结合各土地类型空间分布转换图,分析各地类的时空变化特征如下。

(1)裸岩变化特征分析

裸岩是戈壁地区分布广泛的地类,是研究区面积较大的土地覆盖类型。在 2002—2015 年间,裸岩面积上略有增加,空间分布变化较小。从古尔班特斯地区 2002—2015 年土地利用变化信息表可以看出(表 5-7),裸岩面积净变化量为 247.43 km²,交换变化量为 1599.39 km²,总变化量 1846.82 km²,总变化量和交换变化量相差不多,说明裸岩的变化以交换变化为主。

根据古尔班特斯地区 2002—2015 年裸岩转换分布图(图 5-14),从裸岩的转出面积来看,裸岩减少的面积主要转变为裸地,转出面积达到 677.50 km²。从空间分布上来看,裸岩转出到裸地主要分布在研究区中部,空间上非常明显,呈现明显的条带状。从分布图上来看,裸岩转换为其他地类很少。从裸岩的转入面积来看,增加的面积主要由裸地和草地转变而来。从空间分布看,裸地和草地转入裸岩主要在该地区中东部。

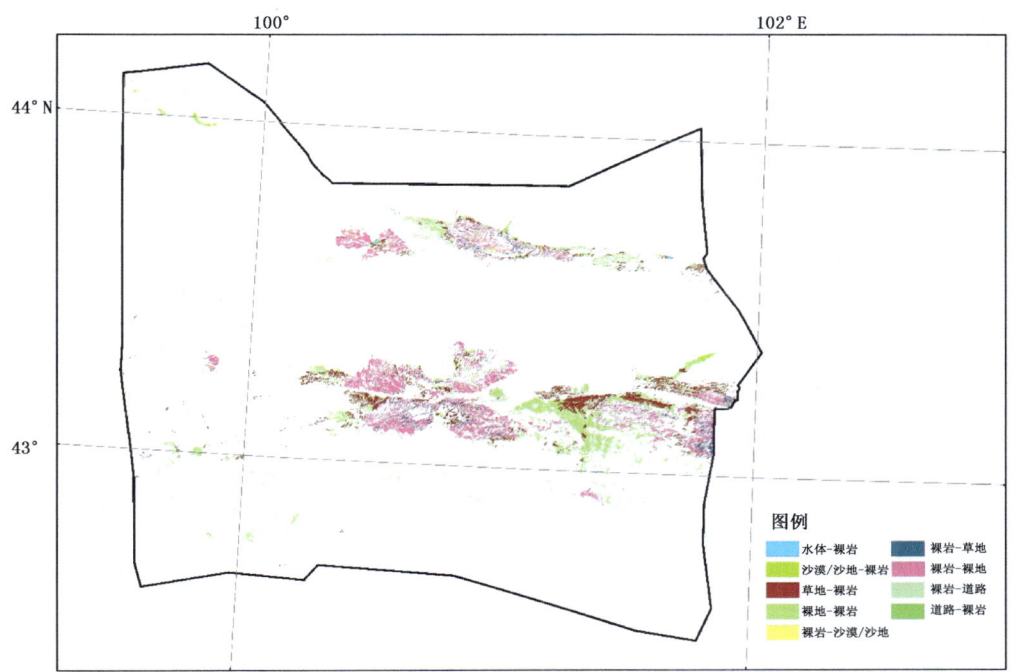

图 5-14　古尔班特斯地区 2002—2015 年裸岩转换分布图

**表 5-7　古尔班特斯地区 2002—2015 年土地利用变化信息表**

| 土地覆盖类型 | 新增量 | 减少量 | 总变化量 | 净变化量 | 交换变化量 |
|---|---|---|---|---|---|
| | 面积(km²) | 面积(km²) | 面积(km²) | 面积(km²) | 面积(km²) |
| 裸岩 | 1047.13 | 799.69 | 1846.82 | 247.43 | 1599.39 |
| 裸地 | 2907.35 | 4767.15 | 7674.50 | 1859.80 | 5814.70 |
| 建设用地 | 4.78 | 0.45 | 5.23 | 4.33 | 0.89 |
| 农田 | 0.04 | 0.00 | 0.04 | 0.04 | 0.00 |
| 沙漠/沙地 | 4279.27 | 1592.16 | 5871.43 | 2687.11 | 3184.32 |
| 荒漠草地 | 1399.91 | 1910.51 | 3310.42 | 510.61 | 2799.81 |
| 典型草地 | 194.49 | 796.43 | 990.92 | 601.94 | 388.98 |
| 草甸草地 | 34.71 | 9.76 | 44.47 | 24.94 | 19.53 |
| 矿区 | 16.18 | 0.00 | 16.18 | 16.18 | 0.00 |
| 道路 | 41.47 | 18.51 | 59.97 | 22.96 | 37.01 |
| 水体 | 2.40 | 33.04 | 35.44 | 30.64 | 4.79 |

表 5-8　2002—2015 年古尔班特斯地区土地利用转移矩阵（单位：km²）

| 土地覆盖类型 | | 2015 年 | | | | | | | | | | | | |
|---|---|---|---|---|---|---|---|---|---|---|---|---|---|---|
| | | 裸岩 | 裸地 | 建设用地 | 农田 | 沙漠/沙地 | 荒漠草地 | 典型草地 | 草甸草地 | 矿区 | 道路 | 水体 | 总计 | 减少 |
| 2002年 | 裸岩 | 586.76 | 677.5 | | | 36.82 | 78.8 | 6.19 | 0.36 | | 0.03 | | 1386.46 | 799.69 |
| | 裸地 | 692.18 | 13153.63 | 4.29 | | 3650.11 | 328.23 | 34.66 | 4.09 | 13.23 | 38.93 | 1.43 | 17920.78 | 4767.15 |
| | 建设用地 | | 0.33 | 0.85 | | 0.05 | 0.03 | | | | 0.03 | | 1.29 | 0.45 |
| | 农田 | 0 | 0 | 0 | 0 | 0 | 0 | | 0 | 0 | 0 | 0 | 0 | 0 |
| | 沙漠/沙地 | 13.81 | 603.7 | | | 4033.78 | 897.93 | 69.97 | 5.66 | | 0.79 | 0.3 | 5625.94 | 1592.16 |
| | 荒漠草地 | 195.33 | 1181.35 | 0.1 | | 443.99 | 244.97 | 80.03 | 8.11 | 0.25 | 1.08 | 0.29 | 2155.48 | 1910.51 |
| | 典型草地 | 140.23 | 409.75 | | 0.004 | 140.69 | 90.02 | 30.27 | 14.48 | 0.84 | 0.06 | 0.35 | 826.7 | 796.43 |
| | 草甸草地 | 0.01 | 2.92 | 0.15 | | 1.36 | 2.33 | 2.36 | 4.68 | 0.56 | 0.04 | 0.03 | 14.44 | 9.76 |
| | 矿区 | 0 | 0 | 0 | 0 | 0 | 0 | 0 | 0 | 0 | 0 | 0 | 0 | 0 |
| | 道路 | 1.03 | 13.72 | 0.23 | | 3.31 | 0.21 | 0 | | | 6.6 | 0.01 | 25.11 | 18.51 |
| | 水体 | 4.54 | 18.08 | 0.01 | 0.03 | 2.93 | 2.36 | 1.28 | 2 | 1.3 | 0.52 | 0.75 | 33.79 | 33.04 |
| | 总计 | 1633.89 | 16060.98 | 5.63 | 0.04 | 8313.05 | 1644.88 | 39.38 | 16.18 | 224.76 | 48.07 | 3.15 | 27989.99 | |
| | 新增 | 1047.13 | 2907.35 | 4.78 | 0.04 | 4279.27 | 1399.91 | 194.49 | 34.71 | 16.18 | 41.47 | 2.4 | | |

（2）裸地变化特征分析

裸地的面积和空间分布变化显著。从表 5-7 中可以看出，裸地面积 2015 年增加了 2907.35 km²，2002 年减少了 4767.15 km²，裸地面积的总变化量为 7674.50 km²，净变化量为 1859.80 km²，交换变化量为 5814.70 km²。裸地的交换变化量几乎是净变化量的三倍，占到总变化量的 75.77%。说明裸地地类的变换主要表现为交换变化并伴随着部分裸地新增。

根据古尔班特斯地区 2002—2015 年土地利用转移矩阵统计数据（表 5-8）和古尔班特斯地区 2002—2015 年裸地转换分布图（图 5-15），古尔班特斯地区裸土地 2002 年共转出 4767.15 km²，2015 年转入 2907.35 km²，面积减少比较显著。从裸地的转出面积来看，裸地主要转为了沙漠/沙地和草地，其中转为沙漠/沙地的面积高达 3650.11 km²。从裸地的转入面积来看，新增的裸地主要由典型草地和荒漠草地转化而来，面积分别为 1181.35 km² 和 409.75 km²。

（3）草地变化特征分析

在过去十几年，在道路建设、村镇扩张、煤矿开采等人为因素以及气温升高、降水减少等自然的双重影响下，草地发生了明显的变化。由表 5-7 和图 5-16 可知：13 年里草地面积减少了 2716.71 km²，新增 1629.10 km²，草地的总变化量为 4345.81 km²，净变化量为 1137.49 km²，交换变化量为 3208.32 km²。草地面积的交换变化量与总变化量非常接近，这表明草地这一地类既有交换变化又有空间位置上的转移。

古尔班特斯地区草地分布主要以荒漠草地为主，草地变化最剧烈的地区集中于矿区和县城附近，大量的草地转化为沙漠和裸地。

（4）建设用地变化特征分析

在过去十几年里，随着中蒙边境贸易的增加和古尔班特斯地区矿业资源的开发，该县的建设用地面积新增了 4.78 km²，减少了 0.45 km²，建设用地的总变化量为 5.23 km²，净变化量

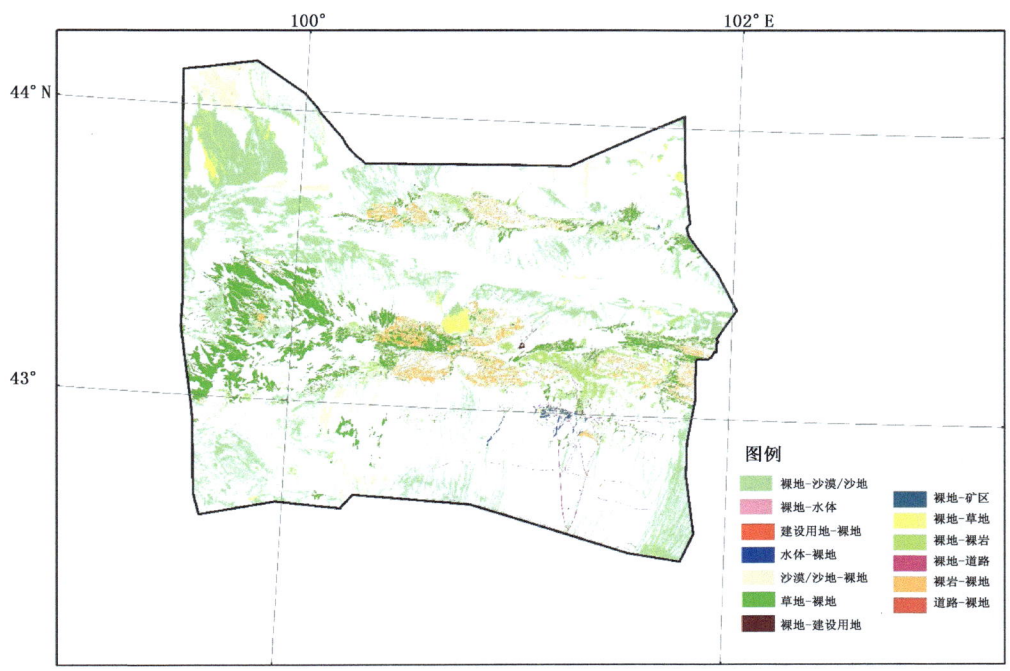

图 5-15　古尔班特斯地区 2002—2015 年裸地转换分布图

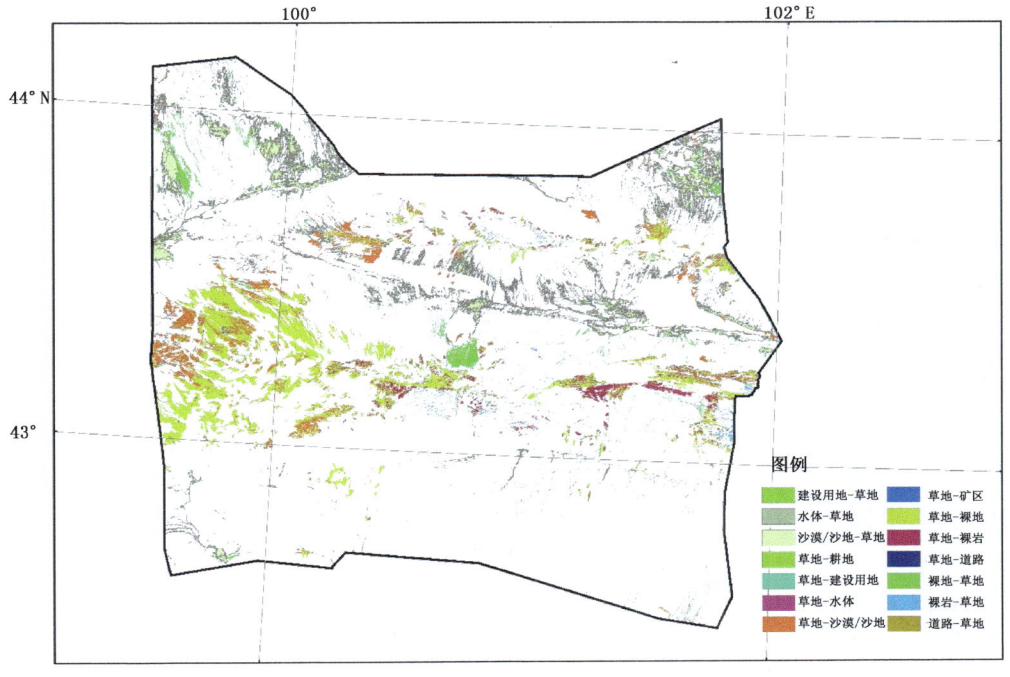

图 5-16　古尔班特斯地区 2002—2015 年草地转换分布图

为 4.33 km²，交换变化量为 0.89 km²。建设用地的交换变化量远小于总变化量，说明古尔班特斯地区建设用地主要表现为数量的增加。

　　根据古尔班特斯地区 2002—2015 年土地利用转移矩阵统计数据(表 5-8)和建设用地转换分布图(图 5-17),从建设用地的转入面积来看,裸地是其最主要转入类型,面积占到所有转入面积的 89.83%。转入的裸地主要分布在古尔班特斯县城附近,以及那林苏海特附近新建的机场。

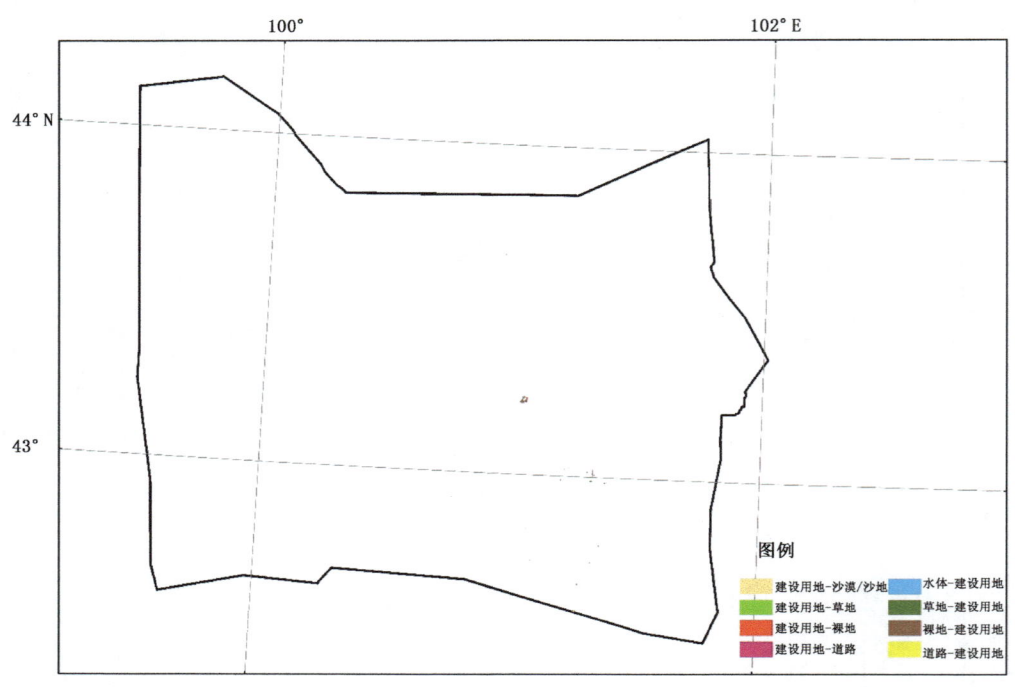

图 5-17　古尔班特斯地区 2002—2015 年建设用地转换分布图

　　(5)矿区变化特征分析

　　古尔班特斯地区 2003 年开始大规模矿产资源开发活动,到 2015 年该地区矿区已经增加到 16.18 km²,增长迅速。根据根据古尔班特斯地区 2002—2015 年土地利用转移矩阵统计数据(表 5-8)和古尔班特斯地区 2002—2015 年矿区转换分布图(图 5-18)可知,该地类主要由草地转化而来,并且该煤矿靠近该县为数不多的水体。由于矿产开发,加速了对土地覆盖类型转化的影响。

　　(6)水体变化特征分析

　　古尔班特斯为蒙古国南部戈壁地带,气候干燥,水体多以细小湖泊存在。从表 5-7 和图 5-19 可知,水体面积增加了 2.40 km²,减少了 33.04 km²,水体的总变化量为 35.44 km²,净变化量为 30.64 km²,交换变化量为 4.79 km²。从水体的转出面积来看,水体主要转为裸地,面积为 18.08 km²。水体变化主要在研究区的东南部区域。

　　(7)道路变化特征分析

　　道路是古尔班特斯地区土地覆盖类型较为剧烈的地类。矿产的开采运输和边境贸易活动推动了道路的建设,大量道路的建设影响了道路两侧地类变化。其次,由于蒙古国整体经济水平较低,研究区的道路多以简易砂石和土路为主,该地类道路较容易变为其他地类。从古尔班特斯 2002—2015 年土地利用变化信息表(表 5-7)和古尔班特斯地区 2002—2015 年道路转换

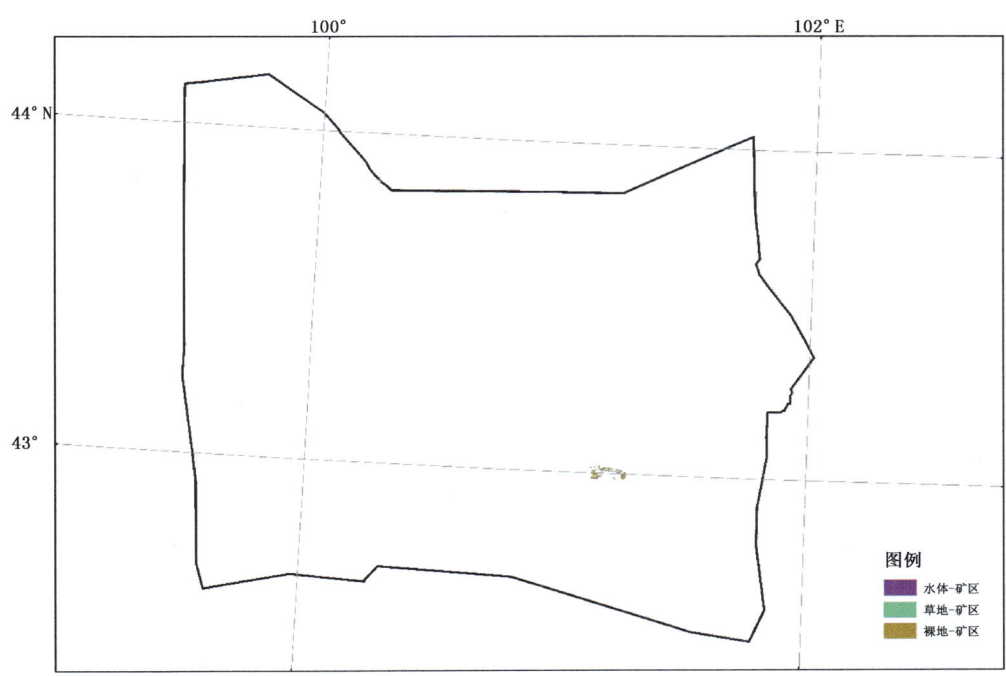

图 5-18　古尔班特斯地区 2002—2015 年矿区转换分布图

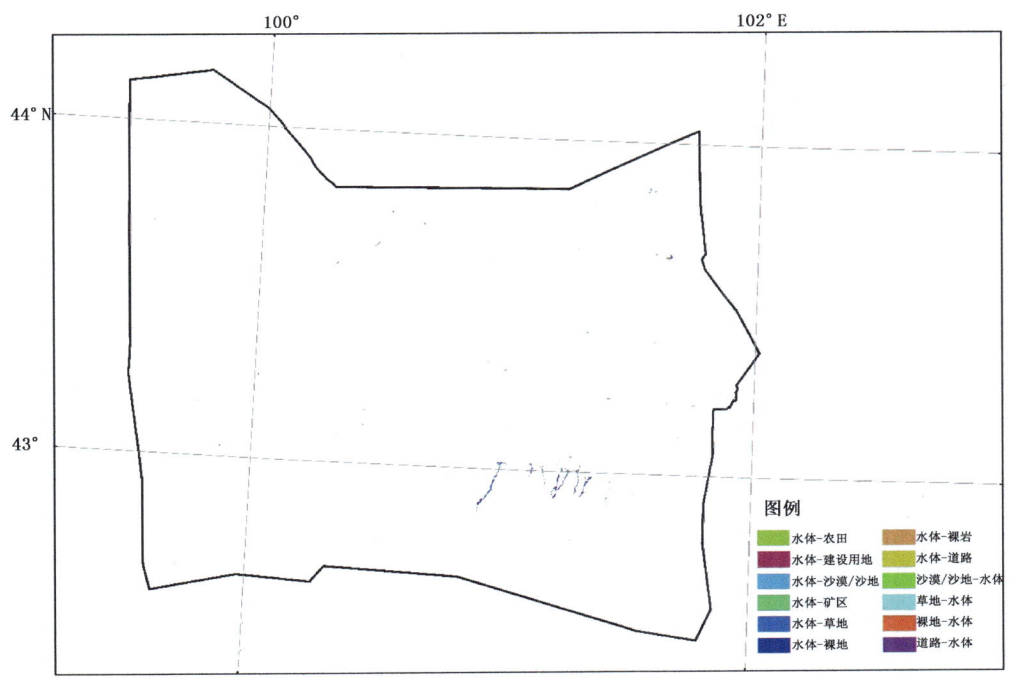

图 5-19　古尔珐特斯地区 2002—2015 年水体转换分布图

分布图(图 5-20)可以看出,道路面积新增了 41.47 km², 减少了 18.51 km², 总变化量为 59.97 km², 净变化量为 22.96 km², 交换变化量为 37.01 km²。道路的交换变化量小于总变化量,说明道路的变化主要表现为空间位置转移以及数量的增加。

　　根据古尔班特斯地区 2002—2015 年土地利用转移矩阵统计数据(表 5-8)可知,从道路的转出面积来看,道路主要转为裸地和荒漠草地,面积为 13.72 km² 和 3.31 km²。转化为道路的地类主要为裸地,面积为 38.93 km²。道路空间变化主要在研究区的东南部。

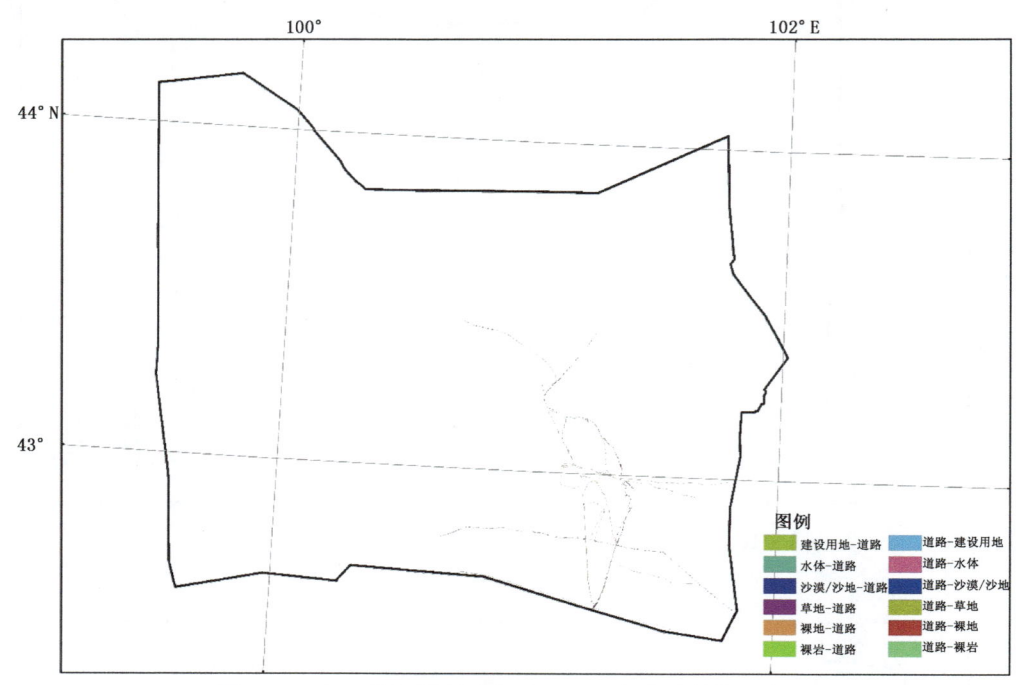

图 5-20　古尔班特斯地区 2002—2015 年道路转换分布图

(8)农田变化特征分析

　　采矿和畜牧业是古尔班特斯地区主要的生产方式,农业极度落后。从 2002 年和 2009 年该地区的土地覆盖图来看,未曾发现农业生产用地。2015 年在古尔班特斯煤田西部发现面积极小的耕地存在,面积大约为 0.04 km²。农田的增加可能与人口增多和区域经济发展有关。古尔班特斯地区 2002—2015 年农田转换分布如图 5-21 所示。

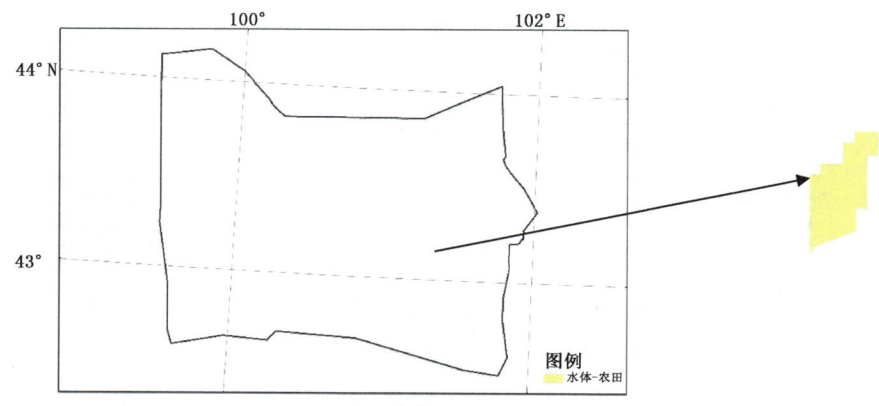

图 5-21　古尔班特斯地区 2002—2015 年农田转换分布图

## 5.3　东北亚南北样带土地覆盖变化

### 5.3.1　东北亚南北样带概况与土地覆盖分布

东北亚南北样带的空间范围是 32°～78°N,105°～118°E,以贝加尔湖为中心,南至中国黄河北岸,北至北冰洋南岸(江洪 等,2016),如图 5-22 所示。从南到北覆盖范围依次为:中国境内的华北平原北部及内蒙古东部,这一地带具有地貌类型多样,植被覆盖类型复杂的特点,其中东北地区属大陆性温带季风气候,大部分地区年降水量为 600～1000 mm;蒙古国境内的蒙古东部,该地区属典型的大陆性高寒气候,年均温度由南部的 4 ℃到北部的一4 ℃,雨水稀少,年平均降水量约为 200 mm,季节变化明显,夏季短而干热,冬季长且干冷,是亚欧大陆寒潮的发源地之一;俄罗斯境内的东西伯利亚中部地区,该区跨温带、寒温带、寒带三个气候带,气候复杂,差异较大,夏季短暂、温暖,冬季漫长、寒冷,日温差较大,北部大部分地区为永久冻土带,地貌类型以山地为主,土壤和植被呈现明显不同的自然景观地带,植被覆盖类型丰富多样(韩佶兴,2012)。

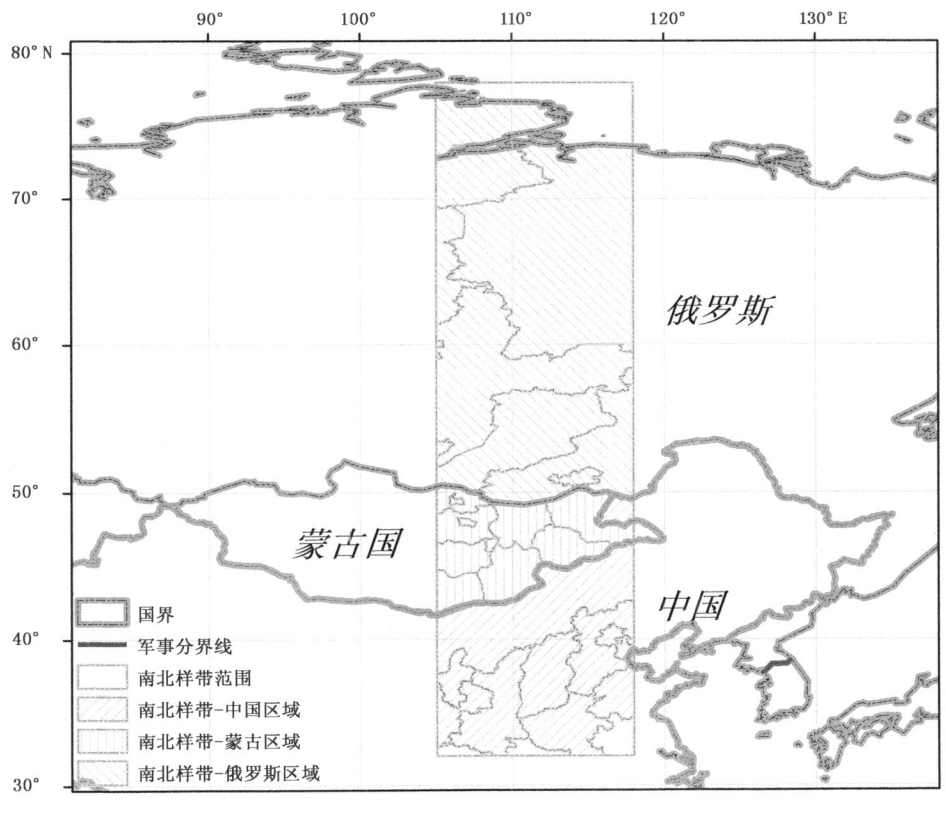

图 5-22　东北亚南北样带位置图

图 5-23 展示了东北亚南北样带土地覆盖 2001—2012 年的分布情况。由图可知,总体上样带内耕地主要集中于中国河南、河北、山东、安徽境内,以及山西和陕西中部地区,还有俄罗

斯与蒙古国交界处;林地主要集中于中国陕西省北部及其边界地区,蒙古国与俄罗斯交界区,
俄罗斯境内的伊尔库茨克州东部和萨哈(雅库特)共和国西南部;灌丛主要集中于贝加尔湖的
东北部、萨哈(雅库特)共和国的西部;草地主要集中于中国山西、陕西、河北北部、宁夏、内蒙
古中部,以及蒙古国境内;建筑用地集中于中国和俄罗斯南部有耕地的地方;裸地主要集中于
样带中部偏西南处中国内蒙古与蒙古国相接的地方。

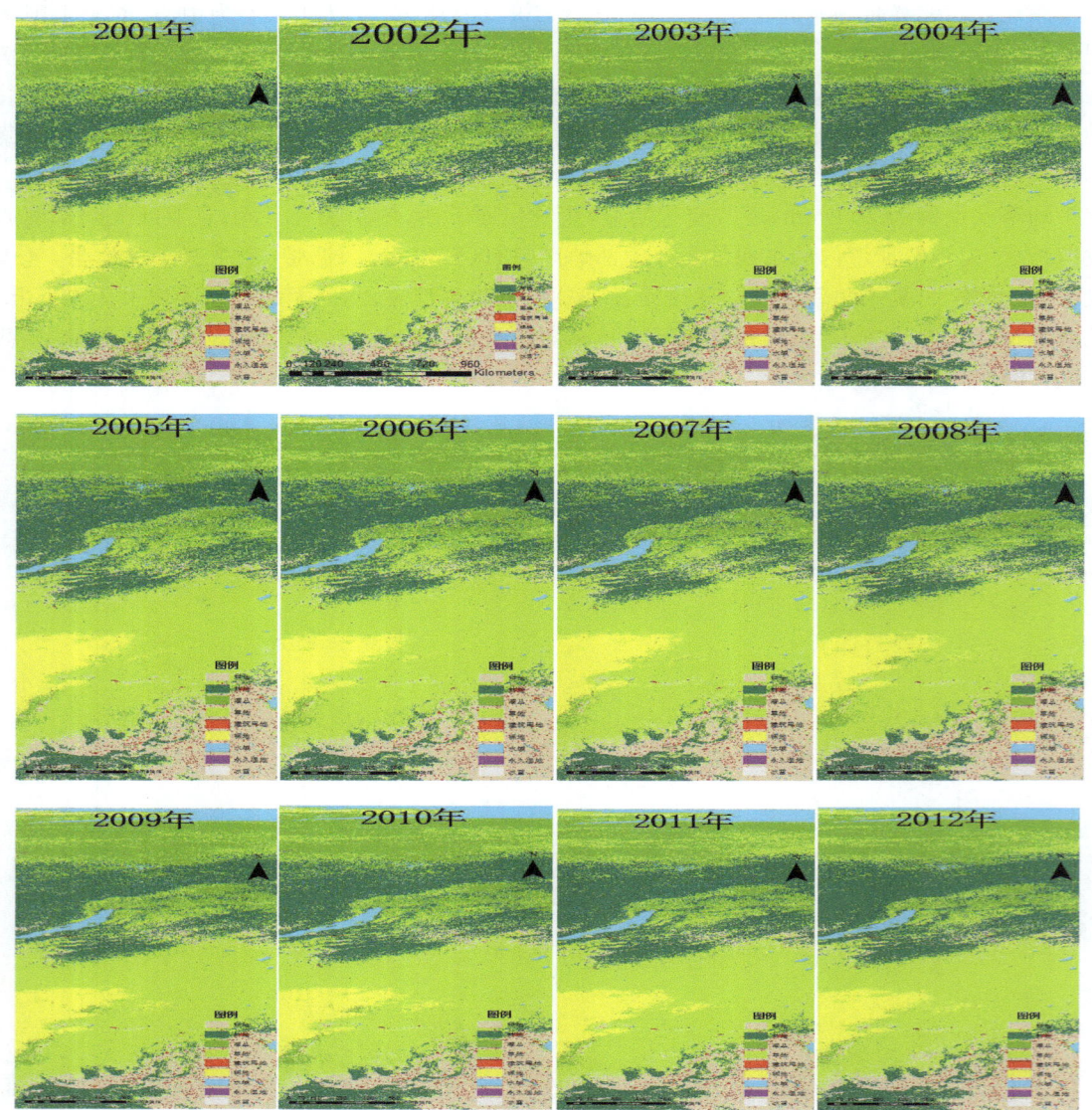

图 5-23　东北亚南北样带土地覆盖分布

### 5.3.2　东北亚南北样带 2001—2012 年土地覆盖总体变化

东北亚南北样带 2001—2012 年各地表覆盖类型的转移矩阵及各种变化量如表 5-9 和表
5-10 所示。由表中净增量数据可以看出,耕地、林地、永久湿地呈增加状态;灌丛、草地、裸地、

水域呈减少状态;建筑用地和冰雪的变化相对很小。本研究重点分析占面积较大且变化量也较大的耕地、林地、灌丛、草地。

从变化的结果来看,林地、耕地的面积是增加的,草地和灌丛的面积是减少的。从总变化量来看,2001—2012 年间草地的总变化量最大,为 199‰;其次为林地、灌丛、耕地,分别为 105‰、83‰、70‰。各地类的变化构成并不相同,其中草地、灌丛、耕地以交换变化为主导变化,林地以净变化为主导变化。由表 5-10 可知,草地交换变化量为 147‰,而净变化量只有 51‰,交换变化量占总变化量的比例的 74%,这体现为草地在空间上以地类空间位置的交换变化为主,在数量上呈减少趋势。同理,由表可知,灌丛、耕地的变化均以交换变化为主导变化,体现为空间位置的转移;结合净增量数据知,灌丛表现为数量上的减少,耕地表现为数量上的增加。林地的净变化量为 75‰,交换变化量为 30‰,净变化量占总变化量的比例为 71%,故林地是以净变化为主导变化,体现为数量上的增加。

表 5-9　2001—2012 年 12 年间土地利用转移矩阵(单位:‰)

| | 耕地 | 林地 | 灌丛 | 草地 | 裸地 | 水域 | 永久湿地 | 冰雪 | 总计 |
|---|---|---|---|---|---|---|---|---|---|
| 耕地 | 105.3 | 11.6 | 0.9 | 13.7 | 0.0 | 0.0 | 0.1 | 0.0 | 131.6 |
| 林地 | 2.7 | 158.9 | 2.1 | 9.9 | 0.0 | 0.3 | 0.1 | 0.0 | 173.9 |
| 灌丛 | 3.8 | 16.7 | 113.1 | 31.8 | 0.4 | 0.1 | 0.1 | 0.0 | 166.0 |
| 草地 | 36.9 | 60.8 | 24.8 | 292.2 | 1.7 | 0.3 | 0.2 | 0.4 | 417.3 |
| 裸地 | 0.0 | 0.1 | 1.8 | 17.2 | 46.6 | 0.2 | 0.0 | 0.3 | 66.2 |
| 水域 | 0.0 | 0.3 | 0.1 | 0.5 | 0.1 | 34.7 | 0.0 | 0.1 | 35.8 |
| 永久湿地 | 0.0 | 0.2 | 0.1 | 0.2 | 0.0 | 0.0 | 0.0 | 0.0 | 0.5 |
| 冰雪 | 0.0 | 0.0 | 0.2 | 0.4 | 0.0 | 0.1 | 0.0 | 0.7 | 1.4 |
| 总计 | 148.7 | 248.8 | 143.1 | 365.9 | 48.8 | 35.7 | 0.5 | 1.5 | 992.7 |

注:表中数据为地类间面积转移量占区域总面积的千分比。

表 5-10　2001—2012 年 12 年间各主要地类的变化量(单位:‰)

| 地类 | 期内减少量 | 期内增加量 | 净增量 | NC | SC | TC | NC/TC (%) | SC/TC (%) |
|---|---|---|---|---|---|---|---|---|
| 耕地 | 26.4 | 43.5 | 17.2 | 17.2 | 52.7 | 69.8 | 24.6 | 75.5 |
| 林地 | 15.0 | 89.7 | 74.7 | 74.7 | 30.0 | 104.7 | 71.4 | 28.6 |
| 灌丛 | 52.9 | 30.0 | −23.0 | 22.9 | 59.9 | 82.8 | 27.7 | 72.3 |
| 草地 | 125.1 | 73.7 | −51.4 | 51.4 | 147.3 | 198.7 | 25.9 | 74.1 |

### 5.3.3　东北亚南北样带 2001—2012 年土地覆盖变化时空特征

(1)草地历年变化分析

因草地、灌丛变化特征相似,故将其放在一起分析。图 5-24a 和图 5-25a 显示了草地灌丛的变化量的构成和增减量。草地灌丛的总变化量呈现总体稳定,缓步上升过程中有局部波动的特点。从 2001—2002 的平均值下降至 2002—2003 年的最低值(占 106.5‰),2003—2004年逐年上升,2004—2005 年达到较高值,2005—2009 年略有下降,在 2009—2012 年又逐年回升,并于 2010—2011 年达到最高值(占 153.1‰)。

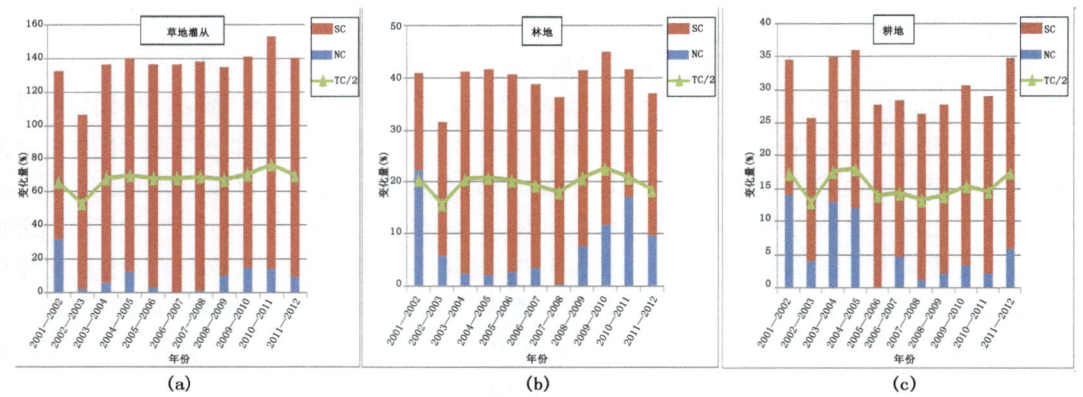

图 5-24　东北亚南北样带土地覆盖变化量构成

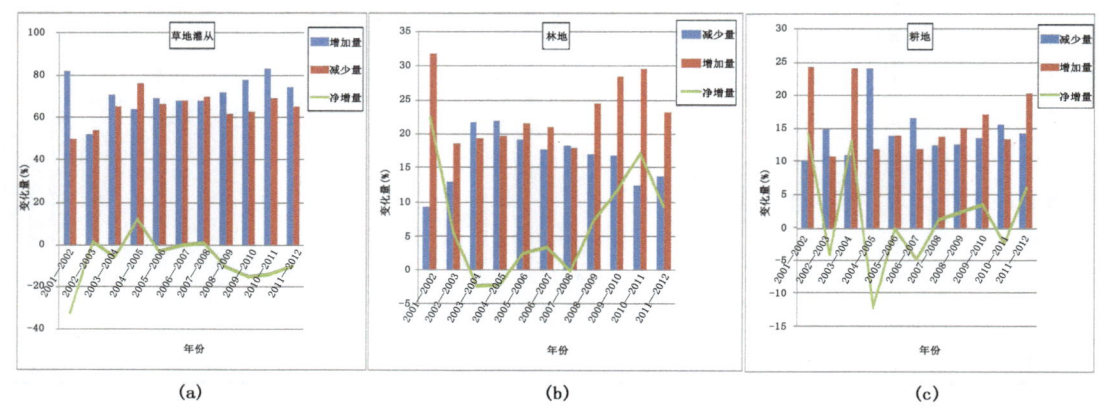

图 5-25　东北亚南北样带土地覆盖增减量变化

　　总变化量构成中,交换变化量占绝对主体,且历年较为均一,在 126.3‰ 左右浮动。相对而言,净变化量变化显著,且与总变化量变化趋势相同。由图 5-24a 可知,2002—2003 年、2005—2009 年,净变化量最小(2006—2007 年几乎为 0),可以反映出这些年份草地灌丛的变化主要体现为空间位置的转移,数量上的净变化非常小。由图 5-25a 可知,草地灌丛减少量普遍高于增加量,总体呈现减少的趋势。其中,在 2001—2002 年,减少量最多,这反映出当年草地向其他地类转换的面积远大于其他地类向草地转换的面积;其他年份增加量与减少量相差不大,在 2008 年以后,减少量增长的幅度有加大的趋势;但在 2004—2005 年附近增加量略大于减少量,草地面积短期增长的原因可能与当年的气象条件有一定关系。

　　由图 5-26 可知,2002—2003 年草地灌丛动态度最低,其后呈逐年增加趋势,2010—2011 年达到最高,2011—2012 年又有所回落。表现为草地灌丛与其他类型土地之间的转换越来越活跃。

　　(2)林地历年变化分析

　　图 5-24b 和图 5-25b 显示了林地变化量的构成和增减量。2001—2012 年间,林地总变化量呈现出峰谷相间的起伏波动特点,但总体有上升趋势。2002—2003 年的总变化量最小(占

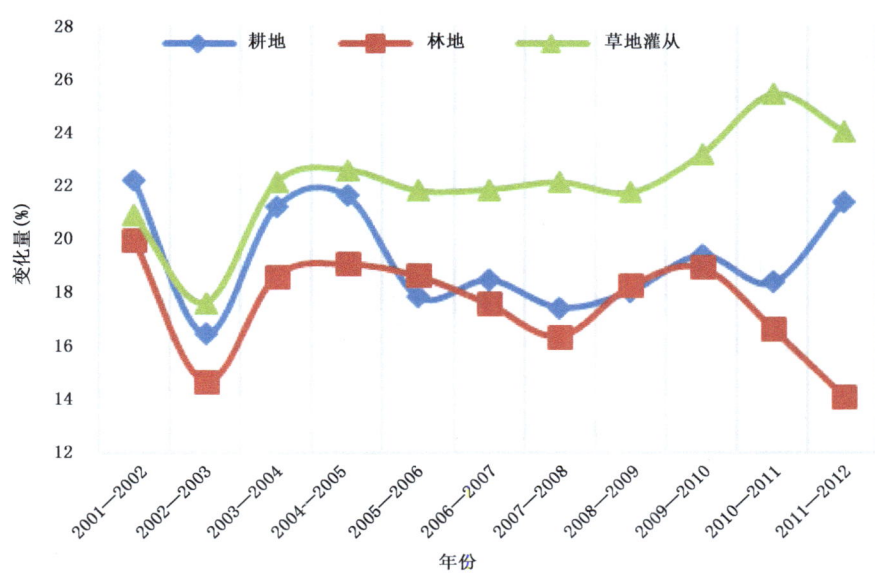

图 5-26　东北亚南北样带土地利用动态度

31.5‰),是第一个波谷;第二个波谷出现在 2007—2008 年。与波谷相邻的是两个相应的波峰,分别是 2004—2005 年和 2009—2010 年,其中 2009—2010 年林地的总变化量最大(占45.2‰);其他年份总变化量波动不大,且大多集中于 39.7‰左右。

从总变化量的构成来看,交换变化量占主体且相对较稳定。净变化量的变化成为总变化量变化的关键,是主导变化,其年度变化规律与总变化量的规律相同,总体呈现林地面积增加的趋势。然而,净变化量的数值上相对不大;除了初始年份较高外,2002—2009 年的值都相对很低,其中 2007—2008 年几乎全部为交换变化,这反映出该年份转出的草地面积和转入的草地面积相等;2009 年以后,林地净变化量有显著增加的趋势。林地的增减与草地的增减有天然的反向关系,这也间接说明林地与草地之间可能存在一定的转换关系。

由图 5-25b 可知,林地总体呈现增加趋势,且增加量存在两头高中间低的特点。2001—2002 年林地增加量远远大于减少量;2003—2008 年,林地增加量与减少量相当,体现为林地空间位置的转移,数量上并无太大变化;2008—2012 年增加量大于减少量,体现为林地面积的增加。

由林地动态度(图 5-26)可知,2001—2002 年林地动态度最高,其次为 2009—2010 年,表现为林地与其他类型土地之间的转换较活跃;2002—2003 年的动态度最低,其次为 2011—2012 年,表现为林地与其他类型土地间的转换不活跃。

(3)耕地历年变化分析

2001—2012 年耕地历年变化见图 5-24c 和图 5-25c。2001—2012 年间耕地的总变化量有明显的锯齿状起伏波动特征。在 2001—2002 年耕地的高值之后,经过一个短暂的低谷,在2004—2005 年又达到最高值(占 36.0%),随后又迅速下降,且一直到 2011—2012 年才又升至高值。耕地与人类活动的关系非常紧密,其消长的过程与相应的农业政策紧密相关。其早些年的耕地减少与相关区域的"退耕还林"生态工程、以及俄罗斯和蒙古国区域的大量弃耕情况相一致;近年来耕地的回升,与本区域的耕地保护政策和俄罗斯和蒙古国的农业经济政策有明显的相关性。

　　从耕地总变化量构成来看,2001—2012 年间耕地以交换变化为主导变化,且历年变化量较均一,在平均值 24.8% 左右浮动。其中,2005—2006 年全部为交换变化,表现为该年份耕地转换为其他地类的面积与其他地类转换为耕地的面积基本相等,在数量上基本无变化,而在空间位置上有较大变化。总体而言,2001—2005 年的净变化比重相对较大,耕地增减在区域上有一定的有序性,而 2005—2012 年发生的几乎全部为交换变化,耕地的位置变化无序性明显增大。

　　图 5-26 显示了耕地的动态变化分析图。由图可见,耕地面积在振荡波动中略呈增长趋势。在 2001—2002 年与 2003—2004 年具有最大的增长量,表现为耕地数量上的增加,相应的相邻年份则出现显著的波谷,反映出耕地面积上的减少。这反映出耕地政策在本区域具有不稳定性。2005—2011 年间耕地增减呈现一定的稳定趋势,即增长与减小在较小的振幅内变化;2011—2012 年耕地面积又略有回升。

# 第6章　蒙古高原地表温度与干旱时空特征分析

## 6.1　蒙古高原概况与数据

### 6.1.1　蒙古高原概况

　　本研究中的蒙古高原范围界定为蒙古国、中国内蒙古自治区以及俄罗斯图瓦共和国所组成区域(图 6-1)。蒙古境内西部和北部地势高峻,北部多山地和高原。内蒙古自治区位于中华人民共和国的北部边疆,由东北向西南斜伸,呈狭长形,北部边境与蒙古国接壤,全区地势较高,平均海拔高度 1000 m 左右,基本上是一个高原型的地貌区,是中国四大高原中的第二大

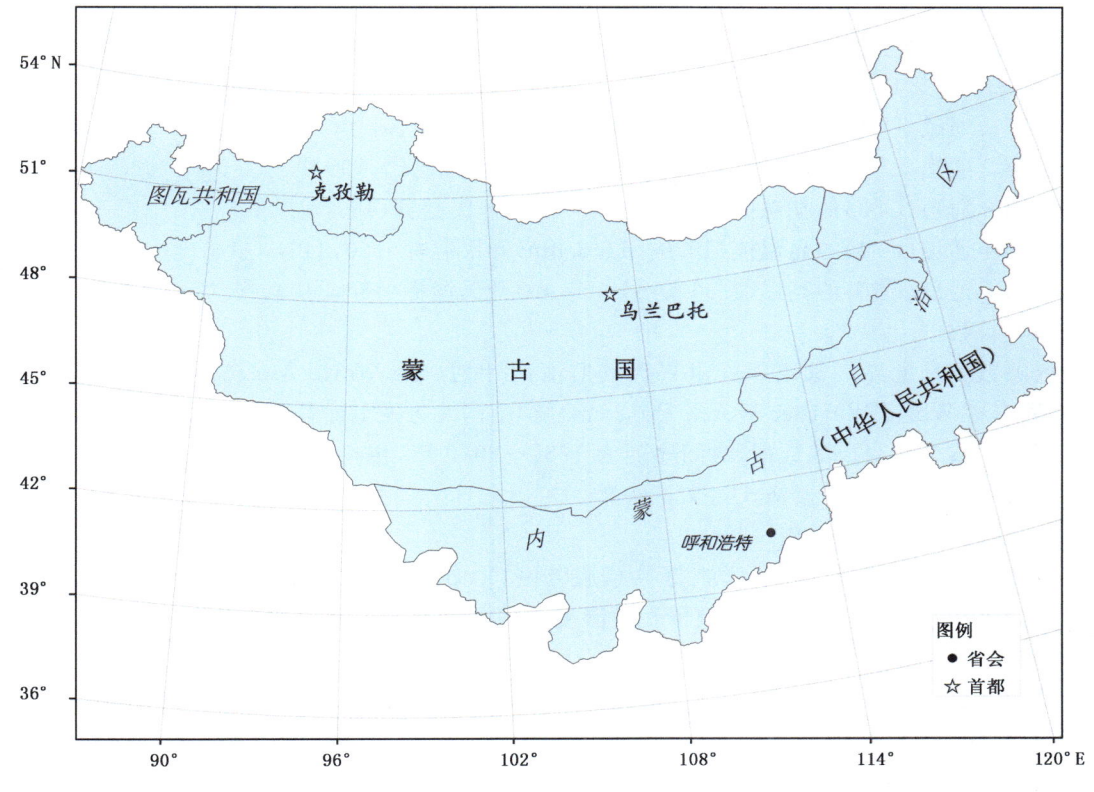

图 6-1　蒙古高原研究区范围图

高原,也称内蒙古高原。其内部结构上亦有明显差异,其中高原约占总面积的 53.4%,山地占 20.9%,丘陵占 16.4%,平原与滩川地占 8.5%,河流、湖泊、水库等水面面积占 0.8%。

图瓦共和国是俄罗斯联邦中的一个主体行政单位,属于西伯利亚联邦管区的一部分,首府为克孜勒。该区在中华民国时期,是唐努乌梁海地区的主要组成部分。图瓦共和国地处亚洲中部、中西伯利亚南部、叶尼塞河上游,其南部和东南部是蒙古国,周围被赛留格木山、唐努山、西萨彦岭和东萨彦岭环抱,东部为上叶尼塞盆地。该区南北距离 420 km,东西距离 630 km,总面积为 23.63 万 km²;气候属于温带大陆型气候,冬季寒冷,夏季温暖,植被以森林、草甸和草原为主。

### 6.1.2　数据来源与处理

(1)数据来源

本研究获取的数据及来源如下。

1)MODIS 数据来源于 https://wist.echo.nasa.gov/,数据主要有:

①MOD11A2/全球 1 km 地表温度/发射率 8 天合成 L3 产品,时间序列为 2000 年第 65 天到 2012 年第 353 天。

②MOD13A2/全球 1 km 分辨率 16 天合成植被指数数据,时间序列为 2000 年第 49 天到 2012 年第 353 天。

2)1981—1999 年按旬合成植被指数数据集来源于 Chiba University 的"Twenty-year Global 4-minitute AVHRR NDVI Dataset"数据集;同期按旬合成地表温度数据来源于其第 4、5 通道的热红外亮温数据集,空间分辨率为 8 km,时间序列为 1981 年 7 月 13 日至 1999 年 12 月 21 日(缺少 1994 年第 26 旬至第 36 旬数据),数据集包括:

①第 1 通道(Ch1)的反射率 (0.58~0.68 μm) 百分比(0,100);

②第 2 通道(Ch2)的反射率 (0.72~1.10 μm) 百分比(0,100);

③第 3 通道(Ch3)的亮温值(3.55~3.95 μm) 开氏温标(160,340);

④第 4 通道(Ch4)的亮温值(10.3~11.3 μm)开氏温标(160,340);

⑤第 5 通道(Ch5)的亮温值(11.5~12.5 μm)开氏温标(160,340)。

3)气象数据

气象数据是世界气象组织的世界天气监测网计划(the World Meteorological Organization(WMO) World Weather Watch Program)与"中国北方及其毗邻地区综合科学考察"项目组进行数据共享和交换的数据,时间序列为 1981—2010 年,包括全境 793 个气象站点的月均气温和月降水量数据,数据格式为文本格式。

4)土壤含水量验证数据

本数据来源于中国气象科学数据共享服务网(http://cdc.cma.gov.cn/home.do),数据集名称为中国农作物生长发育和农田土壤湿度旬值数据集。该数据集包含了 1991 年 9 月至 2012 年 10 月中国农气站观测的农作物生长发育状况,具体包括:旬作物名称、发育期名称、发育期日期、发育程度、发育期距平、植株高度、生长状况、植株密度、到本旬末积温、积温距平、干土层厚度、10 cm 土壤相对湿度、20 cm 土壤相对湿度、50 cm 土壤相对湿度、70 cm 土壤相对湿度、100 cm 土壤相对湿度。

5)土地利用/土地覆盖数据

本数据来源于国家科技基础条件平台—地球系统科学数据共享服务平台,数据集名称为中国北方及其毗邻地区 500 m 分辨率土地覆盖数据集,时间序列为 1992、2001、2005 及 2009 年。为研究需要,本书对原始分类系统进行必要的合并。分类系统及合并类型如表 6-1 所示。

**表 6-1　土地利用/土地覆盖数据分类系统**

| 一级类 | 代码 | 二级类 | 描述 | 合并项 |
|---|---|---|---|---|
| 森林 | 1 | 落叶针叶林 | 主要由年内季节落叶的针叶树覆盖的土地 | 针叶林 |
| | 2 | 常绿针叶林 | 主要由常年保持常绿的针叶树覆盖的土地 | |
| | 4 | 针阔混交林 | 由阔叶树和针叶树覆盖的土地,且每种树的覆盖度在 25%～75% | 混交林 |
| | 3 | 落叶阔叶林 | 主要由年内季节落叶的阔叶树覆盖的土地 | 阔叶林 |
| | 5 | 常绿阔叶林 | 主要由常年保持常绿的阔叶树覆盖的土地 | |
| | 6 | 灌丛 | 木本植被,高度在 0.3～5 m | 灌丛 |
| 草地 | 7 | 高覆盖草地 | 草本植被,覆盖度＞65% | 草地 |
| | 8 | 中覆盖草地 | 草本植被,覆盖度在 40%～65% | |
| | 9 | 低覆盖草地 | 草本植被,覆盖度在 15%～40% | |
| 农田 | 10 | 农田 | 主要由不需要灌溉或季节性灌溉的农作物覆盖的土地或需要周期性灌溉的农作物(主要指水稻)覆盖的土地 | 农田 |
| 湿地 | 11 | 湿地 | 由周期性被水淹没的草本或木本覆盖的潮湿平缓地带 | 湿地 |
| 其他土地覆盖类型 | 12 | 冰雪 | 主要由冰雪覆盖的土地 | 水域 |
| | 15 | 水体 | 主要包括河流,湖泊,水库等 | |
| | 13 | 裸地 | 主要指地表几乎没有植被覆盖或植被较稀疏的土地 | 裸地 |
| | 14 | 建设地 | 主要包括城镇、工矿、交通和其他建设用地 | 建设用地 |

(2)数据处理

1)MODIS 数据处理

利用 USGS EROS 数据中心开发的 MRT 对 MOD11A2 和 MOD13A2 进行几何纠正和镶嵌处理,然后利用蒙古高原矢量边界对数据进行裁切,合成了蒙古高原的每 8 天的地表温度数据、每 16 天 NDVI 数据及 EVI 数据。用平均值合成法求得生长季(4—10 月)每月的地表温度,然后对生长季 7 个月的陆面温度取平均,分别获得 2000—2012 年各月及各生长季平均地表温度。用最大值合成法求得生长季(4—10 月)每月的 NDVI 和 EVI,仍然用最大值合成法求得每年生长季最大 NDVI 和 EVI,分别获得 2000—2012 年各月最大 NDVI、EVI 及生长季最大 NDVI、EVI 数据。

2)AVHRR-PathFinder 数据处理

利用蒙古高原边界矢量图对 AVHRR-PathFinder 数据进行统一裁切。其植被指数 ND-VI 的制备过程为:采用经过辐射校正和几何粗校正的 NOAA-AVHRR 数据源,再进一步对每轨图像进行几何精校正、除坏线、除云等处理,进行 NDVI 计算及合成。

NDVI 由经过大气校正的可见光(0.58～0.68 $\mu$m)和近红外波段(0.725～1.1 $\mu$m)反射率获得,并以最大值合成法(MVC)按旬合成,有效去除云的影响(Holben,1986)。在合成过程中排除观测天顶角大于 42° 的像元数据,这样的合成过程能有效减小由于二向性反射产生的角度效应（Cihar 和 Huang，1994），况且，观测角对于经大气校正的 NDVI 的影响是相对很小的（Holben，1986；Cihar 和 Huang，1994；Lee 和 Kaufman，1986）。具体合成过程参见数据说明网站（http://daac.gsfc.nasa.gov/CAMPAIGN_DOCS/LAND_BIO/Pathfinder_Data_Desc.html）。NDVI 计算公式为：

$$NDVI = 1000 \times (b_2 - b_1)/(b_2 + b_1) \tag{6.1}$$

其中 $b_1$、$b_2$ 为 AVHRR 的第 1、2 通道。

地表温度的合成基于相应时间经过辐射校正的 4、5 通道亮温，利用 Josef 等（1997）得到的 4、5 通道地表比辐射率与 NDVI 关系计算地表比辐射率，在此基础上利用 Becker 和 Li（1990）提出的分裂窗算法计算陆地表面温度。分裂窗算法在一定程度上能够减小太阳高度角（McClain 等，1985）和大气中水汽（Sobrino 等，1991）对热红外信息的影响。

3）气象数据处理

首先将气象站点数据空间化，然后利用克里金法进行空间插值。为了与植被指数及地表温度数据的空间分辨率相一致，在进行插值时将 1981—1999 年的气象数据插值成 8 km 分辨率数据，2000—2010 年气象数据插值成 1 km 分辨率数据，最终分别得到了 1981—1999 年 8 km 分辨率月平均气温和月降水数据以及 2000—2010 年 1 km 分辨率月平均气温和月降水数据。对每年生长季（4—10 月）气温数据求平均得到 1981—2010 年生长季平均气温数据，对每年生长季（4—10 月）降水数据求和得到 1981—2010 年生长季总降水量数据。

## 6.2　研究方法

### 6.2.1　$T_s$-NDVI 通用特征空间构建

（1）$T_s$-NDVI 特征空间

研究发现地表温度（$T_s$）与归一化植被指数（NDVI）存在显著的负相关关系（Goward 等，1985，1989；Nemani 等，1989；Carlson 等，1994；Goetz，1997），但这种关系的控制机制极其复杂。通常植被生物量的增加会降低陆地表层蒸散阻力，从而引起较大的潜热交换（Lambin 等，1996）。根据地表能量守恒（Monteith，1973），感热通量减小，导致地表温度降低。研究表明在地表土壤水分不足的情况下，蒸腾过程主导着 $T_s$-NDVI 的负相关关系（Goward 等，1989；Price，1990），在表层土壤水分充足的条件下，植被冠层和表层土壤热属性的差异主导着 $T_s$-NDVI 的负相关关系（Friedl 等，1994）。因此，$T_s$ 与 NDVI 相结合能够提供关于植被和土壤湿度状况的重要指示信息（Friedl 等，1994；Goetz，1997；Nemani 等，1989）。当研究区地表满足从裸土到完全植被覆盖，并且土壤湿度满足从完全干旱到田间持水量的各种湿度条件时，$T_s$ 和 NDVI 的散点图呈三角形分布，成为 $T_s$-NDVI 特征空间（图 6-2）。

$T_s$-NDVI 特征空间方法就是结合地表温度和植被指数进行干旱监测，是对地表总体湿度状况的间接反映，生物物理意义明确。但是该方法容易受到土壤湿度、地表覆盖以及卫星观测质量等的影响，导致同一时段相同地表的特征空间结构特征年际差异较大，干、湿边的稳定性较差，难以代表 $T_s$-NDVI 特征空间的理论边界。如果观测期内地表普遍较干，实际蒸散达不到潜在蒸散，则无法满足地表温度从无蒸散到潜在蒸散的特征空间形成条件，由不同植被指数对应的最低地表温度构成的湿边就会高于 $T_s$-NDVI 特征空间的理论湿边。如果观测期内晴

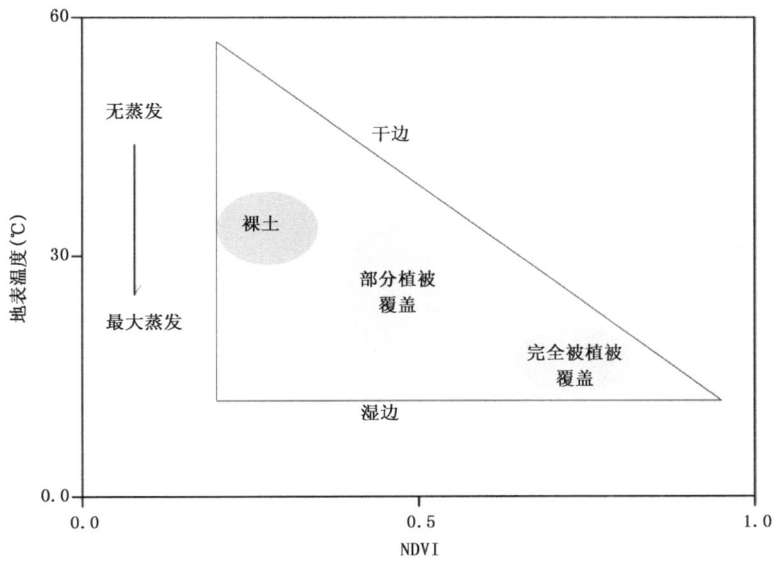

图 6-2　$T_s$-$NDVI$ 特征空间

空日数过少,云的影响较大,则可能会使观测到的植被指数和地表温度普遍偏低,造成卫星观测数据的代表性不足,无法形成有效的 $T_s$-$NDVI$ 特征空间(其干、湿边也不能代表特征空间的理论边界),加大监测结果的误差。

(2)$T_s$-$NDVI$ 特征空间改进

Goward 等(1985)和 Sandhlot 等(2002)的研究表明,在一定地理、气候和大气条件下,虽然地表吸收的太阳净辐射对地表温度存在影响,但土壤湿度、地表蒸散等因素对地表温度的影响远大于净辐射。于敏等(2011)研究认为,如果研究区地表总体覆盖类型变化不大,则可以利用多年同期卫星观测数据,合成同期各合成年份都适用的 $T_s$-$NDVI$ 特征空间边界,以改善传统的仅基于当前单一卫星观测数据的特征空间,提高干、湿边的稳定性,使基于卫星观测的特征空间边界最大程度上接近其理论边界,并将这种基于长时间、大范围卫星观测资料改进的特征空间暂成为"通用特征空间"。

具体合成步骤为:①针对某观测时段,单独提取每年的基于该单一时段卫星观测数据的 $T_s$-$NDVI$ 特征空间:从裸土到密闭冠层,以较小的植被指数间隔,用最大值合成法提取每个植被指数对应的最大地表温度,形成该年单一时段特征空间的干边地表温度;用最小值合成法提取每个植被指数对应的最小地表温度,形成该年单一时段特征空间的湿边地表温度;②合成各年通用的 $T_s$-$NDVI$ 特征空间:以相同的植被指数间隔,在已提取的各年单一时段特征空间的干边地表温度中,再用最大值合成法提取各植被指数对应的多年最大地表温度,作为通用特征空间的干边地表温度;用最小值合成法提取各植被指数对应的多年最小地表温度,作为通用特征空间的湿边地表温度;③以上述植被指数间隔和合成后的通用特征空间干、湿地表温度,通过线性拟合得到通用特征空间的干、湿边界:

$$T_{wet_i} = a_1 + b_1 \times I_{NDV_i} \tag{6.2}$$

$$T_{dry_i} = a_2 + b_2 \times I_{NDV_i} \tag{6.3}$$

式中,$I_{NDV_i}$为某像元点的植被指数,$T_{dry_i}$、$T_{wet_i}$分别为合成后的通用特征空间中$I_{NDV_i}$对应的干、湿边地表温度,$a_1$、$b_1$、$a_2$、$b_2$分别为通用特征空间湿边和干边的截距和斜率,通过线性拟合获得。合成通用特征空间的流程如图 6-3 所示。通用特征空间方法是基于长时间、大范围卫星观测资料,对多年单一时段特征空间边界的再合成,但并不重新合成卫星观测图像中每个像素点的数据,尽量回避了特征空间内部各像元点地表类型变化带来的影响。

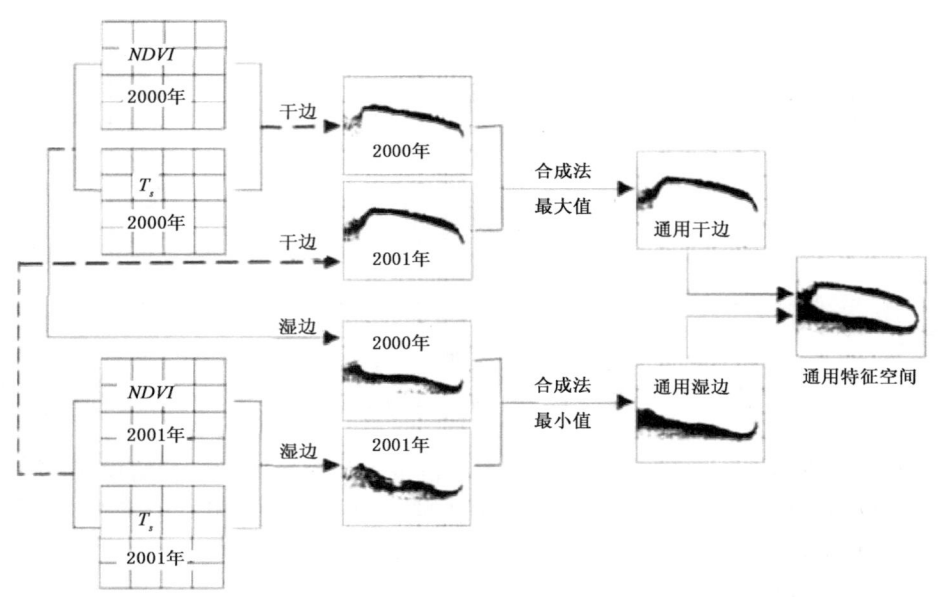

图 6-3　$T_s$-$NDVI$ 通用特征空间合成流程图

(3)温度植被干旱指数(TVDI)构建

基于合成得到的通用特征空间干、湿边方程(6.2)与(6.3),计算温度植被干旱指数:

$$TVDI = \frac{T_s - (a_1 + b_1 \times I_{NDV})}{(a_2 + b_2 \times I_{NDV_i}) - (a_1 + b_1 \times I_{NDV})} \tag{6.4}$$

式中,$a_1$、$b_1$、$a_2$、$b_2$分别是干边和湿边拟合方程的系数。

## 6.2.2　分裂窗算法反演地表温度

地表温度(Land surface temperature,LST)是一个重要的环境变量,决定着地表和大气之间的能量和物质交换,是界面研究中的重要对象,是地球表面能量平衡和温室效应的一个很好的指标,它是区域和全球尺度地表物理过程中的一个关键因子。遥感方法获取地表温度的基础理论是:随着温度的升高陆地表面发射的总辐射能也迅速增加,而且地面物体温度的变化也影响物体的发射光谱。最早从 20 世纪 60 年代,卫星遥感数据开始用来反演地表温度(Wark 等,1962)。从那时起,在已知比辐射率的前提下,科研工作者利用各种对大气辐射传递方程的近似和假设,提出了许多不同的表面温度反演算法,归纳为:单通道法、多通道法(分裂窗法)、单通道多角度法、多通道多角度法以及经验公式法。

分裂窗算法是目前应用最广泛的算法,起初主要用来确定海面温度,后来被推广到反演地表温度(Becker，1987；Sobrino 等，1994)。算法介绍如下：

传感器在波段 $i$ 接收到的辐射可以用以下辐射传输方程表达：

$$B_i(T_i) = \tau_i(\vartheta)[\varepsilon_i B_i(T) + \rho_i R_i^{\downarrow}(hem)] + R_i^{\uparrow}(\theta) \tag{6.5}$$

其中 $B$ 为波段 $i$ 的普朗克函数，$T_i$ 为波段 $i$ 的亮温，$\tau_i(\theta)$ 为波段 $i$ 在天顶角为 $\theta$ 时的大气透过率，$\varepsilon_i$ 为波段 $i$ 的陆面比辐射率，$T$ 为真实地表温度，$\rho_i$ 为波段 $i$ 的双向反射率，$R_i^{\downarrow}(hem)$ 为波段 $i$ 的半球下行大气辐射，$R_i^{\uparrow}(\theta)$ 为波段 $i$ 的发射方向是 $\theta$ 的大气上行辐射。

直接测算方程(6.5)的各个分量是极其复杂的。在热红外波段大气吸收过程中，水汽是影响辐射传输的最重要因子。Price(1984)通过简化辐射传输方程中的影响因子，忽略气溶胶散射并假定地表为黑体，建立了一个简化的仅考虑水汽影响的分裂窗算法：

$$T_s = T_4 + 3.33 \times (T_4 - T_5) \tag{6.6}$$

本研究应用 Becker 和 Li (1990)的算法计算蒙古高原 1981—1999 年每旬的地表温度。具体计算步骤如下。

①计算归一化植被指数 NDVI

$$NDVI = (Ch2 - Ch1)/(Ch2 + Ch1) \tag{6.7}$$

其中，$Ch1$ 为可见光通道的反射率，$Ch2$ 为近红外通道的反射率，NDVI 的值在 $-1 \sim +1$。

②计算地表比辐射率 $\varepsilon$

Josef 等(1997)在已有工作(Griend 和 Owe，1993；Salisbury，1994)的基础上，计算出 AVHRR 的 $\varepsilon_4$ 和 $\Delta\varepsilon$，方程为：

$$\varepsilon_4 = 0.9897 + 0.029 \times \ln(NDVI) \tag{6.8}$$

$$\Delta\varepsilon = \varepsilon_4 - \varepsilon_5 = 0.01019 + 0.01344 \times \ln(NDVI) \tag{6.9}$$

本节以上两式计算分波段的比辐射率 $\varepsilon_4$ 和 $\varepsilon_5$。

③计算地表温度 $T_s$

$$T_s = 1.274 + (T_4 + T_5)/2\{1 + [0.15616(1-\varepsilon)/\varepsilon] - 0.482 \times (\Delta\varepsilon/\varepsilon^2)\} + (T_4 + T_5)/2 \times$$
$$\{6.26 + [3.98(1-\varepsilon)/\varepsilon] + 38.33(\Delta\varepsilon/\varepsilon^2) \tag{6.10}$$

其中，$\varepsilon = (\varepsilon_4 + \varepsilon_5)/2$，$\Delta\varepsilon = \varepsilon_4 - \varepsilon_5$。

## 6.2.3 基于像元二分模型反演地表植被覆盖度

模型运行中一个栅格信息是由裸土与植被按面积的加权平均所组成的。同样通过卫星传感器所测到的每个像元的信息 $\phi$，就可以表达为由植被区所贡献的信息和由裸土区域所贡献的信息的加权和(即基于一种线性拟合的假设)。因此，图像中每个像元的 NDVI 值可以看成是有植被覆盖部分的 NDVI 与无植被覆盖的 NDVI 的加权平均，其中由植被覆盖部分的 NDVI 的权重即为此像元的植被覆盖度 $Fc_v$，而无植被覆盖部分的 NDVI 的权重即为 $(1 - Fc_v)$。

$$\phi = \phi_v \times Fc_v + (1 - Fc_v) \times \phi_s \tag{6.11}$$

上式中，下标 $v$ 和 $s$ 分别表示完全有植被覆盖区和裸土区的值。在估算大尺度的植被覆盖度时，由于地面数据的缺乏，因此，用基于线性关系的方法比其他较为复杂的方法更合适。将该式直接应用到 NDVI 中，即可以得到植被覆盖度的最简单表达式为：

$$Fc_v = \frac{NDVI - NDVI_s}{NDVI_v - NDVI_s} \tag{6.12}$$

上式中，$NDVI_v$ 是每类土地覆盖类型植被覆盖度为 100% 时相对应的像元 NDVI 值，$NDVI_s$ 是每类土地覆盖类型的 NDVI 最小值。

## 6.3 蒙古高原 $T_s$-NDVI 通用特征空间

### 6.3.1 MODIS 数据及和 AVHRR PathFinder 数据集一致性分析

AVHRR 数据集和 MODIS 数据集在地表生态环境和植被大尺度遥感监测研究中都有广泛的应用（Yu 等，2010）。在不同研究中两个数据集都有各自的优势，利用这两种数据相结合能够更深入进行地表生态环境和植被监测的研究（Liu 等，2012；Cao 等，2017）。由于两种数据集的空间分辨率不同，在结合两种数据进行长时间序列研究时，需要对两种数据的一致性进行分析（Gallo 等，2004；Frey 等，2012）。

本研究基于两种数据集重合时间（2000—2001 年）的数据，对生长季内（4—10 月）NDVI 和 $T_s$ 的最大值、均值和最小值，分别建立两个数据集间的线性关系。为了实现其空间分辨率上的统一，本研究基于 8×8 MODIS 像元窗口，获取窗口内的均值作为构建线性模型的数据，然后获取 AVHRR 数据集对应的像元值，从而对两种数据集的 NDVI 和 $T_s$ 分别进行拟合。图 6-4 展示了 $AVHRR_{NDVI}$ 和 $MODIS_{NDVI}$、$AVHRR_{T_s}$ 和 $MODIS_{T_s}$ 数据集的两维线性关系。结果表明，AVHRR 和 MODIS 两种数据集具有较好的线性关系，数据点集中分布在 1：1 斜率附近。两种数据集 NDVI 及 $T_s$ 的相关系数的平方（$R^2$）分别为 0.960（$P<0.01$）和 0.963（$P<0.01$）。两种数据集的一元线性关系如下：

$$AVHRR_{NDVI} = 0.912 \times MODIS_{NDVI} + 0.020 \tag{6.13}$$

$$AVHRR_{T_s} = 0.979 \times MODIS_{T_s} + 1.766 \tag{6.14}$$

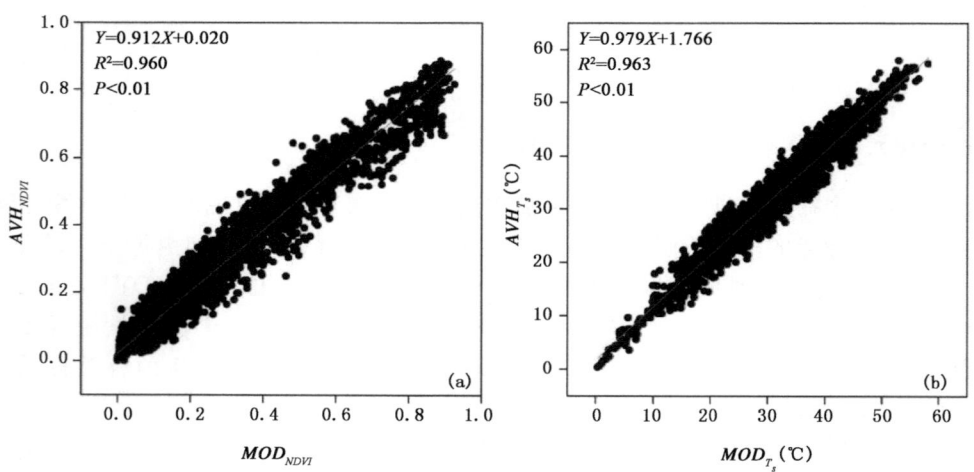

图 6-4 AVHRR 和 MODIS 数据集 NDVI 及 $T_s$ 线性相关关系图

### 6.3.2 蒙古高原 NDVI 的分布特征

本研究统计了蒙古高原的生长季最大 NDVI 的分布情况（图 6-5），结果表明，蒙古高原西南部 NDVI 普遍低于东部及北部地区，NDVI 最低值分布在高原南部的沙漠和戈壁。总体来看，蒙古高原生长季最大 NDVI 由北向南逐渐降低：中国内蒙古自治区北部大兴安岭林区、蒙古国北部与俄罗斯接壤地区以及俄罗斯图瓦共和国的北部地区年 NDVI 最大；蒙古高原中北部、中国内蒙古自治区中部以及俄罗斯图瓦共和国南部草原地区 NDVI 稍低；蒙古国南部、中国内蒙古自治区西部及南部地区 NDVI 最低。

不同年份生长季最大 NDVI 之间有所差异，这种变化主要发生在高原中部的草原区；北部森林区以及南部的荒漠区，不同年份最大 NDVI 差异不大。草原中部 NDVI 的年际差异变化是由于不同年份气候因子变化以及放牧活动所引起的地表植被覆盖变化而导致的。

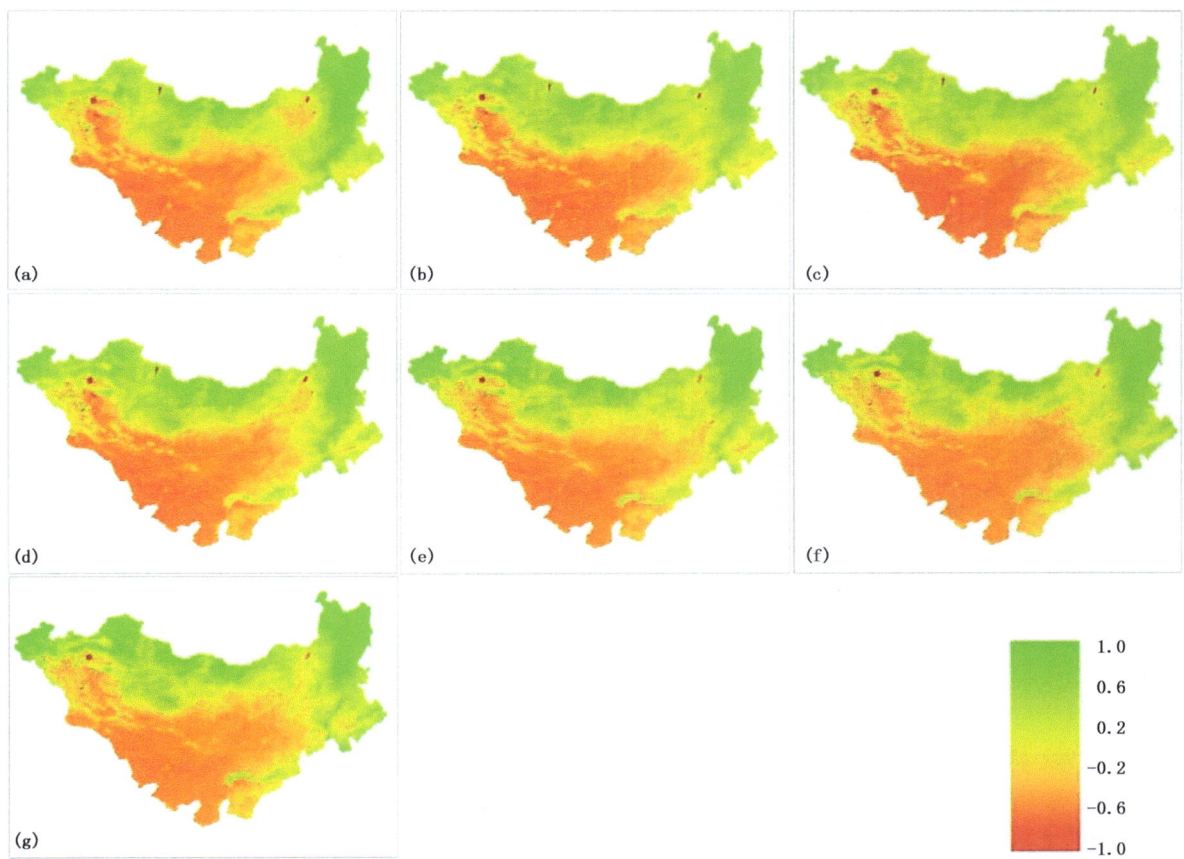

图 6-5 1981—2012 年蒙古高原生长季最大 NDVI 分布图
((a)1981 年；(b)1985 年；(c)1990 年；(d)1995 年；(e)2000 年；(f)2005 年；(g)2010 年)

### 6.3.3 蒙古高原地表温度分布特征

本研究统计了蒙古高原 1981—2012 年不同年份生长季平均地表温度分布情况（图 6-6），结果显示，地表温度的区域分布差异明显。蒙古高原地表温度由北向南逐渐升高，梯度分布特征显著:高原北部地区地表温度最低,高原南部地表温度最高,高原中部地区地表温度处于中间水平。地表温度较低的地区主要分布于高原北部的森林区,这部分地区地表植被覆盖情况较好;地表温度最高的地区分布于高原南部的裸地,这里分布有大面积的戈壁和沙漠,地表植被稀疏;高原中部分布有大面积的草原,地表温度处于中间水平。草原分布区地表温度的空间分布也有所差异,在草原的北部地区草场长势良好,地表、地下水分充足,地表植被覆盖度较高,地表温度相对较低,而在草原的南部地区降水稀少,草场长势差,地表覆盖度较低,地表温度相对较高。

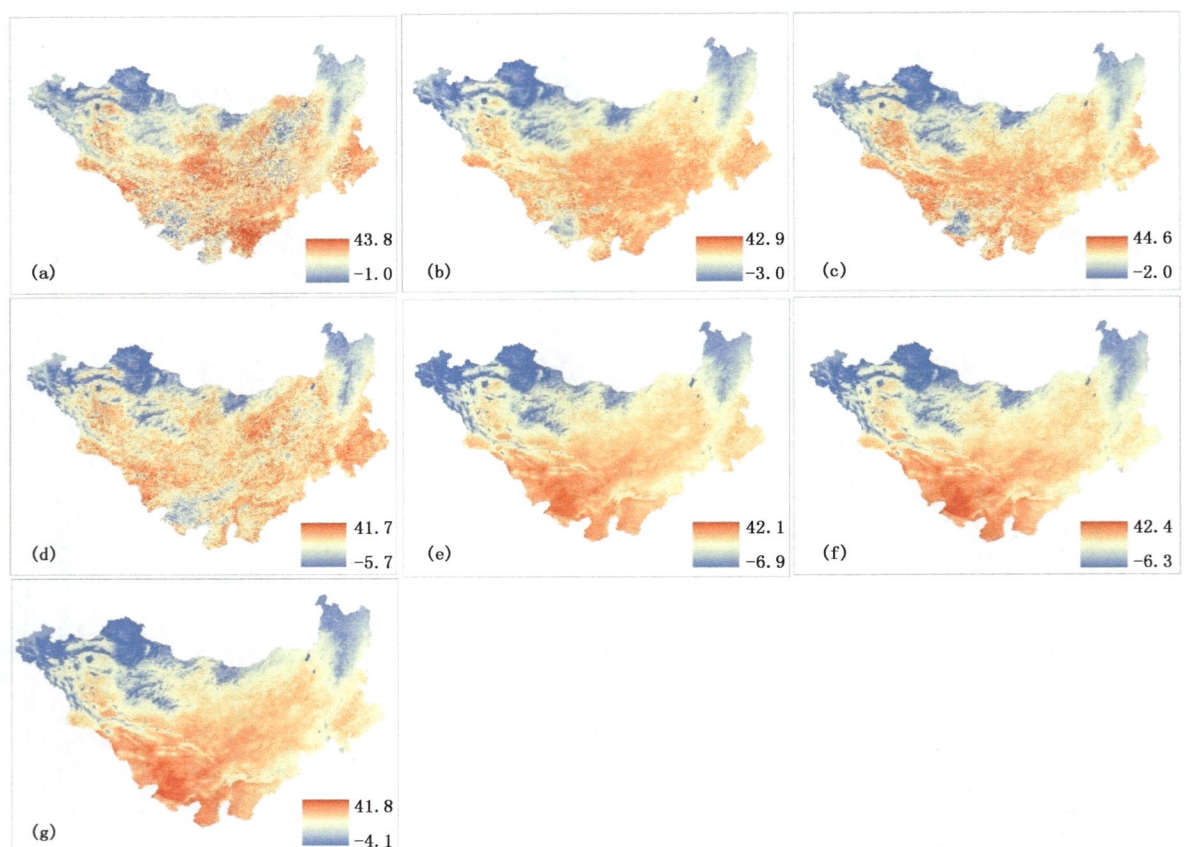

图 6-6　1981—2012 年蒙古高原生长季平均陆面温度(℃)
((a)1981 年;(b)1985 年;(c)1990 年;(d)1995 年;(e)2000 年;(f)2005 年;(g)2010 年)

### 6.3.4　$T_s$-$NDVI$ 通用特征空间干边、湿边方程获取

基于 NDVI 数据集和陆地表面温度数据集,以 NDVI 的 0.001 为步长,提取每旬或 16 d 最大地表温度和最小地表温度,基于最大值合成法和最小值合成法,合成每年通用特征空间(图 6-7)。在此基础上基于最大值合成法和最小值合成法,分别合成 1981—1999 年以及 2000—2012 年的 $T_s$-$NDVI$ 通用特征空间。需说明的是,本节获取的数据包括 1981—1999 年 8 km 的 AVHRR-Pathfinder 植被指数数据集和 2000—2012 年 1 km 的 MODIS 植被指数数据集。为防止空间分辨率差异带来的结果精度降低,在构建通用特征空间时,对两个数据集分

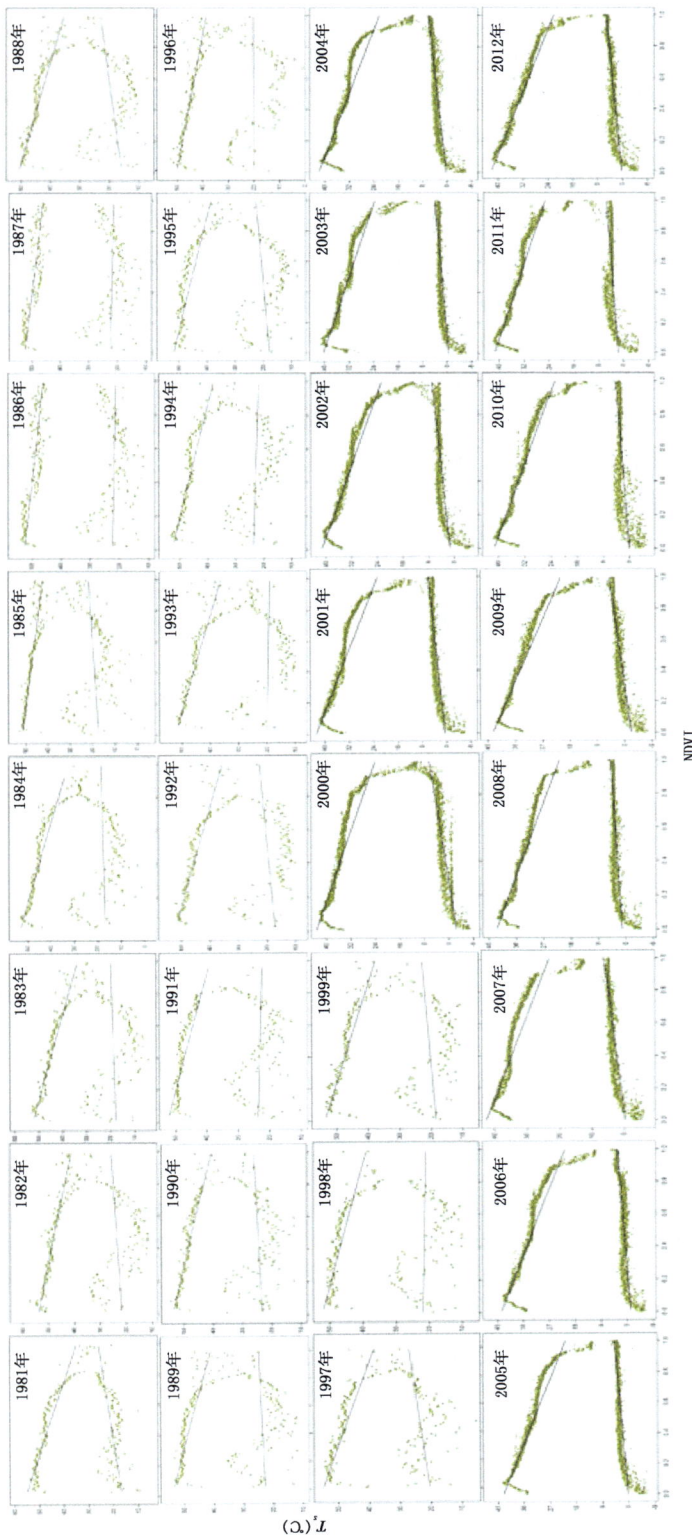

图 6-7 各年的 $T_s$-NDVI 特征空间

别构建各自的通用特征空间。

图 6-7 显示各年 $T_s$-$NDVI$ 特征空间干边的斜率均小于 0，说明随着植被覆盖度的增加，地表温度最大值越小；相反，湿边的斜率均大于 0，说明随着植被覆盖度的增加，地表温度最小值有增加的趋势。从图中可以直观地看出，单一时段特征空间边界的不稳定性，相同地表在不同年份里干、湿地表温度差异较大，单一时段特征空间的干、湿边非常接近，且与通用特征空间的干、湿边地表温度差别较大。湿边地表温度主边界外，分布着一些地表温度较低的点，这种散落的异常点在每年单一时段特征空间较常见，尤其在植被指数低值区。

根据图 6-3 所表达的 $T_s$-$NDVI$ 特征空间改进的方法及流程，利用最大值合成法提取通用特征空间的干边，利用最小值合成法提取通用特征空间的湿边，分别得到 1981—1999 年以及 2000—2012 年 $T_s$-$NDVI$ 通用特征空间及其对应的干边和湿边方程，如图 6-8 和表 6-2。合成后的通用特征空间干边地表温度普遍高于各单一时段，湿边地表温度普遍低于各单一时段，且边界比较清晰，湿边异常点明显减少。随着植被指数的增加，地表温度逐渐降低，干边地表温度和湿边地表温度降低的幅度更大。

研究表明，通用特征空间法合成的 $T_s$-$NDVI$ 特征空间三角形结构特征显著，干、湿边明晰，比改进前更接近特征空间的理论边界，能够增强特征空间干、湿边的稳定性，提高干旱监测结果的精度。图 6-8、表 6-2 表明，本研究得到两个时段通用特征空间的干边和湿边方程较稳定，$R^2$ 均大于 0.69。

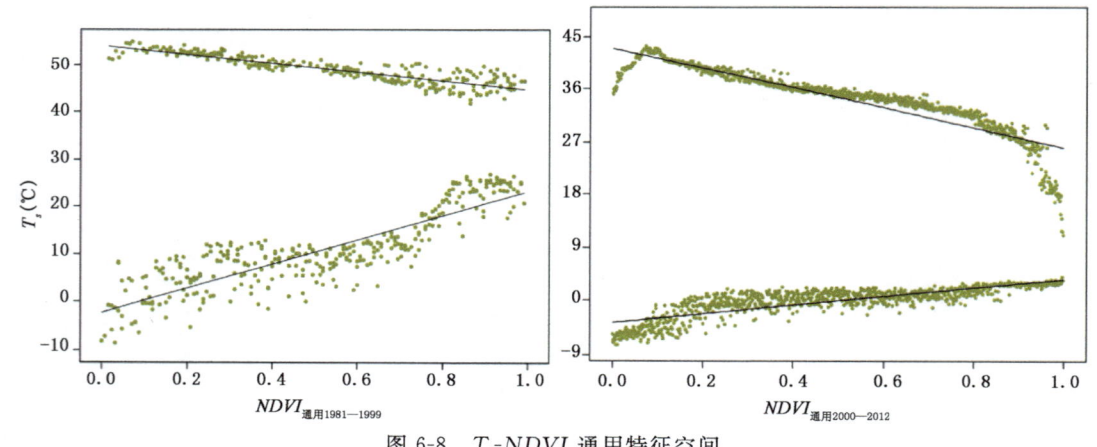

图 6-8　$T_s$-$NDVI$ 通用特征空间

**表 6-2　基于 $T_s$-$NDVI$ 通用特征空间构建的干边、湿边方程**

| 时间段 | 方程种类 | 方程 | $R^2$ |
|---|---|---|---|
| 1981—1999 年 | 干边 | $T_s = 54.164 - 9.527 NDVI$ | 0.752 |
| | 湿边 | $T_s = -2.305 + 25.421 NDVI$ | 0.786 |
| 2000—2012 年 | 干边 | $T_s = 43.052 - 17.055 NDVI$ | 0.691 |
| | 湿边 | $T_s = -3.686 + 7.224 NDVI$ | 0.810 |

### 6.3.5　TVDI 反演结果精度分析

基于获取的 $T_s$-$NDVI$ 通用特征空间的干边和湿边方程，分别得到 1981—1999 年 8 km

句序列及 2000—2012 年 1 km 16 d 序列的 TVDI 空间分布。由于缺乏蒙古国土壤含水量实测数据,本节利用收集到的中国内蒙古自治区 33 个农业气象站点 1991—2012 年实测 10 cm 土壤含水量旬数据与相应位置的 TVDI 数据进行相关性分析。虽然该研究中采用的 8 km AVHRR-PathFinder 数据和 1 km 空间分辨率的 MODIS 数据与农业气象站点数据在空间上难以对应,但考虑到设置的农业气象观测站点能够代表相应地区的气候特征,所以利用实测数据进行验证是可行的。以实测土壤含水量数据为横坐标,TVDI 为纵坐标,建立了两者之间的散点图。由于年份较多,本研究只选取了 9 年的拟合结果进行展示(图 6-9),具体验证精度见表 6-3。

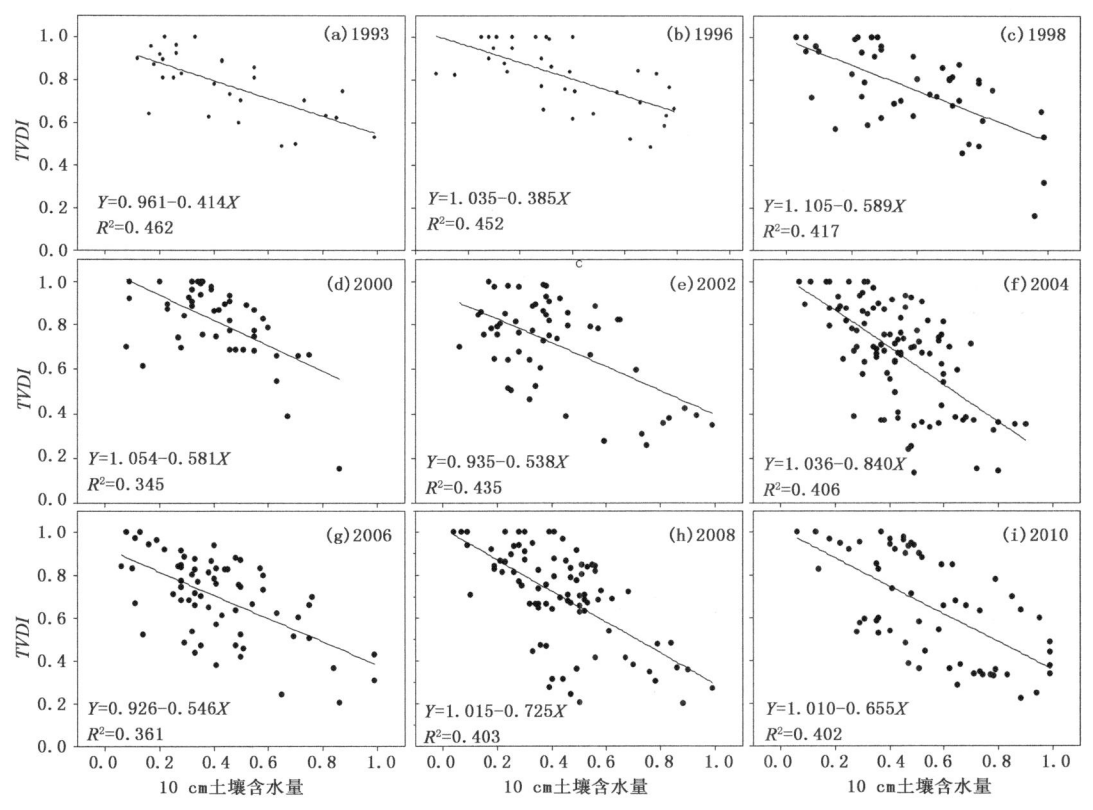

图 6-9　10 cm 土壤含水量和温度植被干旱指数散点图

**表 6-3　10 cm 土壤含水量与温度植被干旱指数的相关关系**

| 年份 | 1992 年 | 1993 年 | 1994 年 | 1995 年 | 1996 年 | 1997 年 | 1998 年 |
|---|---|---|---|---|---|---|---|
| $R^2$ | 0.356 | 0.462 | 0.431 | 0.467 | 0.452 | 0.314 | 0.417 |
| 年份 | 1999 年 | 2000 年 | 2001 年 | 2002 年 | 2003 年 | 2004 年 | 2005 年 |
| $R^2$ | 0.417 | 0.345 | 0.435 | 0.330 | 0.305 | 0.406 | 0.406 |
| 年份 | 2006 年 | 2007 年 | 2008 年 | 2009 年 | 2010 年 | 2011 年 | 2012 年 |
| $R^2$ | 0.361 | 0.440 | 0.403 | 0.338 | 0.402 | 0.443 | 0.462 |

图 6-9 表明,TVDI 与 10 cm 土壤含水量之间表现较显著的负相关关系,随着土壤湿度增大,温度植被干旱指数呈明显的减小趋势。表 6-3 表明,各年 TVDI 与土壤含水量的相关性均在 0.55 以上,对各旬 TVDI 和土壤湿度的线性拟合经过 $t$ 检验发现线性回归方程都达到显著,这说明 TVDI 能够反映土壤水分状况变化趋势,作为干旱评价指标有一定的合理性。图 6-9 同时反映出散点图数据点比较离散,说明利用 TVDI 计算 10 cm 土壤含水量的做法存在一定的问题。因为 TVDI 反映的是植被根系层总体的供水状况,与整个根系层的土壤水分和根长密度分布等都有关系,况且从土壤物理学的角度,土壤含水量的绝对值大小并不能充分说明土壤的供水状况,还与土壤质地有关系。

## 6.4  蒙古高原干旱时空特征分析

基于 6.3 节中得到的 $T_s$-NDVI 通用干边和湿边方程,利用植被指数数据和地表温度数据,反演得到了 1981—2012 年 TVDI 的空间分布。本节采用齐述华(2004,2005)的干旱分级方法,以 TVDI 作为干旱分级指标,划分为五个旱情等级,分别是:极湿润($0<TVDI\leqslant0.2$)、湿润($0.2<TVDI\leqslant0.4$)、正常($0.4<TVDI\leqslant0.6$)、干旱($0.6<TVDI\leqslant08$)和极干旱($0.8<TVDI\leqslant1.0$),得到了不同时期蒙古高原旱情等级分布。本章基于 TVDI 的时空分布,对研究时段蒙古高原的旱情时空特征进行了研究。

对每旬或 16 天 TVDI 数据求均值,得到月均 TVDI 的分布。为了分析不同时期旱情等级的分布情况,本研究将研究时段划分为七个研究时期,分别是:1981—1984 年((a)20 世纪 80 年代初或 80 年代)、1985—1989 年((b)20 世纪 80 年代末或 1985—1989 年)、1990—1994 年((c)20 世纪 90 年代初或 90 年代)、1995—1999 年((d)20 世纪 90 年代末或 1995—1999 年)、2000—2004 年((e)21 世纪 00 年代初或 00 年代)、2005—2009 年((f)21 世纪 00 年代末或 2005—2009 年)、2010—2012 年((g)21 世纪 10 年代初或 10 年代)。

### 6.4.1  基于 TVDI 的蒙古高原旱情空间变化特征分析

利用均值法,本研究得到了 7 个研究时段内生长季 4—10 月各月平均 TVDI 的等级分布情况,如图 6-10 所示。结果表明,利用 AVHRR NDVI-PathFinder 数据和 MODIS 数据建立的 $T_s$-NDVI 通用特征空间计算的 TVDI 时空分布结果基本一致;且利用 TVDI 作为旱情等级划分指标能够反映蒙古高原的总体旱情特征。蒙古高原的旱情分布呈现出随地表植被类型、地表植被覆盖、纬度变化而变化的地带性分布规律,主要表现为:地表植被覆盖度高、植被长势良好的地区,未发生或少发生干旱;植被覆盖度低、植被长势差的地区干旱现象广泛且较严重。从纬度上看,纬度越低,干旱现象越明显和严重;纬度越高,干旱现象有所缓解,这也是由地势、地貌及植被分布的地带性特征所决定的。

从土地覆盖类型上看来,森林区基本无干旱发生,旱情等级多为极湿润和湿润;北部及中部草原,除局部地区处于湿润外,大部分地区旱情等级为正常;南部草原部分低覆盖草地干旱现象发生范围较广,旱情等级处于干旱;南部裸地和荒漠区干旱最为严重,旱情等级处于干旱和极干旱。

从行政区划上来看,极湿润和湿润区主要分布于中国内蒙古的大兴安岭森林区,蒙古国北部及东部的森林区,俄罗斯图瓦共和国的东部和西部森林区;旱情等级为正常的区域主要分布

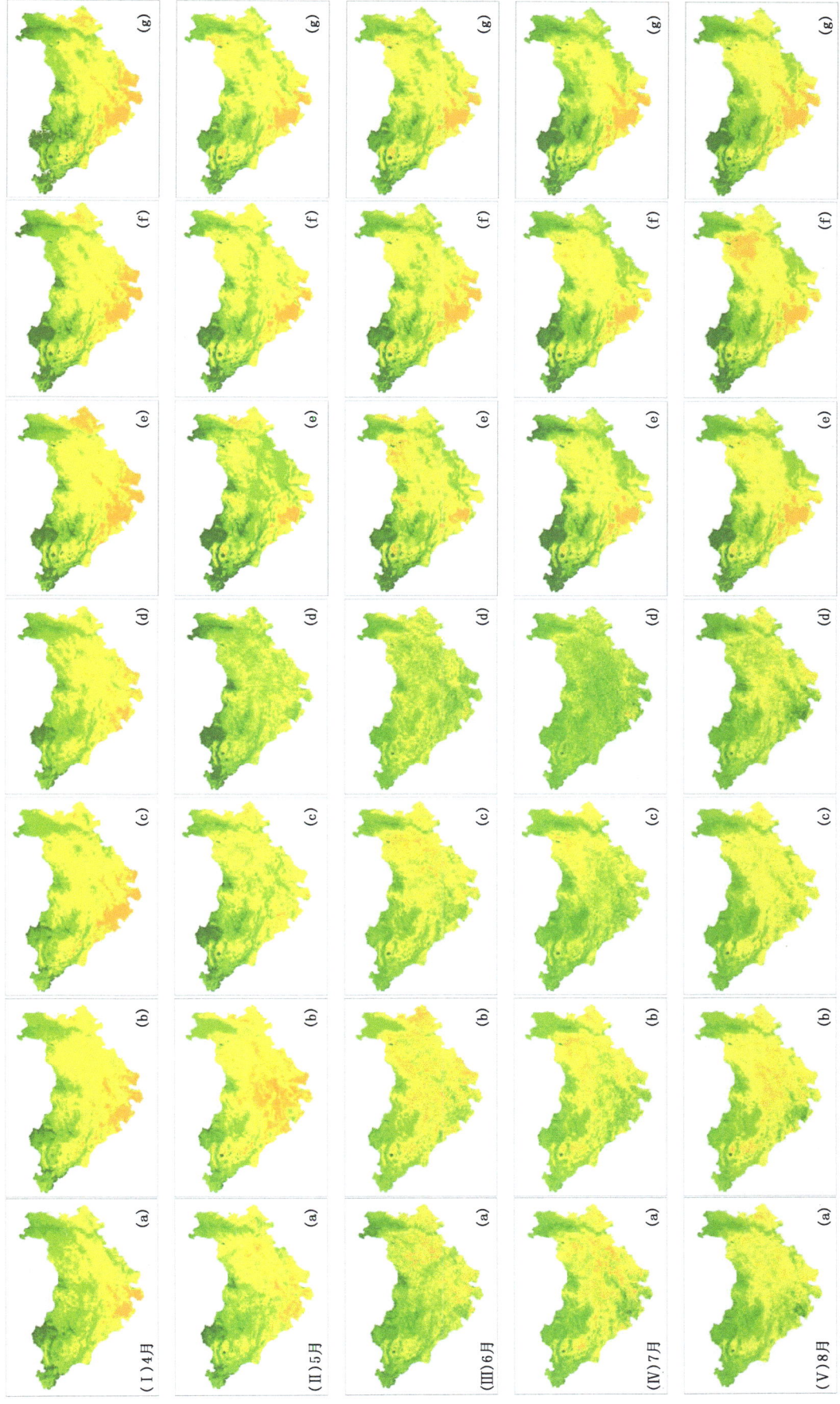

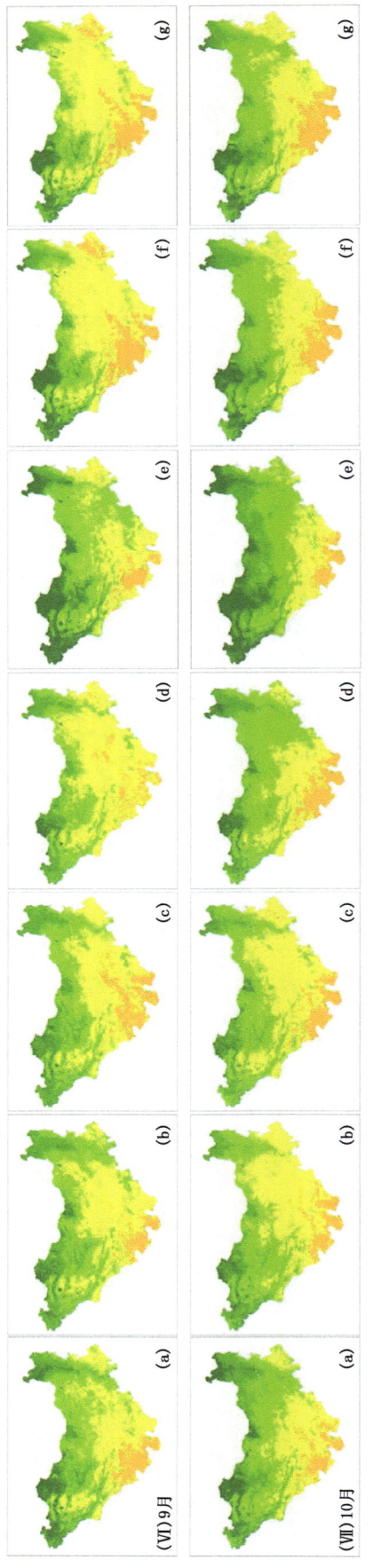

图 6-10　各研究时段内 TVDI 在生长季各月的旱情等级分布图

((Ⅰ)4 月, (Ⅱ)5 月, (Ⅲ)6 月, (Ⅳ)7 月, (Ⅴ)8 月, (Ⅵ)9 月, (Ⅶ)10 月; (a)列. 20 世纪 80 年代, (b)列. 1985—1989 年, (c)列. 20 世纪 90 年代, (d)列. 1995—1999 年, (e)列. 20 世纪 00 年代, (f)列. 2005—2009 年, (g)列. 21 世纪 10 年代)

于蒙古国北部和西部长势良好、覆盖度较高的草原区，中国内蒙古大兴安岭周边、内蒙古自治区东部及中部的农田区；旱情等级为干旱和极干旱的区域主要分布于蒙古国中部和南部覆盖度较低、长势较差的草原区、荒漠和戈壁区、蒙古国南部的荒漠区和戈壁区，在中国内蒙古自治区东部和中部的部分草地区，以及内蒙古自治区西部的荒漠和戈壁区。

　　表 6-4 为统计的各旱情等级在不同时期内每月的分布面积。结果显示，就多年平均值来看，蒙古高原平约有 $130.94 \times 10^4 \, \mathrm{km^2}$ 的面积旱情等级为干旱，占全区总面积的 44.03%；极干旱面积约为 $22.24 \times 10^4 \, \mathrm{km^2}$，占全区总面积的 7.48%；旱情为正常区域面积约为 $83.18 \times 10^4 \, \mathrm{km^2}$，占全区总面积的 27.97%；旱情为湿润的面积为 $43.57 \times 10^4 \, \mathrm{km^2}$，占全区总面积的 14.65%；极湿润面积最小，仅为 $17.44 \times 10^4 \, \mathrm{km^2}$，占全区总面积的 5.86%。旱情为干旱的面积为五个旱情等级面积之首，旱情正常的面积居第二位，湿润区面积居第三位，极干旱和极湿润面积较小。

　　将旱情等级为极湿润和湿润的区域归为湿润区，干旱和极干旱的区域归为干旱区。总体来看，研究时段内干旱区面积在 $112.88 \times 10^4 \sim 219.19 \times 10^4 \, \mathrm{km^2}$，约占研究区总面积的 37.96% ～ 73.71%。就多年均值来看，干旱区面积为 $153.17 \times 10^4 \, \mathrm{km^2}$，占全区总面积的 51.51%。由此可见，干旱现象普遍存在于蒙古高原，且个别年份旱情严峻。

表 6-4　各旱情等级在不同时期的面积($\times 10^4 \, \mathrm{km^2}$)

| | | 4 月 | 5 月 | 6 月 | 7 月 | 8 月 | 9 月 | 10 月 |
|---|---|---|---|---|---|---|---|---|
| 20 世纪 80 年代初 | 极湿润 | 15.72 | 11.53 | 9.06 | 2.74 | 4.77 | 26.10 | 27.43 |
| | 湿润 | 37.43 | 34.07 | 63.52 | 61.43 | 70.67 | 54.62 | 66.81 |
| | 正常 | 104.90 | 85.21 | 92.13 | 75.48 | 87.02 | 93.50 | 100.86 |
| | 干旱 | 126.15 | 150.33 | 113.46 | 125.95 | 125.43 | 100.99 | 82.86 |
| | 极干旱 | 13.16 | 16.23 | 19.19 | 31.76 | 9.47 | 22.15 | 19.40 |
| 20 世纪 80 年代末 | 极湿润 | 7.63 | 2.37 | 0.69 | 1.24 | 1.21 | 10.64 | 9.27 |
| | 湿润 | 28.30 | 18.98 | 14.53 | 32.12 | 35.66 | 62.48 | 47.78 |
| | 正常 | 65.15 | 56.83 | 84.27 | 101.30 | 85.35 | 97.79 | 95.14 |
| | 干旱 | 172.76 | 172.11 | 160.81 | 142.22 | 152.04 | 112.41 | 124.94 |
| | 极干旱 | 23.53 | 47.08 | 37.06 | 20.48 | 23.10 | 14.05 | 20.23 |
| 20 世纪 90 年代初 | 极湿润 | 6.42 | 16.61 | 0.75 | 1.55 | 1.90 | 7.37 | 6.55 |
| | 湿润 | 27.79 | 38.44 | 40.28 | 64.80 | 65.33 | 63.98 | 43.58 |
| | 正常 | 69.92 | 79.99 | 86.67 | 105.61 | 75.38 | 85.04 | 98.33 |
| | 干旱 | 167.16 | 156.58 | 154.26 | 119.72 | 146.90 | 113.15 | 127.08 |
| | 极干旱 | 26.07 | 5.74 | 15.41 | 5.69 | 7.85 | 27.82 | 21.82 |
| 20 世纪 90 年代末 | 极湿润 | 13.27 | 30.04 | 1.78 | 5.96 | 12.46 | 7.82 | 14.63 |
| | 湿润 | 37.63 | 40.78 | 56.68 | 98.67 | 78.94 | 44.61 | 46.99 |
| | 正常 | 80.42 | 113.66 | 117.97 | 134.24 | 93.71 | 74.44 | 133.53 |
| | 干旱 | 151.11 | 109.72 | 113.55 | 56.67 | 105.88 | 153.56 | 76.53 |
| | 极干旱 | 14.93 | 3.16 | 7.38 | 1.82 | 6.36 | 16.93 | 25.67 |

| | | 4 月 | 5 月 | 6 月 | 7 月 | 8 月 | 9 月 | 10 月 |
|---|---|---|---|---|---|---|---|---|
| 21 世纪<br>00 年代初 | 极湿润 | 24.86 | 36.05 | 25.06 | 42.26 | 28.48 | 50.71 | 53.38 |
| | 湿润 | 29.45 | 29.46 | 33.19 | 30.20 | 37.71 | 37.69 | 78.09 |
| | 正常 | 46.48 | 96.21 | 68.57 | 72.80 | 74.87 | 108.55 | 92.25 |
| | 干旱 | 152.67 | 120.52 | 154.53 | 134.76 | 139.30 | 84.70 | 57.29 |
| | 极干旱 | 43.90 | 15.12 | 16.01 | 17.35 | 17.00 | 15.72 | 16.36 |
| 21 世纪<br>00 年代末 | 极湿润 | 30.64 | 21.10 | 20.20 | 25.65 | 26.77 | 25.22 | 24.57 |
| | 湿润 | 25.90 | 28.26 | 33.28 | 36.39 | 33.10 | 30.79 | 50.55 |
| | 正常 | 61.10 | 63.71 | 62.58 | 68.79 | 61.08 | 55.37 | 98.14 |
| | 干旱 | 147.76 | 164.62 | 154.14 | 146.63 | 141.13 | 146.07 | 92.25 |
| | 极干旱 | 31.96 | 19.67 | 27.17 | 19.90 | 35.29 | 39.92 | 31.86 |
| 21 世纪<br>10 年代初 | 极湿润 | 29.32 | 17.90 | 13.57 | 30.69 | 27.70 | 21.33 | 21.59 |
| | 湿润 | 34.46 | 21.36 | 35.85 | 38.53 | 38.55 | 30.63 | 44.40 |
| | 正常 | 62.99 | 40.13 | 65.46 | 78.40 | 69.66 | 55.61 | 99.33 |
| | 干旱 | 132.29 | 170.78 | 157.91 | 122.20 | 131.68 | 153.02 | 97.28 |
| | 极干旱 | 38.30 | 47.19 | 24.57 | 27.56 | 29.77 | 36.77 | 34.75 |

### 6.4.2　基于 TVDI 的蒙古高原旱情时间变化特征分析

　　为分析蒙古高原各旱情等级的分配结构及其时间变化特征,本研究提取了不同时期、不同月份各旱情等级所占全区总面积的比例(图 6-11)。图 6-11 表明,不同时期蒙古高原的旱情分布在相同月份呈现相似的空间分布格局,但其旱情等级面积比例结构有所差异(图 6-11(Ⅰ))。总体来看,1981—2012 年,蒙古高原干旱和极干旱面积呈现波动变化特征,20 世纪 80年代干旱面积(干旱和极干旱之和)较小,占全区总面积的 45.95%;1985—1989 年干旱面积开始增加,占全区总面积的 58.74%;1995—1999 年干旱面积最少,仅占全区总面积的 40.51%,此后开始上升,21 世纪 10 年代干旱面积占总面积比例为 57.84%。总体来看与 20 世纪 80 年代相比,21 世纪 10 年代的干旱有所加剧。

　　不同月份各旱情等级也呈现不同的年际变化特征。4 月,蒙古高原干旱区(极干旱和干旱)面积占全区面积的 50%左右,湿润区(极湿润和湿润)面积占全区面积的 20%以下,旱情等级为正常的区域占全区面积的 30%左右。20 世纪 80 年代初,干旱区面积最小,占全区面积为42.42%;20 世纪 80 年代末,干旱区面积最大,旱情严重,占全区面积的 58.10%。而极干旱区面积从 20 世纪 80 年代初到 21 世纪 10 年代末呈现明显的增加态势,其中 20 世纪 90 年代末,极干旱区面积最大,占全区面积的 14.76%。

　　5 月,干旱区(极干旱和干旱)面积较 4 月略有增加,旱情较 4 月份有所加剧。20 世纪 80年代末和 21 世纪 10 年代初期干旱区(极干旱和干旱)所占面积比例达 70%以上,其他年份也均大于 50%,湿润区(极湿润和湿润)面积占全区面积的 20%以下,旱情等级为正常的区域占全区面积的 30%以下。21 世纪 00 年代初,干旱区面积最小,占全区面积为 45.62%,20 世纪80 年代末干旱区面积最大,旱情严重,占全区面积的 73.71%。

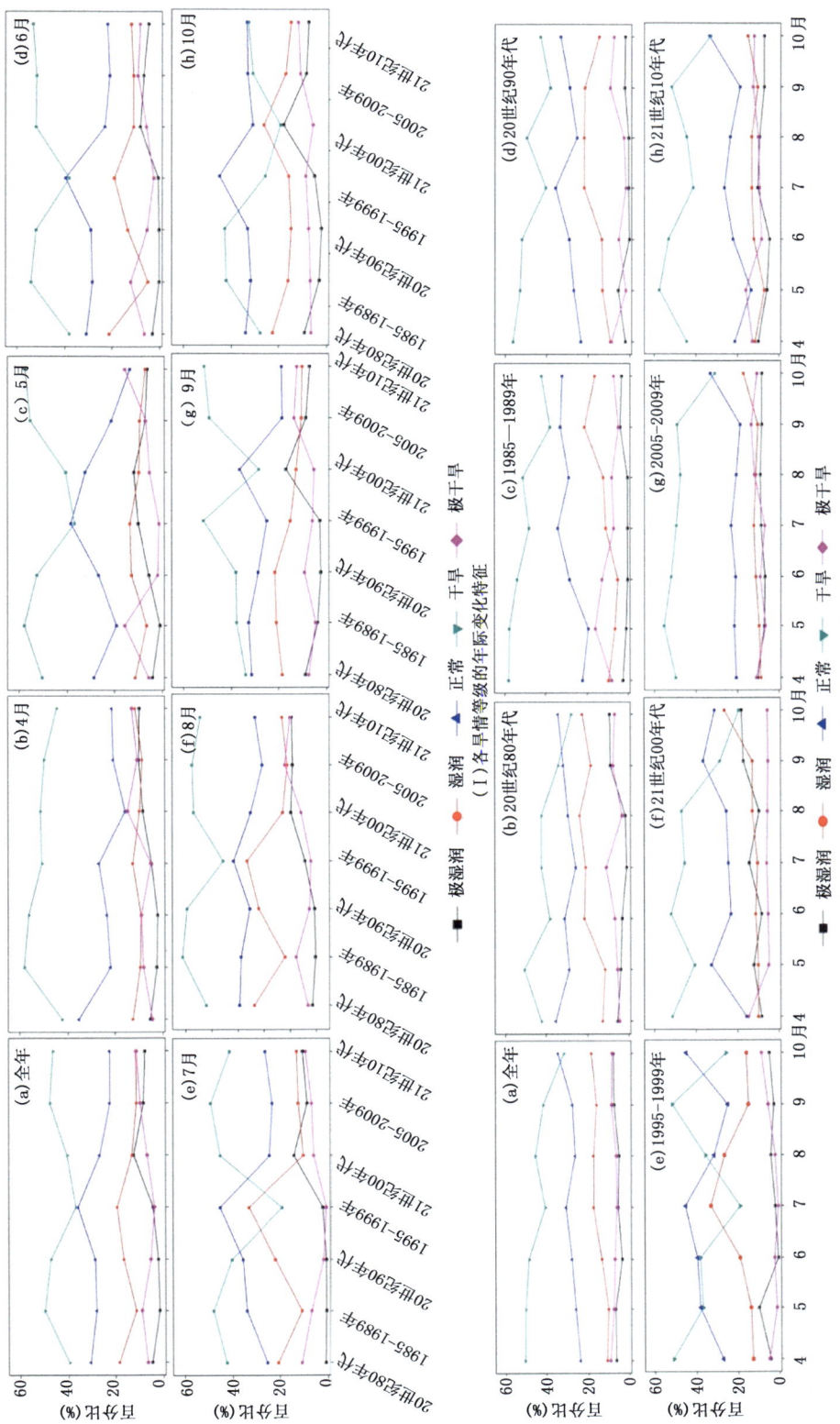

图 6-11　各旱情等级比例的年际变化特征（Ⅰ）和月变化特征（Ⅱ）

　　6月,旱情分布较5月有所缓解,主要表现为干旱和极干旱的区域面积减小,而湿润、极湿润和正常三个旱情等级的面积均有不同程度的增加,其中以旱情湿润和旱情正常的区域增加最明显。需要指出的是,旱情等级为极干旱的区域略有增加,经过分析发现,旱情加重的区域主要分布在高原南部的裸地,地表裸露的土地及夏季高温带来的蒸发量增大可能是导致这些区域干旱程度增加的原因。

　　7月和8月,旱情继续缓解,干旱和极干旱的区域面积继续减小,占全区面积的50%左右;同时,极湿润、湿润及正常的区域面积继续增加,三者面积之和可达全区面积的50%以上。这说明,在生长季旺期的7月和8月,随着降水增多,地面植被长势良好,该区的旱情状况得到了很大的缓解。9月和10月,生长季逐渐进入末期,气温降低,降水减少,植被开始枯萎,全区干旱现象有所加剧。

　　由上分析可知,1981—2012年,蒙古高原干旱现象呈加剧趋势,研究时段内,1990—1995年,蒙古高原干旱面积最少,干旱现象最轻;其次为1981—1985年;干旱现象较重的时期有1985—1989年,以及2005—2012年,蒙古高原干旱现象呈现加剧趋势。

　　图6-11(Ⅱ)显示了各旱情等级面积比例的月变化特征。图中表明,不同旱情等级的面积在同一生长季内呈现明显的月变化特征。4—8月,旱情等级为极湿润、湿润和正常的区域面积呈略微增加趋势。就多年平均来看,4月以上三个旱情等级面积占全区总面积的40.34%;5月其面积开始增加,占全区面积比例达到42.41%;6月继续上升,为44.48%;7月份达到最大,旱情等级为极湿润、湿润和正常的区域面积占全区总面积的53.26%;8月有所下降,面积比例为48.53%;9月和10月持续下降,所占面积比例下降到10月45.20%。

　　由此可见,一个生长季内,蒙古高原各旱情等级的面积比例在发生着变化。从生长季开始到旺季的4—8月,旱情等级为极湿润、湿润和正常的区域面积都呈现不同程度的增加趋势,这说明,4月蒙古高原干旱现象分布广泛,随着气温升高,降水增多,植被开始萌芽、生长并进入生长旺季,干旱现象得到缓解,一直到8月,蒙古高原的旱情一直处在缓解的状态。9月和10月,雨季结束,降水量急剧减少,生长季进入末期,植被开始枯萎,区内干旱面积有所增加,但增幅不大。这说明与生长旺季相比,生长季末期土壤水分降低,部分地区出现干旱,但与生长季初期的4月份相比,9月和10月的干旱现象较轻,由此可见,虽然在生长季初期和末期,许多地区都出现干旱现象,但生长季初期的干旱更加明显。

### 6.4.3　基于土地覆盖类型的蒙古高原旱情特征分析

　　(1)蒙古高原土地覆盖类型特征分析

　　基于土地利用/土地覆盖数据,本研究获取了研究区各土地覆盖类型的面积及比例(图6-12,表6-5)。由于1992年土地覆盖数据采用了不同的分类方法,因此只针对2001年、2005年、2009年三期数据进行分析,1992年的数据仅作参考。图6-12表明,研究区南部区域多为荒漠和裸地;北部、中部及东南部地区分布着广阔的草地;森林区主要分布在蒙古国北部与俄罗斯接壤的地区、俄罗斯图瓦共和国以及中国内蒙古自治区大兴安岭区域;另外,在俄罗斯图瓦共和国北部、蒙古国北部、中国大兴安岭东西部、中国内蒙古自治区东部以及南部有农田分布。

　　表6-5表明,研究区土地覆盖类型以草地和裸地为主,草地面积最大,占全区面积的45.24%~54.37%(1992年除外),面积为$134.38\times10^4\sim161.49\times10^4$ km²;裸地面积次之,占全

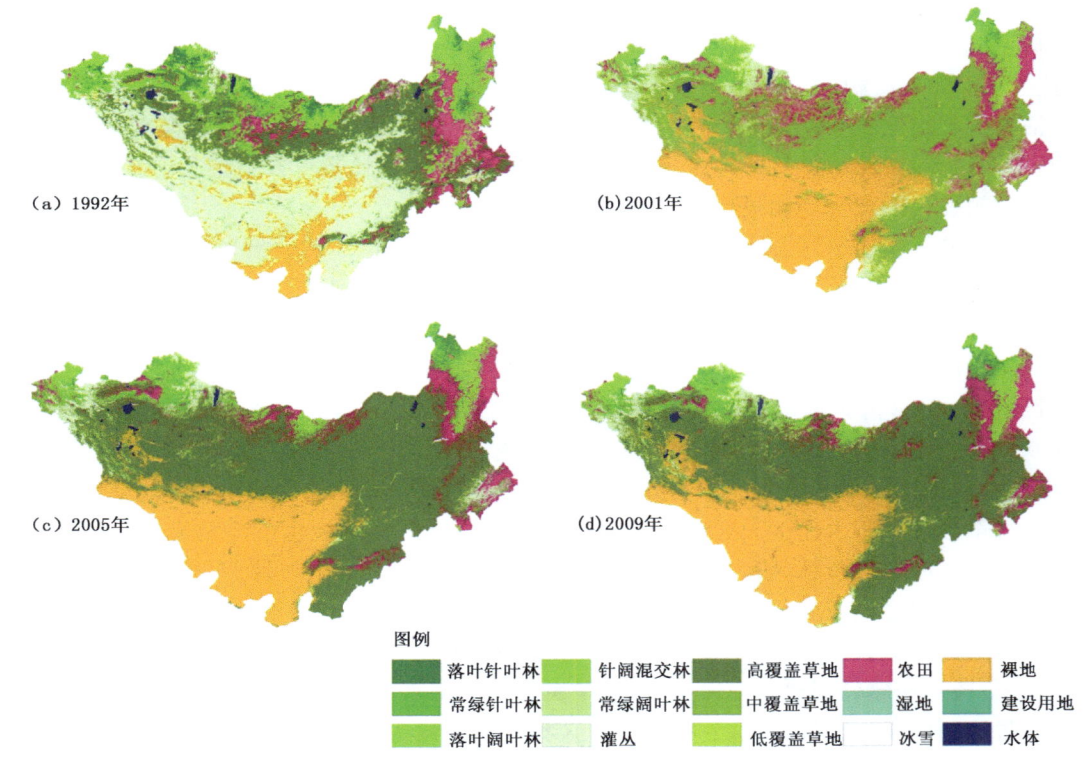

图 6-12　蒙古高原土地覆盖图

区面积的 26.61%~29.78%(1992 年除外),面积为 74.03×10⁴~88.45×10⁴ km² ;森林面积占全区面积的 12.19%~14.15%,混交林面积最大,灌丛次之,阔叶林面积最小,占全区面积比例不到 1%。与 2001 年相比,2009 年草地面积有所增加,裸地面积略有减小。

表 6-5　研究时段蒙古高原各土地覆盖类型面积(×10⁴ km²)及比例

| 类型 | 1992 年 | | 2001 年 | | 2005 年 | | 2009 年 | |
|---|---|---|---|---|---|---|---|---|
| | 面积 | 比例(%) | 面积 | 比例(%) | 面积 | 比例(%) | 面积 | 比例(%) |
| 城镇 | 0.08 | 0.03 | 0.42 | 0.14 | 0.42 | 0.14 | 0.42 | 0.14 |
| 农田 | 24.41 | 8.24 | 29.79 | 10.03 | 22.99 | 7.74 | 20.80 | 7.00 |
| 阔叶林 | 1.13 | 0.38 | 1.68 | 0.57 | 1.11 | 0.37 | 0.97 | 0.33 |
| 针叶林 | 11.53 | 3.89 | 7.92 | 2.67 | 10.29 | 3.46 | 11.55 | 3.89 |
| 混交林 | 40.65 | 13.72 | 13.30 | 4.48 | 12.01 | 4.04 | 13.71 | 4.62 |
| 灌丛 | 106.99 | 36.12 | 19.10 | 6.43 | 12.84 | 4.32 | 11.65 | 3.92 |
| 草地 | 79.29 | 26.76 | 134.38 | 45.24 | 161.49 | 54.37 | 157.02 | 52.86 |
| 水体 | 2.62 | 0.89 | 1.94 | 0.65 | 1.72 | 0.58 | 1.69 | 0.57 |
| 裸地 | 29.54 | 9.97 | 88.45 | 29.78 | 74.03 | 24.92 | 79.03 | 26.61 |
| 湿地 | | | 0.06 | 0.02 | 0.12 | 0.04 | 0.19 | 0.07 |

(2)基于 LUCC 的蒙古高原旱情特征分析

　　土壤水分状况与植被覆盖和土地利用密切相关(傅伯杰等,1999;Fu 等,2000;黄奕龙等,2005)。一方面,地表土壤水分影响到植物和作物的生长;另一方面,土地利用和植被覆盖也影响到地表土壤水分的含量和分布(傅伯杰等,1999)。植被状态和压力可以通过热红外波段和可见光/近红外比值之间的互补性得到很好的反映,尤其是水分的压力(王纲胜等,2004;郑红星等,2004)。相关研究表明,利用获取的地表有效土壤水分和 $T_s$-NDVI 特征空间的生态特征的解释构建的 TVDI,对土壤和作物的水分含量具有一定的解释意义(Sandholt 等,2002;Friedl 等,1994)。与分布式水文模型提取的土壤水分比较可以发现 TVDI 所反映的土壤水分空间变化细节更为明显(Sandholt 等,2002)。

本研究统计了研究区主要土地覆盖类型的 TVDI 分布状况,对研究时段内土地覆盖类型及其结构的土壤水分分布特点进行分析。图 6-12 表明,不同土地类型间各旱情等级的面积比例结构差异较大。研究时段内,森林和灌丛的湿润面积所占比例最大,其次为正常,干旱面积所占比例最小。其中,森林区旱情等级为湿润区域占本地类面积比例平均值为 82.02%,个别月份可达 98%;旱情为正常面积占 17.54%,最高比例可达 45.49%;干旱面积仅占本地类面积的 0.57%。这说明,森林区旱情等级以湿润为主,基本无干旱发生。灌丛区,旱情等级为湿润区域占本地类面积的平均比例为 61.48%,个别月份可达 85.02%;旱情为正常面积占 16.76%;干旱面积所占比例为 23.95%。这说明,灌丛区旱情等级也以湿润为主,干旱面积略大于旱情正常面积。森林区和灌丛区的旱情等级正常区域在各自类别所占比例相当,但灌丛干旱面积比例明显大于森林区,这说明,虽然森林区和灌丛区旱情等级以湿润为主,但灌丛区干旱面积比例明显大于森林区,灌丛区的旱情较森林区严重。

草地、裸地和建设用地三个地类中,干旱面积所占本地类面积比例最大,其次为正常,湿润面积所占比例最小。这说明,这三种土地覆盖类型的旱情等级以干旱为主。裸地干旱面积占本地类面积比例最大,平均值为 79.43%,个别月份可达 95.51%;旱情等级正常区域占本地类面积比例约为 17.14%;湿润面积仅占本地类面积的 3.42%。建设用地干旱面积占本地类面积比例次之,平均值为 53.76%,个别月份可达 72.22%;旱情等级正常区域占本地类面积比例约为 35.17%;湿润面积仅占本地类面积的 11.06%。草地干旱面积占本地类面积比例居第三位,平均值为 52.95%;个别月份可达 68.75%;旱情等级正常区域占本地类面积比例约为 33.74%;湿润面积仅占本地类面积的 13.61%。这说明,这三种地类中旱情等级主要为干旱所控制,就其内部结构分配而言,裸地干旱现象最严重,建设用地次之,草地居第三位。

农田旱情等级以正常和干旱为主,研究时段内,约 44.57% 的农田面积旱情等级为正常,30.77% 的农田面积有干旱现象发生,23.3% 的农田面积为湿润。

由上分析可知,本区主要土地覆盖类型的各旱情等级分配差异较大,裸地、建设用地和草地以干旱为主,其中,裸地干旱现象最严重,约 80% 的裸地面积出现干旱现象;建设用地和草地干旱现象次之,以干旱和正常为主,其干旱面积约占本地类面积的 53%;森林和灌丛以湿润为主,区内约 82% 的森林为湿润区,森林区基本无旱情发生;约 61% 的灌丛面积为湿润区,干旱现象不严重,但比森林区干旱;农田旱情以正常和干旱为主,湿润区面积较小。按照旱情从严重到轻微的次序对地类依次排序为:裸地、建设用地、草地、农田、灌丛和森林。图 6-13 显示了主要土地覆盖类型各旱情等级分配的时间变化特征。一个生长季内,森林、灌丛的湿润面积比例呈先降低后增加的趋势,5 月与 4 月相比,湿润面积减小,6 月开始,湿润面积增大,8 月达到最大值,9 月、10 月略微下降。这是由于 5 月植被开始萌芽生长,而降水量较少,植被生长消耗了大量土壤水分,且植被覆盖度此时不高,涵养水分能力不足,共同导致土壤湿度降低。6—8 月,雨季到来,降水量的大幅度增加不但能够充分供给植被生长所需水分,也使得土壤水分

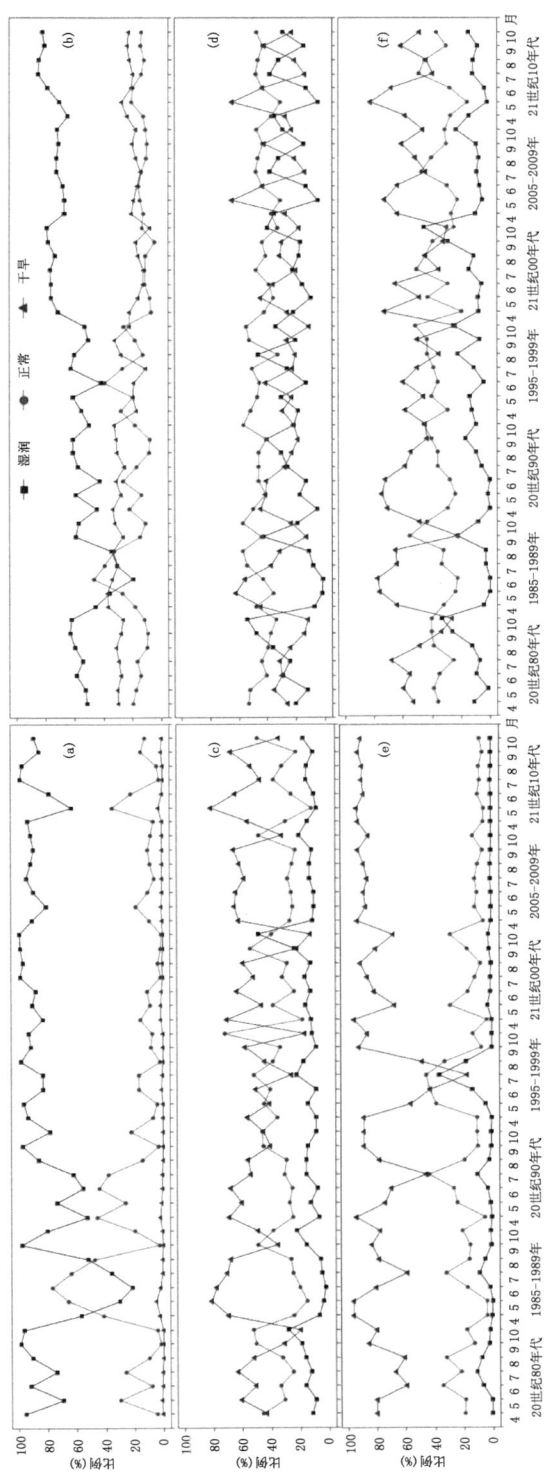

图 6-13　主要土地覆盖类型的各旱情等级的面积比例

((a)森林；(b)灌丛；(c)草地；(d)农田；(e)裸地；(f)建设用地)

含量增多,旱情明显缓解。9 月和 10 月,随着雨季结束,降水量明显减小,植被也逐渐枯萎,土壤水分含量降低,部分区域干旱现象明显,湿润面积随之减少。草地和农田在生长季初期(4月和 5 月)和末期(9 月和 10 月),各旱情等级的面积比例分配变化较大,这也是由于植被生长或枯萎,降水量增多或减少导致土壤湿度波动,从而影响旱情等级面积比例变化。

从年际变化上来看,1981—2012 年间,森林区干旱面积比例一直处于极低的水平,且无明显波动。其中,在 1985—1989 年的 5—8 月,湿润区面积急剧减小,旱情等级转变为正常,灌丛、草地和建设用地的湿润区面积也明显减小,旱情等级转为正常和干旱。这说明该时段内,该区土壤湿度有所降低,旱情等级升高,气候因子特别是气温和降水的变化可能是导致该区干旱加剧的原因之一。1995—1999 年裸地的干旱面积明显减少,说明该时段裸地土壤湿度有所增加,旱情有所缓解。

图 6-14(Ⅰ)显示了不同时期各月主要土地覆盖类型的干旱面积。结果表明,草地的干旱面积最大,为 $77.01 \times 10^4 \, km^2$,约占全区干旱总面积的 49.26%;裸地次之,为 $64.36 \times 10^4 \, km^2$,约占全区干旱总面积的 42.98%;农田居第三位,为 $7.93 \times 10^4 \, km^2$,约占全区干旱总面积的 5.16%;灌丛居第四位,为 $4.07 \times 10^4 \, km^2$,约占全区干旱总面积的 2.76%;建设用地和森林干旱面积较小,其中建设用地干旱面积为 $0.21 \times 10^4 \, km^2$,约占全区干旱总面积的 0.13%;森林干旱面积最小,仅有 $0.12 \times 10^4 \, km^2$ 左右,占全区干旱总面积的 0.08%。这说明,土壤湿度及干旱分布与土地覆盖类型关系密切,土壤湿度较小的地区集中分布于蒙古高原的草地和裸地,两者干旱面积占高原总干旱面积的 92.25%,而其他地类干旱面积占总干旱面积的比例还不到 8%。

从时间变化上来看,各地类干旱面积在总干旱面积的分配在年际上变化不大(图 6-14(Ⅱ)),而在同一时期的不同月份之间变化明显,这种比例分配的变化主要发生在草地和裸地之间(图 6-14(Ⅲ)),且这种现象主要发生在 9 月和 10 月。在 4—8 月,草地干旱面积比例明显大于裸地,而在 9 月和 10 月,裸地干旱面积大于草地。这说明在生长季末期,草地的部分区域旱情有所缓解,导致这种现象的原因,可能有以下几种情况:1)生长季末期,裸地区域降水量的急剧下降导致土壤含水量降低,干旱加剧;2)草地地区,由于过度放牧导致牧草过度被食,地表出现裸露,土壤水分蒸发加剧,导致部分地区在生长季初期和旺期出现短期的干旱。对于这种现象发生的原因和机理,还需要进一步的深入研究。

### 6.4.4 TVDI 对降水量变化的响应分析

基于获取的本区气象站年降水量观测数据,分析了 TVDI 与年降水量的相关性特征(图 6-15)。本区气象站点年降水量多数小于 500 mm,具有干旱区半干旱区降水的典型特征。经过分析发现,在小于 500 mm 的低年降水量条件下,年平均降水与 TVDI 总体上呈负相关关系,年降水量越大,TVDI 越小,说明区域越湿润,反之,则越干旱。这说明,在小于 500 mm 的低年降水量条件下,降水量多少决定了干旱程度的大小;研究表明,在降水量较高的地区,决定干旱发生的因子不只是降水,其他影响区域能量和水分平衡的因子都会影响干旱的发生,从而影响区域干湿状况;同时,随着降水量的增加,产生地表径流或地下水径流损失的水分也会增加。

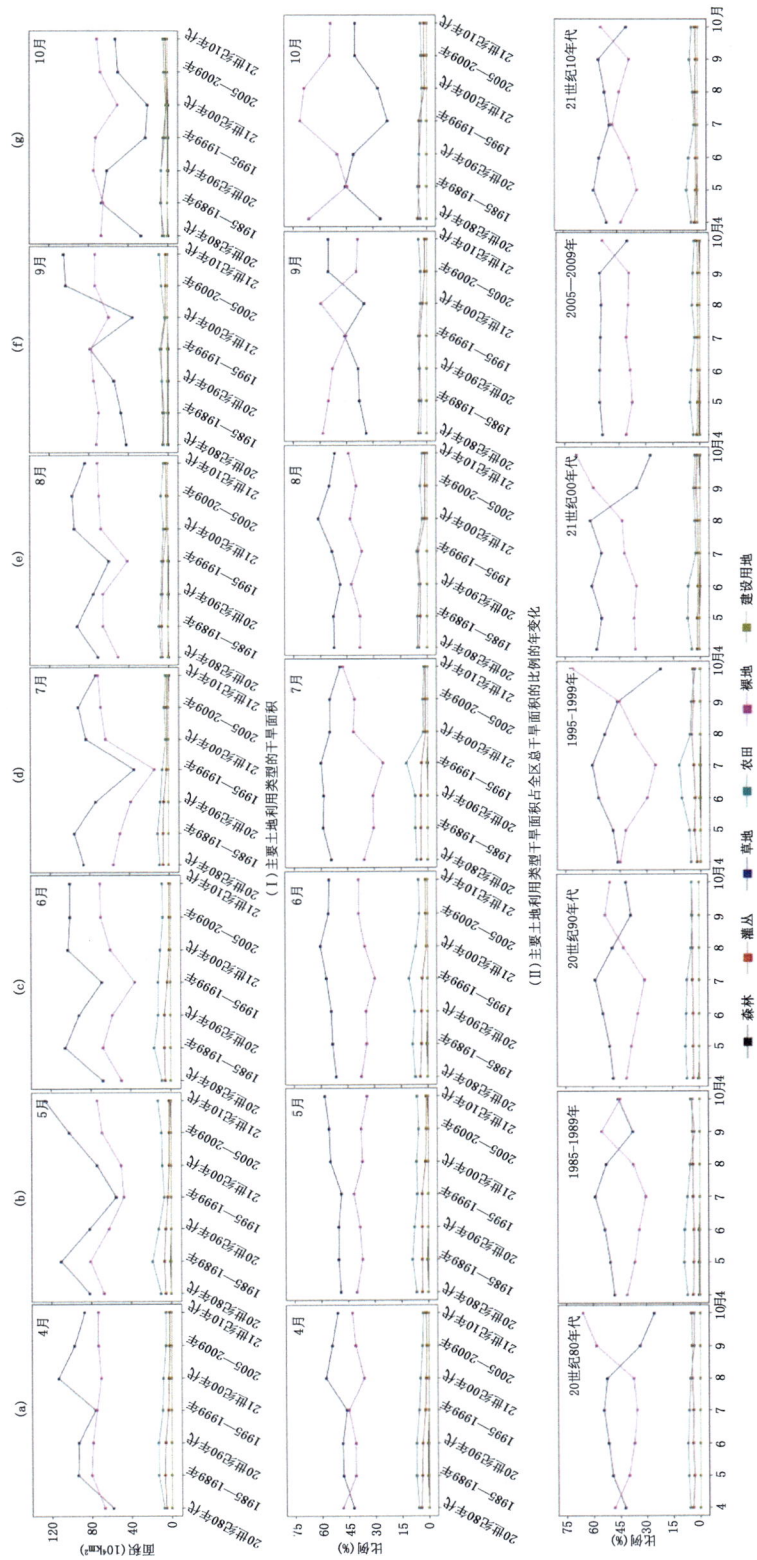

图 6-14　主要土地覆盖类型的干旱面积（Ⅰ）及各干旱面积占全区总干旱面积比例的变化（Ⅱ）和月变化（Ⅲ）

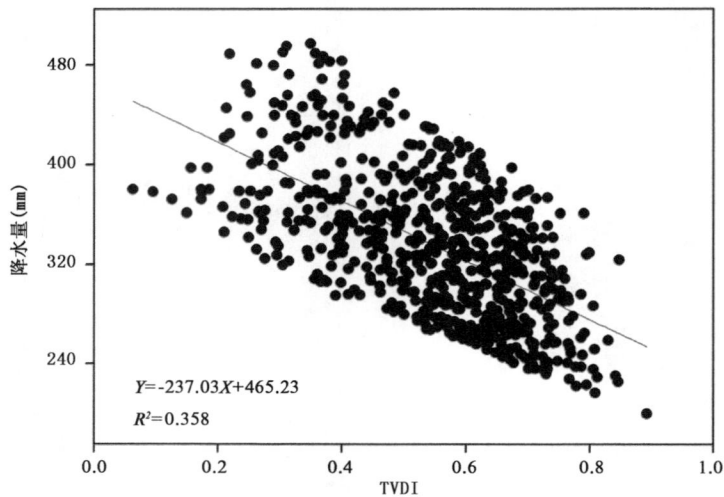

图 6-15　1981—2010 年气象站点生长季平均降水量(< 500 mm)与 TVDI 的相关关系图

# 第 7 章　蒙古高原地表植被覆盖和旱情时空变化

## 7.1　蒙古高原主要地表参数时间变化

　　蒙古高原主要地表参数及气象参数的年变化特征如图 7-1 所示。该图表明,1981—2012年,蒙古高原年平均气温为 12.47 ℃,年平均地表温度为 23.57 ℃,年平均气温和年平均地表温度均呈明显增加趋势,且地表温度增加幅度大于气温增加幅度。这说明该区地表温度对气

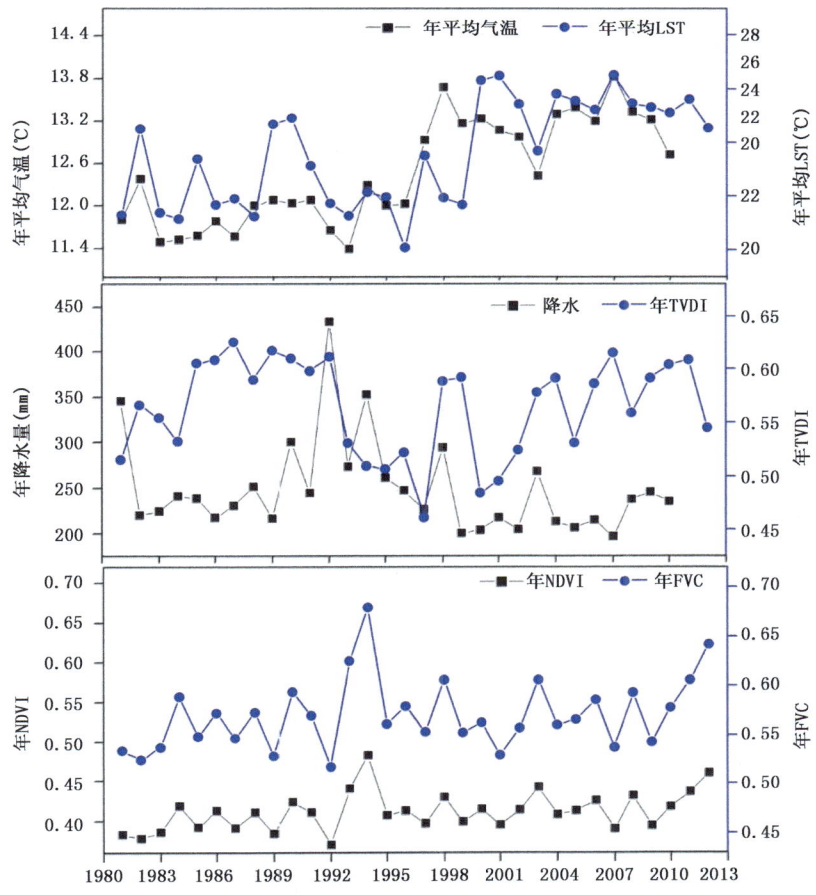

图 7-1　1981—2010 年蒙古高原年平均气温、降水量、LST、NDVI、FVC 及 TVDI 年际变化

温变化的敏感性强,原因可能是由于该区地表植被覆盖较低,当气温升高时,地表温度的响应敏感且升高速度快。

1981—2012 年,年平均降水量为 248.77 mm,多年 TVDI 均值为 0.56,年 TVDI 的变化与年降水量变化呈相反的趋势,年降水量呈减小趋势,区域总体干旱程度有所加剧,但干旱等级没有变化。总体来看,该区旱情等级处于正常,但偏干旱。研究区多年年平均植被覆盖度约为 57%,区内以草地为主要植被类型,裸地面积较大,因此总体植被覆盖度较低;植被覆盖度与 NDVI 都呈现增加趋势,但增加幅度较小。

采用一元线性回归分析可以分析每个栅格点的变化趋势,Stow 等用该方法来计算植被的绿度变化率(Greeness Rate of Change,GRC)。GRC 被定义为某时间段内的季节合成归一化植被指数(Seasonally Integrated Normalized Difference Vegetation Index,SINDVI)年际变化的最小次方线性回归方程的斜率。本研究同样用该方法模拟多年平均 FVC 和 TVDI 的变化趋势,计算公式如式(7.1)、式(7.2)所示。

$$\Theta_{fvc\_slope} = \frac{n \times \sum_{i=1}^{n} i \times FVC_i - \sum_{i=1}^{n} i \sum_{i=1}^{n} FVC_i}{n \times \sum_{i=1}^{n} i^2 - (\sum_{i=1}^{n} i)^2} \tag{7.1}$$

$$\Theta_{tvdi\_slope} = \frac{n \times \sum_{i=1}^{n} i \times TVDI_i - \sum_{i=1}^{n} i \sum_{i=1}^{n} TVDI_i}{n \times \sum_{i=1}^{n} i^2 - (\sum_{i=1}^{n} i)^2} \tag{7.2}$$

式中,变量 $i$ 为 $1-n$ 年的年序号,$FVC_i$ 和 $TVDI_i$ 表示第 $i$ 年的平均 FVC 和 TVDI 值。某像点的趋势线是这个像点 $n$ 年平均 FVC 和 TVDI 值用一元线性回归模拟出来的第一个总的变化趋势,是这条趋势线的斜率,回归方程通过了置信度水平 95% 的显著性检验。这个趋势线并不是简单的最后一年与第一年的连线。$\Theta_{slope} > 0$ 则说明 FVC 或 TVDI 值在近 $n$ 年的变化趋势是增加的;反之则减少。

## 7.2　蒙古高原地表植被覆盖及旱情等级变化趋势

### 7.2.1　蒙古高原地表植被覆盖空间分布特征

基于像元二分模型,反演得到了 1981—1999 年每旬及 2000—2012 年 16 天合成的地表植被覆盖度(FVC),利用最大值合成法合成了每年 4—10 月生长季的最大 FVC,如图 7-2 所示。

图 7-2 表明,基于 NOAA AVHRR 的 NDVI-Pathfinder 数据和 MODIS 数据,利用像元二分模型反演得到的 FVC 空间分布结果一致,且能够从宏观上反映该区植被覆盖的分布及其变化。研究时段内,蒙古高原年地表植被覆盖度为 57% 左右,高原地表植被覆盖分布区域性明显,即与自然地理分区和地表植被类型分布基本吻合。地表植被覆盖呈现随纬度变化的地带性分布规律,从北往南逐渐减小。蒙古高原北部森林区地表植被覆盖最高,可达 80%~100%。高原中部分布有大面积的草原,其中草原区北部是高覆盖草地,地表植被覆盖度最高,可达 60%~80%;草原区中部是中覆盖草地,地表植被覆盖度略低,为 40%~60%;草原区南部为低覆盖草地,地表植被覆盖度最低,为 20%~40%。高原南部为裸地,分布有大面积的戈

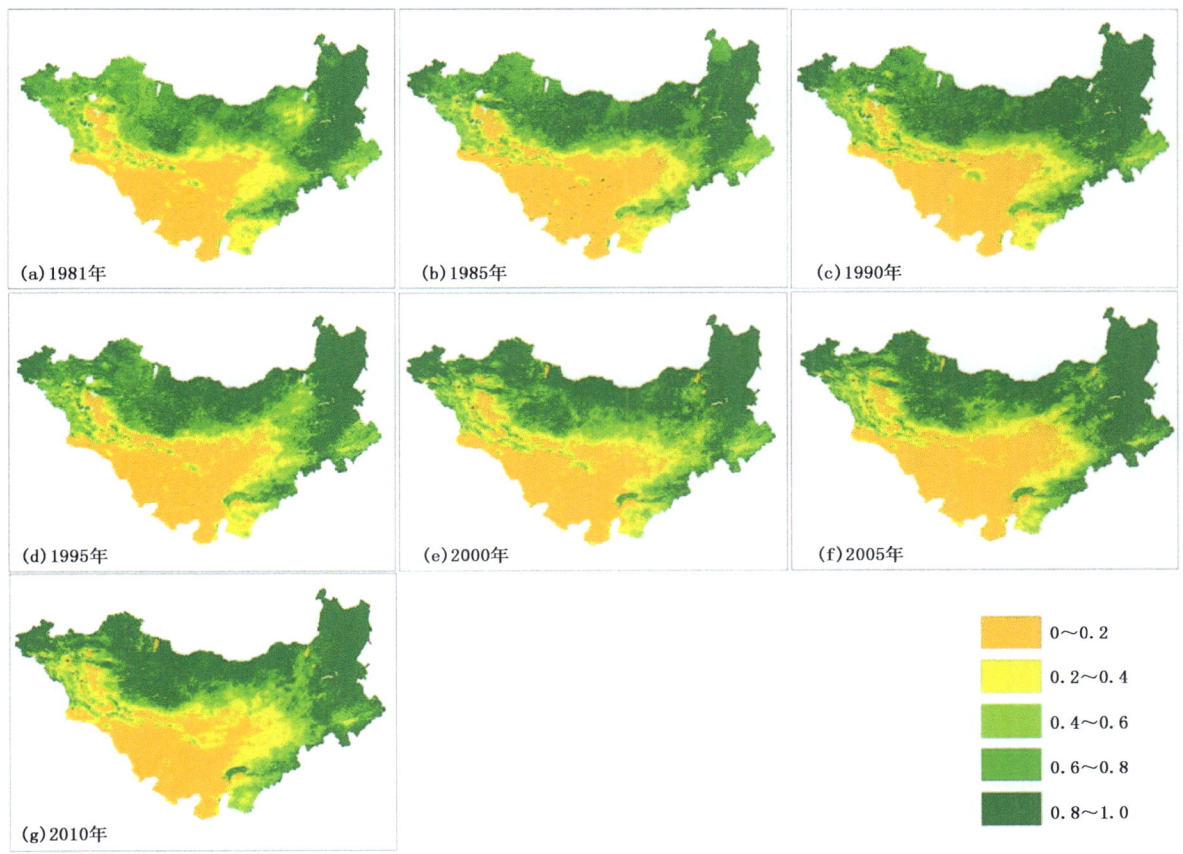

图 7-2　1981—2010 年蒙古高原年 FVC 分布图

壁和沙漠,是全区植被覆盖度最低的地区,覆盖度为 20% 以下。

### 7.2.2　蒙古高原地表植被覆盖及旱情时空演变特征

　　基于趋势分析法,得到了 1981—2012 年蒙古高原地表植被覆盖度和 TVDI 的多年变化特征(图 7-3)。为更加明确表达该区地表植被覆盖度和旱情的时空变异特点,将 FVC 的变化等级分为明显变差、有所变差、基本不变、有所改善和明显改善五个等级;将 TVDI 的变化等级分为干旱明显加剧、干旱有所加剧、基本不变、干旱有所改善和干旱明显改善五个等级。需要说明的是,该方法得到的是 1981—2012 年的 FVC 和 TVDI 的变化趋势,仅代表了蒙古高原的 FVC 和 TVDI 在本研究时段内的相对变化幅度大小,并不代表某像元所处的 FVC 及干旱等级的变化,也不能说明与其他区域的变化特点的差异。

#### 7.2.2.1　地表覆盖及旱情等级变化的时空差异特征

　　本研究利用趋势分析法得到的 1981—1989 年、1990—1999 年以及 2000—2012 年,FVC 和 TVDI 的变化情况(图 7-3)。结果表明,1981—2012 年,蒙古高原 FVC 及 TVDI 变化在 ±0.1 之间,植被覆盖度和旱情总体变化不大,但个别区域呈现明显的年际差异;且不同时期,植被覆盖度变化和旱情等级之间转换的分布区域以及程度差异明显。

　　空间上，地表植被覆盖改善的地区主要分布在俄罗斯图瓦共和国的森林区，蒙古国北部的森林区和高覆盖草地区，中国内蒙古自治区大兴安岭林区部分地区以及内蒙古东部和南部的农田区。地表植被覆盖状况下降的区域主要分布于蒙古国中部、西部草原区以及中国内蒙古自治区的中部。这里分布有大量的城镇，城市的迅速扩张，城市用地的大面积增加，可能是导致本区地表植被覆盖变差的一个主要原因。

　　TVDI 的变化趋势与地表植被覆盖度的变化呈现不一样的空间格局。TVDI 增加的区域集中分布在俄罗斯图瓦共和国西部，蒙古国西部和北部，中国内蒙古大兴安岭以及内蒙古南部，TVDI 的增加一定程度上说明该区土壤水分的减小。土壤水分的减小表明这些区域在其各自的时段内呈干旱加剧趋势，但是由于本区 TVDI 的变化幅度较小，因此，土壤水分的降低并没有引起干旱等级之间的转换。TVDI 减小的区域，主要分布于蒙古国南部草原区、中国内蒙古自治区南部，以及内蒙古东部的农田区。另外在 1990—1999 年间，中国内蒙古大兴安岭林区的 TVDI 明显降低，说明该区土壤水分有所增加。

　　图 7-3 表明，不同时期地表植被覆盖度和 TVDI 变化的空间格局有所差异。1981—1989年，地表植被覆盖度明显下降的地区位于蒙古国中部、南部草原和荒漠区以及中国内蒙古自治区的中部地区。1990—1999 年，蒙古国中部、南部草原和荒漠区地表植被覆盖仍为下降的趋势，而中国内蒙古自治区中部地区的部分区域地表植被覆盖呈改善的趋势，同时中国内蒙古自治区东部农田区在 1990—1999 年、2000—2012 年呈明显改善趋势，而在 1981—1989 年略微降低。在 1990—1999 年以及 2000—2012 年，蒙古国西部草原区地表植被覆盖明显减小，原因可能是该区过度放牧现象严重。2000—2012 年中国内蒙古自治区除中部地区呼和浩特周边区域地表植被覆盖明显下降外，其他区域地表植被覆盖均处于不变和改善的趋势，这说明我国于 20 世纪 90 年代实施的一系列生态建设工程对于改善区域地表植被覆盖度的作用明显；而快速城市化带来的城市扩张占用大量耕地、林地及草地等地类是造成大城市周边区域地表植被覆盖下降的主要原因。

　　图 7-3 表明，1981—1989 年以及 2000—2012 年间，中国内蒙古大兴安岭林区土壤水分呈下降趋势，而在 1990—1999 年，该区土壤水分有所增加。蒙古国西部草原区在三个时期 TVDI 均呈现增加趋势，该区土壤水分在 1981—2012 年呈现持续降低趋势，干旱现象加剧。结果表明，研究时段内该区地表植被覆盖和土壤水分都呈现减小趋势。该区是蒙古国重要的牧场，这说明过度放牧使该区地表植被受到一定程度的破坏，干旱程度有所增加。另外，蒙古国中部的草原区土壤水分也呈明显下降趋势，旱情有所加剧。除此之外，中国内蒙古南部部分地区土壤水分在 2000—2012 年呈现减小趋势。

　　表 7-1 为地表植被覆盖面积变化情况。结果表明，研究时段内约有 96.46×10⁴ km² 的面积呈现下降趋势，其中，1981—1989 年，地表植被覆盖下降区域面积为 89.71×10⁴ km²，占全区总面积的 30.16%；1990—1999 年为 66.52×10⁴ km²，占全区总面积的 22.37%；2000—2012年为 133.15×10⁴ km²，占全区总面积的 44.77%。1981—1989 年，地表植被覆盖改善的区域面积为 87.34×10⁴ km²，占全区总面积的 24.82%；1990—1999 年为 73.82×10⁴ km²，占全区总面积的 22.37%；2000—2012 年为 66.25×10⁴ km²，占全区总面积的 22.27%。从时间序列上来看，蒙古高原地表植被覆盖下降面积有所增加，而地表植被覆盖改善面积有所减少，这说明，1981—2012 年，蒙古高原地表植被覆盖总体呈减小趋势，但减小幅度较小。

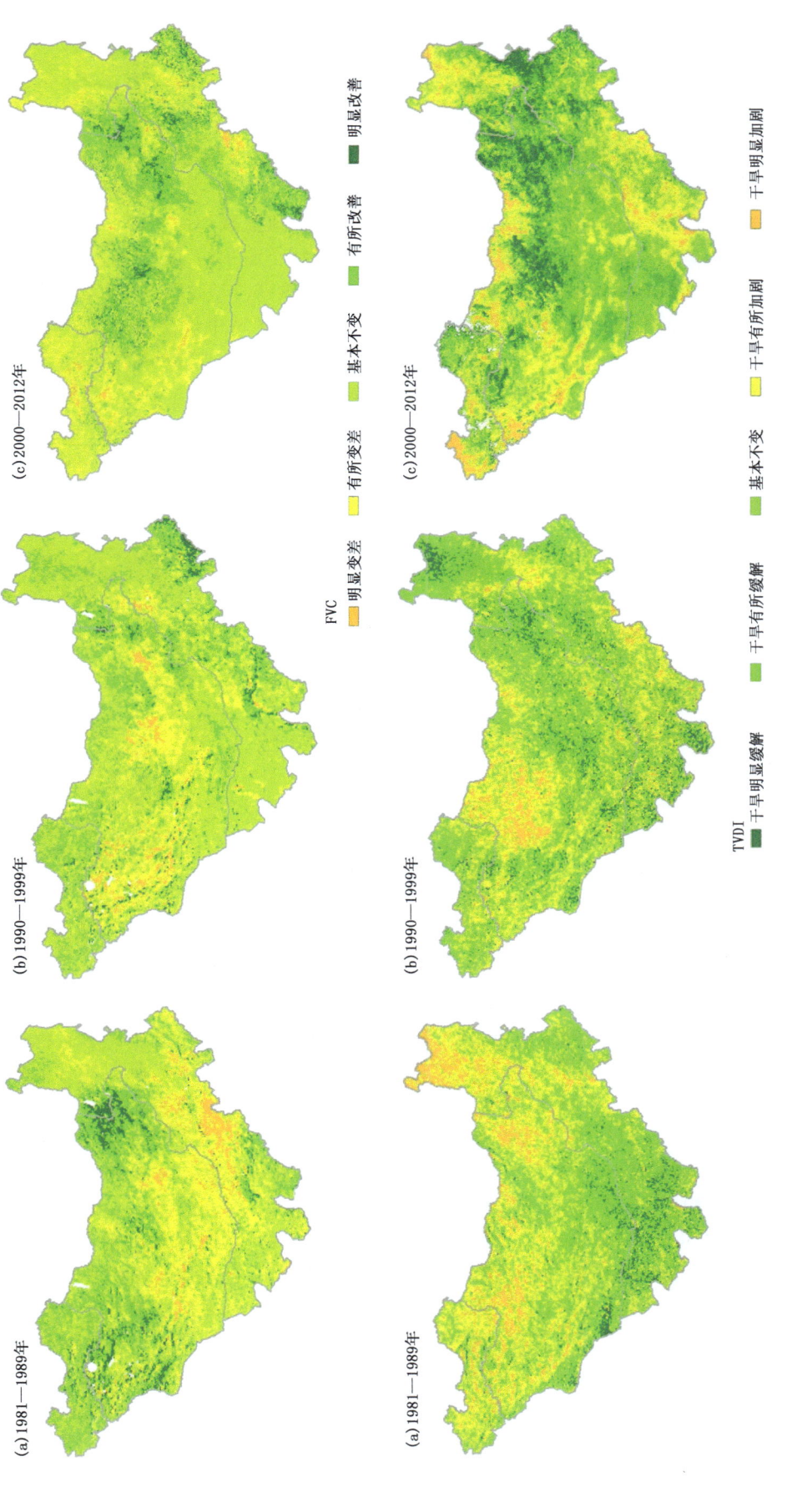

(c) 2000—2012年

(b) 1990—1999年

(a) 1981—1989年

(c) 2000—2012年

(b) 1990—1999年

(a) 1981—1989年

FVC

明显改善
有所改善
基本不变
有所变差
明显变差

TVDI

干旱明显缓解
干旱有所缓解
基本不变
干旱有所加剧
干旱明显加剧

图7-3　1981—2012年蒙古高原FVC及TVDI变化趋势分布图

　　研究区内,蒙古国面积最大,占研究区总面积的 52.67%;中国内蒙古自治区次之,占研究区总面积的 38.56%;俄罗斯图瓦共和国面积最小,仅占研究区总面积的 8.77%。统计了 1981—2012 年干旱加剧面积和植被覆盖下降面积的比例构成的平均值(图 7-4),结果发现,蒙古高原地表植被覆盖减少面积大多发生在蒙古国境内,约占区域植被覆盖减小面积的 58.63%,略大于其面积比例;中国内蒙古自治区地表植被覆盖减小面积占总减小面积的 35.09%左右,略小于其面积比例;俄罗斯图瓦共和国植被覆盖减小面积占总减小面积的 6.15%,略小于其面积比例。这说明,研究时段内蒙古国地表植被覆盖减小面积最大,也是三个区域中最严重的,是本区地表植被覆盖减小面积的主体。由上分析可知,1981—2012 年,蒙古高原地表植被覆盖总体呈现不明显的减小趋势,蒙古国地表植被覆盖是本区地表植被覆盖减小面积的主体。

表 7-1　蒙古高原在三个时期的地表植被覆盖面积变化情况($\times 10^4 \, km^2$)

| 年份 | 面积 | 全区 | 中国内蒙古自治区 | 蒙古国 | 俄罗斯图瓦共和国 |
|---|---|---|---|---|---|
| 1981—1989 年 | 明显变差 | 17.32 | 9.38 | 7.65 | 0.28 |
| | 有所变差 | 72.39 | 30.19 | 41.04 | 1.08 |
| | 基本不变 | 120.31 | 52.68 | 55.24 | 11.98 |
| | 有所改善 | 69.19 | 14.84 | 40.75 | 13.28 |
| | 明显改善 | 18.15 | 3.25 | 13.03 | 1.74 |
| 1990—1999 年 | 明显变差 | 12.12 | 1.74 | 10.14 | 0.23 |
| | 有所变差 | 54.40 | 11.83 | 41.05 | 1.41 |
| | 基本不变 | 157.01 | 67.30 | 73.82 | 15.41 |
| | 有所改善 | 63.49 | 24.29 | 28.34 | 10.54 |
| | 明显改善 | 10.33 | 5.18 | 4.36 | 0.78 |
| 2000—2012 年 | 明显变差 | 13.16 | 5.22 | 5.74 | 2.19 |
| | 有所变差 | 119.99 | 49.08 | 53.74 | 17.10 |
| | 基本不变 | 97.96 | 34.22 | 58.80 | 4.89 |
| | 有所改善 | 49.12 | 18.42 | 29.45 | 1.24 |
| | 明显改善 | 17.13 | 7.24 | 9.37 | 0.52 |

　　表 7-2 为旱情面积变化情况,结果表明,研究时段内约有 $82.80 \times 10^4 \, km^2$ 的面积土壤水分有所增加,占总面积的 27.84%;$116.820 \times 10^4 \, km^2$ 的面积土壤水分有所减少,占总面积的 39.28%。1981—1989 年,干旱加剧面积为 $139.48 \times 10^4 \, km^2$,占全区总面积的 46.91%;1990—1999 年为 $107.52 \times 10^4 \, km^2$,占全区总面积的 36.15%;2000—2012 年为 $103.46 \times 10^4 \, km^2$,占全区总面积的 34.79%。1981—1989 年,地表植被覆盖改善的区域面积为 $66.42 \times 10^4 \, km^2$,占全区总面积的 22.33%;1990—1999 年为 $93.42 \times 10^4 \, km^2$,占全区总面积的 31.41%;2000—2012 年为 $88.55 \times 10^4 \, km^2$,占全区总面积的 29.77%。从时间序列看,1981—2012 年蒙古高原干旱现象呈现不明显加剧趋势。图 7-4 表明,蒙古国干旱加剧面积占总加剧面积的 43.3%,中国内蒙古自治区占 43.1%,两者所占比例相当,俄罗斯图瓦共和国干旱加剧面积占总加剧面积的 13.6%,明显大于其在本区所占的面积比例。这说明,1981—2012 年间,蒙古高原土壤含水量降低现象是普遍存在的,土壤含水量的降低在一定程度上加剧了本区的干旱。人类活动、气候变化等一系列因子所引起的区域干旱现象加剧在长时间序列内是较明显的。

表 7-2　蒙古高原在三个时期的旱情面积变化情况(×10⁴km²)

| 年份 | 面积 | 全区 | 中国内蒙古自治区 | 蒙古国 | 俄罗斯图瓦共和国 |
|---|---|---|---|---|---|
| 1981—1989 年 | 干旱明显缓解 | 14.74 | 7.96 | 6.31 | 0.52 |
| | 干旱有所缓解 | 51.68 | 24.19 | 25.08 | 2.29 |
| | 基本不变 | 91.46 | 33.55 | 49.93 | 7.67 |
| | 干旱有所加剧 | 92.65 | 29.79 | 49.69 | 12.85 |
| | 干旱明显加剧 | 46.83 | 14.45 | 27.04 | 5.10 |
| 1990—1999 年 | 干旱明显缓解 | 24.22 | 11.06 | 12.06 | 1.06 |
| | 干旱有所缓解 | 69.20 | 29.90 | 33.40 | 5.66 |
| | 基本不变 | 96.42 | 35.83 | 47.45 | 12.78 |
| | 干旱有所加剧 | 77.72 | 25.26 | 44.61 | 7.61 |
| | 干旱明显加剧 | 29.80 | 7.89 | 20.53 | 1.31 |
| 2000—2012 年 | 干旱明显缓解 | 26.22 | 8.29 | 16.48 | 1.43 |
| | 干旱有所缓解 | 62.33 | 21.86 | 35.19 | 5.25 |
| | 基本不变 | 105.35 | 41.39 | 57.21 | 6.69 |
| | 干旱有所加剧 | 77.54 | 35.44 | 35.96 | 6.09 |
| | 干旱明显加剧 | 25.92 | 8.79 | 12.42 | 4.68 |

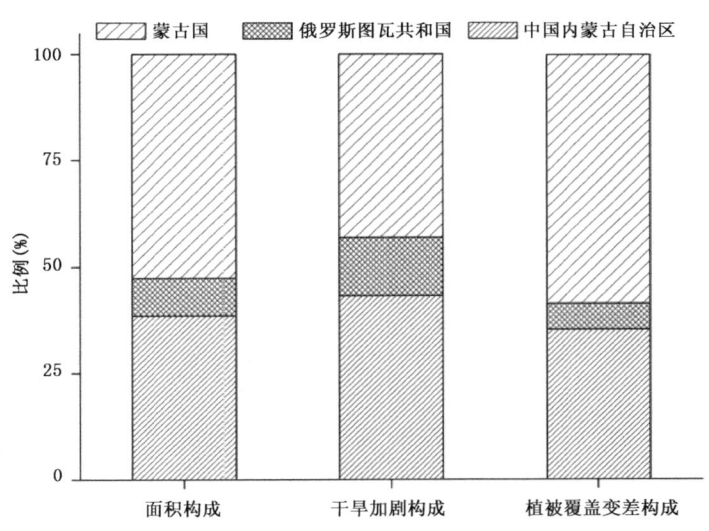

图 7-4　蒙古高原面积比例构成、干旱加剧面积比例构成及植被覆盖变差面积比例构成分布图

## 7.2.2.2　基于土地覆盖的地表植被覆盖及旱情变化时空差异特征

　　本研究提取了中国内蒙古、蒙古国及俄罗斯图瓦共和国主要土地覆盖类型地表植被覆盖度及旱情变化情况(图 7-5)。结果表明,研究时段内 FVC 和 TVDI 在三个区域呈现相似的年变化特征。总体来看,中国内蒙古自治区森林 FVC 最大,俄罗斯图瓦共和国次之,蒙古国最小,但其相差不大。1981—2000 年,FVC 变化不大,在 1993—2000 年间略呈降低趋势,2000—

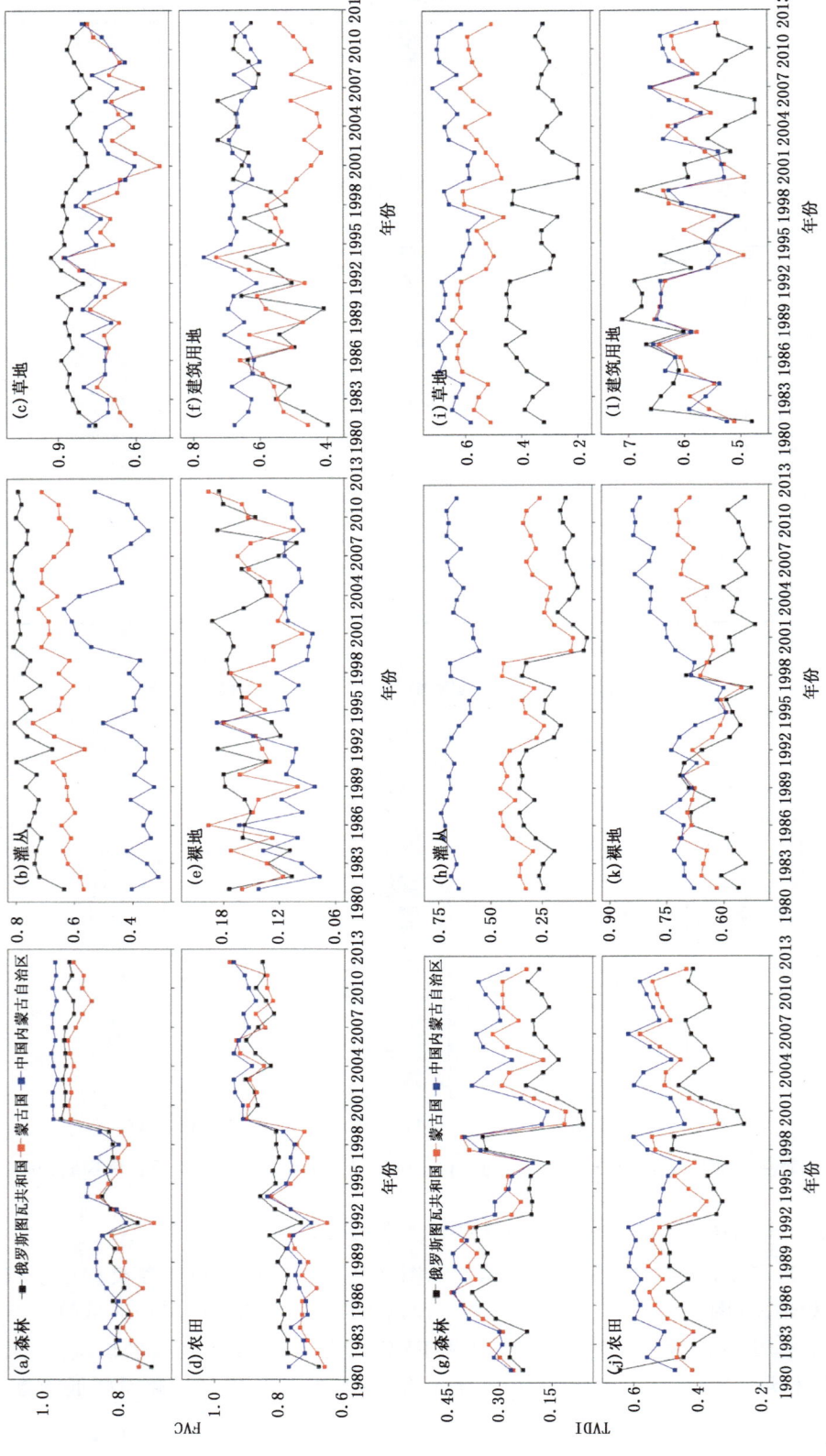

图 7-5　1981—2010 年蒙古高原主要土地覆盖类型年 FVC 及年 TVDI 变化图

2001 年 FVC 明显增加,而在 2006 年以后蒙古国 FVC 明显降低,到 2010 年达到最低,但与 2000 年相比 FVC 总体保持一个相对稳定的状态。TVDI 的变化在研究时段内则略呈减小趋势,这说明随着森林区植被覆盖度增加,土壤水分略有升高,旱情等级也相应变化。

1981—2012 年,中国内蒙古自治区灌丛平均覆盖度为 0.425,均低于蒙古国(0.649)和俄罗斯图瓦共和国(0.700),且中国内蒙古自治区灌丛区 TVDI 最大,旱情等级较高,TVDI 均值为 0.667,为干旱;蒙古国 TVDI 次之,旱情等级为正常;俄罗斯图瓦共和国旱情等级最小。这说明,空间上蒙古高原灌丛盖度从北往南依次降低,干旱也逐渐加剧,灌丛的盖度与 TVDI 呈现负对应关系;时间上,灌丛盖度呈略微升高趋势,TVDI 呈下降趋势,但中国内蒙古自治区 TVDI 下降幅度最大,说明研究时段内,中国内蒙古灌丛区植被覆盖度有了明显改善,土壤水分也明显升高。

俄罗斯图瓦共和国草地长势良好,平均覆盖度为 0.844,均大于中国内蒙古自治区(0.734)和蒙古国(0.695)。1981—2012 年,蒙古高原草地覆盖度总体呈现下降趋势,这说明草原地表植被都因过度开发、气候变化等原因而受到不同程度的破坏。从旱情变化来看,研究时段内,蒙古高原草地 TVDI 略呈增加趋势,干旱有所加剧。其中,中国内蒙古自治区草原干旱现象较明显,1981—2012 年,草地 TVDI 略有增加,平均 TVDI 为 0.642,整体旱情为干旱;蒙古国平均 TVDI 为 0.602,旱情等级也为干旱,但旱情较中国内蒙古自治区有所缓解;俄罗斯图瓦共和国草地旱情等级最低。由此可见,研究时段内,蒙古高原草原地表植被受到了不同程度的破坏,地表植被退化现象明显,植被覆盖度明显降低;与此同时,地表植被覆盖的降低,导致大量土壤面积裸露,地表蒸散增多,土壤水分损失严重,干旱程度增加。

1981—2012 年,蒙古高原农田植被覆盖度较高,且呈持续增加趋势,俄罗斯图瓦共和国 FVC 平均为 0.822,蒙古国为 0.789,中国内蒙古自治区为 0.819。农田旱情等级总体为正常,其中中国内蒙古自治区农田 TVDI 均值最大,为 0.542;蒙古国次之,为 0.476;俄罗斯图瓦共和国最小,为 0.411。这说明,中国内蒙古自治区农田土壤水分含量较低,出现一定的干旱现象。由上分析可知,1981—2012 年,蒙古高原农田区植被覆盖度明显增加,这说明,该区农业发展迅速,作物长势良好,但长时间的耕作使农田区土壤一定程度上呈现一定的干旱现象,合理开垦、退耕还林和退耕还草工作的开展将有利于本区地表植被覆盖的保护以及旱情的缓解。

本区裸地植被覆盖度为 5%~20%,植被覆盖度很低,且研究时段内无明显变化,而 TVDI 值较高,呈现明显的干旱和极干旱现象,是蒙古高原植被覆盖最低且旱情最严重的土地覆盖类型。从时间序列上来看,蒙古高原裸地 TVDI 略呈增加趋势,其中,中国内蒙古自治区增加趋势明显,从 1981 年的 0.678 增加到了 2012 年的 0.817,增幅达 20%;蒙古国 TVDI 增加趋势次之,增幅达 11.3%。

1981—2012 年,蒙古国建筑用地地表植被覆盖度明显下降,中国内蒙古自治区略有增加。这说明,在城市扩张过程中,蒙古国在改善和建设城市绿地等方面的工作凸显不足,城市绿地规划和建设速度明显落后于城市扩展规模,而且在城市扩张过程中对草地的直接破坏也可能是导致该区地表植被覆盖降低的原因之一,而中国内蒙古自治区在这方面做得相对较好。

由上分析可知,不同土地类型的 FVC 和 TVDI 在不同区域的变化呈现不同的特征,FVC 和 TVDI 是反映地表植被自身生长现状、变化及其土壤水分的重要指标,能够在一定程度上反映区域地表植被及其生态环境的时空变化特点,有利于探究区域地表植被覆盖及其生态环境变化的机制研究。

# 第8章　结论与展望

## 8.1　结论

本研究获取了 1990 年、2010 年蒙古国 30 m 分辨率土地覆盖数据产品。土地覆盖分类精度评价表明 1990 年土地覆盖产品的一级类总体分类精度为 82.26%，二级类的总体分类精度为 68.55%。2010 年土地覆盖产品的一级类总体分类精度为 92.34%，二级类的总体分类精度为 80.24%。该数据集较以往学者对蒙古国土地覆盖变化研究所采用的数据产品更精细，且精度显著提高。

格局分析表明，裸土地和草地是面积最大的两种类型，其中裸土地的面积约占蒙古国土地面积的 47.83%，是面积最多的土地覆盖类型，草地的面积次之，约占总面积的 42.85%。在空间分布上，裸土地和草地具有明显的分界线，其中，裸土地分布比较集中连片，主要分布在蒙古国南部和西部；草地分布广泛，主要在北部湿润地区和河流附近，此外，草地的分布也具有明显的地域性，一般在裸土地附近，并在中部地区形成一条明显的荒漠草地条带，条带以南的土地类型以裸土地为主。森林的面积约占总面积的 6.63%，是蒙古国第三大土地覆盖类型，但由于受区域内气温和降水条件限制，其主要分布在北部地区。蒙古国作为传统的游牧民族部落，农耕水平极不发达，农田面积稀少，仅占总面积的 0.6%，主要集中在北部区域。蒙古国的建筑用地主要是一些重要城镇的聚集区，空间上分布极少，是蒙古国面积最少的土地覆盖类型，占总面积的 0.03%，在空间分布上比较分散。水体的面积占总面积的 1.14%，主要以湖泊和河流形式存在，湖泊主要分布在西北部地区，河流则主要集中在中西部地区。永久冰雪主要分布在蒙古国境内海拔较高西部地区，面积约占总面积的 0.07%。总体来说，蒙古国土地覆盖类型以裸地、草地、森林为主，三者的总面积占了蒙古国总面积的 97.43%。在空间格局上具有明显的地类过渡性，空间分布由南向北表现为裸地—荒漠草地—典型草地—森林的分布格局。

蒙古国在 1990—2010 年间土地覆盖类型变化剧烈。草地的总变化量为 63.51 万 km²，净变化量为 5.81 km²，交换变化量为 57.70 km²，主要表现为草地空间位置的转移。森林的总变化量为 89266.30 km²，净变化量为 24071.70 km²，交换变化量为 65194.60 km²，主要表现为空间位置的转移，同时还伴随森林面积的减少。农田总变化量为 8495.20 km²，净变化量为 5256.60 km²，交换变化量为 3238.60 km²，耕地总量呈减少趋势，同时发生比较大的空间转移。冰雪的总变化量为 1162.10 km²，净变化量为 10.90 km²，交换变化量为 1151.20 km²，主要表现为空间位置转移。水体总变化量为 6521.60 km²，净变化量为 68.40 km²，交换变化量为 6453.20 km²，变化主要表现为空间转移。建设用地总变化量为 513.30 km²，净变化量为

22.70 km²,交换变化量为 490.60 km²,主要表现为空间位置的转移。裸土地总变化量为 18.36 万 km²,净变化量为 3.37 万 km²,交换变化量为 14.99 万 km²,主要表现为交换变化。

中蒙毗邻地区 1990—2010 年的土地覆盖变化中,各个区域的不同土地覆盖类型在空间上均发生了不同程度的相互转化和转变。结合研究区的转移矩阵统计数据和各土地类型的空间分布变化结果,中蒙毗邻地区的土地覆盖动态变化特征主要概括为:建设用地在中国内蒙古区域快速扩张、耕地在中国内蒙古区域中部农田持续开发和蒙古国北部快速退化、裸地在研究区西部和蒙古国南部持续增加、林地在蒙古国区域北部快速减少和中国内蒙古区域西部缓慢增加。

本研究中获取跨越中蒙俄的东北亚南北样带 2001—2012 年逐年的 MODIS 土地覆盖数据集,建立土地覆盖变化矩阵,计算土地利用/覆盖净变化量、交换变化量、总变化量等,分析和揭示东北亚南北样带土地利用/覆被变化的系统过程。东北亚南北样带土地覆盖变化显示:2001—2012 年这 12 年间东北亚南北样带内草地的总变化量最大,占总体面积的 198.7‰,其次为林地、灌丛、耕地,分别占 104.7‰、82.8‰、69.8‰。结果显示:从空间分布来看,12 年间东北亚南北样带内林地大量增加,耕地少量增加,草地灌丛则大幅减少;草地的总变化量最大,其次为林地、灌丛、耕地。从年际变化来看,草地灌丛的总变化量呈现总体稳定,缓步上升过程中有局部波动的特点;林地总变化量呈现出峰谷相间的起伏波动特点,但总体有上升趋势;耕地的总变化量有明显的锯齿状起伏波动特征,显著受到政策的影响;整个样带区域的综合土地动态度总体稳定,有略微上涨趋势。

本研究利用 1981—1999 年 NOAA AVHRR NDVI-PathFinder 10 天合成遥感数据及 2000—2012 年 MODIS 植被指数和地表温度数据集,基于像元二分模型反演得到了蒙古高原地表植被覆盖度(FVC),分析了蒙古高原地表植被覆盖的时空变化特征;基于 $T_s$-NDVI 通用特征空间构建了稳定的干旱监测模型,以温度植被干旱指数(TVDI)为基础探究了蒙古高原旱情的时空分布特征;在此基础上,深入分析了蒙古高原地表植被覆盖和干旱演变的时空差异特征。研究发现蒙古高原地表植被覆盖和旱情具有明显的地带性分布规律,而且与土地利用/土地覆盖类型密切相关。地表植被覆盖度高、植被长势良好的地区,未发生或少发生干旱;植被覆盖度低、植被长势差的地区干旱现象广泛且较严重。从纬度上看,纬度越低,干旱现象越明显,这也是由地势、地貌及植被分布的地带性所控制的。

干旱现象普遍存在于蒙古高原,且个别年份旱情严峻。1981—2012 年,蒙古高原约有 153.18×10⁴ km² 的面积出现干旱,占全区总面积的 51.51%;旱情为正常的区域面积约为 83.18×10⁴ km²,占全区总面积的 27.97%;旱情为湿润的面积为 61.01×10⁴ km²,占全区总面积的 20.51%。在一个生长季内,4—8 月,随着植被开始萌芽、生长,雨季的到来,旱情逐步得到缓解;而在 9—10 月,干旱加剧。但与生长季初期的 4 月相比,9 月和 10 月的干旱现象较轻。1981—2012 年,蒙古高原地表植被覆盖总体呈现不明显的减小趋势,蒙古国是本区地表植被覆盖减小面积的主体。中国于 20 世纪 90 年代实施的一系列生态建设工程对于改善区域地表植被覆盖度的作用明显;而快速城市化和城市扩张占用大量耕地、林地及草地等地类是造成大城市周边区域地表植被覆盖变差的主要原因。1981—2012 年,蒙古高原干旱现象呈不明显加剧趋势,且这种趋势在蒙古高原普遍存在。

## 8.2　展望

　　土地覆盖变化研究是全球环境变化和土地可持续发展研究的重要内容,是目前全球变化研究的热点问题。本研究获取高精度的土地覆盖数据集,并用之来分析蒙古国及中蒙俄跨境区域的土地覆盖格局、变化及其干旱化环境效应。一方面,由于土地覆盖变化是一个长时间序列的演变过程,其变化方向具有随机性和多样性,而且影响土地覆盖变化的因素更是多样,相互关系复杂,各影响因素难以定量分析。另一方面,由于中蒙俄区域文化和言语差异,相关统计资料难以获取并翻译,导致很多分析过程难以开展。由于时间紧张以及作者水平有限,作者认为对该区域的研究仍需要对以下方面开展更深入的探讨和研究。

　　(1)在土地覆盖数据资料方面,中蒙俄区域缺乏统一一致的土地覆盖基础数据。当前尽管研究获取了蒙古国的 1990 年、2010 年土地覆盖数据产品,但其分类体系与蒙古国的分类系统并不完全一致。这是由于中国主流的土地覆盖分类体系与蒙古国土地覆盖分类体系不同造成的。本研究中的分类体系与我国主流的土地覆盖分类体系相近,将草地分为草甸草地、典型草地、荒漠草地等,而蒙古国的草地类型则是山地草地、典型草地、荒漠草地和干草地。这导致草地这一面积最大的覆盖类型在解译中有差异,尤其是荒漠草地极易与裸地混分,形成结构性的偏差。如何协同土地覆盖分类体系标准及其指标体系是在今后中蒙俄科学调查和相关合作中要重点解决的难点。

　　(2)在土地覆盖变化时间尺度方面,后续工作可以提高中蒙地区土地覆盖变化的时间频率和周期序列,从而揭示更深入的时空尺度特征。当前采用的土地覆盖数据仅为 1990 年和 2010 年两期的分布数据。未来可以考虑采用每五年一期或者更密集的数据,更加详细地刻画研究区土地覆盖的变化过程。同时,目前研究使用的资料大部分都是国内生产或统计的,数据量和数据时效性非常有限。随着中蒙科技合作的发展和中蒙经贸文化交流的深入,预期可以获得更多、丰富的数据和资料。在后续的研究中可以充分利用蒙古国的专家和中国学者生产的统计资料、研究成果和土地覆盖产品等资料,提高数据收集的多元性,融合不同来源的数据。同时,可以利用更高分辨率的遥感资料,甚至局部使用无人机获取数据。

　　(3)针对土地覆盖变化的驱动力分析,还需要深入探讨不同气候因子和人类活动对土地覆盖变化的影响和机理。气候变化的组成因子是多方面的,除了温度和降水,还包括积温、风速、蒸散量、日照时数和辐射等多方面的因子,本研究仅采用温度和降水两个因子来分析气候变化对土地覆盖的影响是远远不够的,后续的研究中应该将更多的因子同时考虑进去,充分分析气候要素变化对土地覆盖的影响。另外,土地覆盖变化除了受到自然因素的影响外,还受人为因素的影响,自然因素对土地利用/土地覆盖变化的影响是长期而缓慢的,而人为因素对土地覆盖变化的影响是短期且快速的,而且影响力较大。随着人类改造自然的程度加大,迫切需要进一步认识人类活动与土地生态系统的关系。在现有条件下,如何准确收集人类活动的指标,并将这些指标进行综合分析,是深入理解土地覆盖变化现象的重点,也是今后需要深入开展的工作。

　　(4)中蒙两国由于在经济基础、法律政策等方面存在区别,两国在矿山开采,土地复垦以及环境保护等领域有着较大差异。矿山开采对土地资源破坏严重,为了更好地服务这一驱动因素对土地利用/土地覆盖变化的影响研究以及当地的可持续发展,在后续的工作中,可以增加蒙古国和中国内蒙古自治区的典型矿山作为研究对象,开展中蒙跨边境区域的矿山开采所带来的土地退化、运输车辆造成的临时道路(越野公路)的破坏等问题及其环境影响,及中蒙对比研究,进而为"一带一路"倡议和"中蒙俄经济走廊"在本区域的相关交通、管线建设提供生态评估等方面的决策支持。

(5)干旱区、半干旱区生态环境是最脆弱的生态环境之一,也是对人类活动、全球气候变化等大事件响应最敏感和最明显的生态系统之一。基于遥感手段对干旱区、半干旱区地表生态环境的时空演变规律进行深入研究一直是一个值得探究的科学问题。此项工作的实施可以定量探究蒙古高原长时期地表植被覆盖、干旱时空演变特征,对于本区、中国北方乃至东北亚地区的全球气候变化研究提供一定的科学依据。未来可在初步对蒙古高原地表植被覆盖和干旱特征的时空演变进行定量分析的基础上,进一步了解蒙古高原植被退化和土地荒漠化的潜在变化,通过开展干旱区、半干旱区生态系统地面与遥感调查,深入探究荒漠生态系统对气候变化、人类活动响应的时空特征,并进行荒漠生态系统服务功能(遥感)监测等方面的研究。

# 参 考 文 献

巴图娜存,胡云锋,毕力格吉夫,等,2015. 蒙古高原乌兰巴托—锡林浩特草地样带植物物种的空间分布[J]. 自然资源学报,**30**(1):24-36.

白乌云,金良,2015. 蒙古国与内蒙古草原生态环境问题及其解决途径比较研究[J]. 经济论坛,(05): 18-21.

摆万奇,赵士洞,2001. 土地利用变化驱动力系统分析[J]. 资源科学,**03**:39-41.

包刚,包玉海,覃志豪,等,2013. 近10年蒙古高原植被覆盖变化及其对气候的季节响应[J]. 地理科学,**05**: 613-621.

包刚,覃志豪,包玉海,等,2013. 1982—2006年蒙古高原植被覆盖时空变化分析[J]. 中国沙漠,**03**:918-927.

包玉海,乌兰图雅,香宝,等,1998. 内蒙古耕地重心移动及其驱动因子分析[J]. 地理科学进展,**04**:49-56.

布仁高娃,2011. 蒙古国荒漠化现状、成因及草原畜牧业前景研究[D]. 呼和浩特:内蒙古大学.

蔡为民,唐华俊,吕钢,等,2006. 景观格局分析法与土地利用转换矩阵在土地利用特征研究中的应用[J]. 中国土地科学,**01**:39-44.

曹宝,秦其明,马海建,等,2006. 面向对象方法在SPOT5遥感图像分类中的应用——以北京市海淀区为例[J]. 地理与地理信息科学,**22**(2):46-49,54.

曹丽琴,李平湘,张良培,等,2010. 基于多地表特征参数的遥感影像分类研究[J]. 遥感技术与应用,**25**(1): 38-44.

陈海燕,邵全琴,安如,2013. 1980—2005年内蒙古地区土地利用/覆被变化分析[J]. 地球信息科学学报,**15**(2):225-232.

陈文波,肖笃宁,李秀珍,2002. 景观指数分类、应用及构建研究[J]. 应用生态学报,**13**(1):121-125.

程维明,2002. 景观生态分类与制图浅议[J]. 地球信息科学,(02):61-65.

傅伯杰,陈利顶,1996. 景观多样性的类型及其生态意义[J]. 地理学报,**51**(5):454-462.

傅伯杰,王军,马克明,1999. 黄土丘陵区土地利用对土壤水分的影响[J]. 中国自然科学基金,**13**(4):225-227.

郭亚鸽,于信芳,江东,等,2012. 面向对象的森林植被图像识别分类方法[J]. 地球信息科学学报,**14**(04): 514-522.

韩佶兴,2012. 2000—2011年东北亚地区植被覆盖度变化研究[D]. 长春:中国科学院东北地理与农业生态研究所.

何香玲,郑钢,2004. GPS通信的NEMA协议及定位数据的提取[J]. 计算机应用与软件,**21**(12):121-122.

胡曙光,2012. 高速公路车辆协同追尾预警系统研究[D]. 长沙:湖南大学.

胡云锋,刘纪远,庄大方,杨风亭,2004. 20世纪90年代内蒙古自治区土地利用动态与风力侵蚀动态对比研究[J]. 干旱区资源与环境,S1:211-219.

黄奕龙,陈利顶,傅伯杰,2005. 黄土丘陵小流域土壤水分空间格局极其影响因素[J]. 自然资源学报,**20**(4): 483-492.

江洪,王卷乐,金佳鑫,等,2016. 东北亚南北综合样带的构建与梯度分析[M]. 北京:科学出版社.

雷鹏,南灵,2009. 陕西省土地利用总体规划实施保障措施研究[J]. 陕西农业科学,(3):151-153.

李晓兵,陈云浩,喻锋,2004. 基于遥感数据的全球及区域土地覆盖制图、现状、战略和趋势[J]. 地球科学进展,**19**(01):71-79.

李晓文,胡远满,肖笃宁,1999. 景观生态学与生物多样性保护[J]. 生态学报,**19**(03):111-119.

刘纪远,1997. 国家资源环境遥感宏观调查与动态监测研究[J]. 遥感学报,**03**:225-230.

刘纪远,邓祥征,2009.LUCC 时空过程研究的方法进展[J].科学通报,21:3251-3258.

刘纪远,齐永青,师华定,等,2007.蒙古高原塔里亚特—锡林郭勒样带土壤风蚀速率的—(137)Cs 示踪分析[J].科学通报,23:2785-2791.

刘纪远,张增祥,徐新良,2009.21 世纪初中国土地利用变化的空间格局与驱动力分析[J].地理学报,12:1411-1420.

刘建锋,肖文发,江泽平,等,2005.景观破碎化对生物多样性的影响[J].林业科学研究,18(01):222-226.

刘晶,刘学录,侯莉敏,2012.祁连山东段山地景观格局变化及其生态脆弱性分析[J].干旱区地理,35(5):795-805.

刘美玲,齐清文,刘景峰,等,2006.云南边境地区土地利用/覆盖变化及环境效应分析[J].云南地理环境研究,18(2):1-5.

刘瑞,朱道林,2010.基于转移矩阵的土地利用变化信息挖掘方法探讨[J].资源科学,32(8):1544-1550.

刘盛和,何书金,2002.土地利用动态变化的空间分析测算模型[J].自然资源学报,05:533-540.

刘晓娜,封志明,姜鲁光,等,2014.西双版纳土地利用/土地覆被变化时空格局分析[J].资源科学,02:233-244.

刘勇洪,2005.基于 MODIS 数据的中国区域土地覆盖分类研究[D].北京:中国科学院研究生院.

卢玲,李新,董庆罕,2003.SPOT4—VEGETATION 中国西北地区土地覆盖制图与验证[J].遥感学报,7(03):214-220,245.

鲁春阳,齐磊刚,桑超杰,2007.土地利用变化的数学模型解析[J].资源开发与市场,01:25-27.

马洋洋,张彩霞,张继超,等,2015 辅以 NDVI/DEM 的面向对象木薯提取方法研究——以广西壮族自治区武鸣县为例[J].地理与地理信息科学,31(1):49-53.

马媛,师庆东,潘晓玲,2004.西部干旱区生态景观格局动态分析[J].干旱区地理,27(4):516-519.

满达克·苏克纳兰,2014.蒙古国乌兰巴托市空气污染防治问题研究[D].沈阳:辽宁大学.

缪丽娟,蒋冲,何斌,等,2014.近 10 年来蒙古高原植被覆盖变化对气候的响应[J].生态学报,05:1295-1301.

娜琳,2009.中蒙联手防治沙尘暴探析[J].现代国际关系,(08):13-17.

齐述华,2004.干旱监测遥感模型和中国干旱时空分析[D].北京:中国科学院.

齐述华,李贵才,王长耀,等,2005.利用 MODIS 数据产品进行全国干旱监测的研究[J].水科学进展,16(1):0057-0061.

屈冉,王昌佐,高彦华,等,2013.蒙古国与中国接壤处近 10 年植被长势遥感监测[J].安徽农业科学,41(14):6548-6551,6560.

任传帅,叶回春,崔贝,等,2017.基于面向对象分类的芒果林遥感提取方法研究[J].资源科学,39(8):1584-1591.

师华定,周锡饮,孟凡浩,等,2013.30 年来蒙古国和内蒙古的 LUCC 区域分异[J].地球信息科学学报,05:719-725.

宋富强,康慕谊,郑壮丽,等,2011.陕北黄土高原地区土地利用/覆被分类及验证[J].农业工程学报,27(3):316-324.

宋宏利,张晓楠,2012.中国区域多源土地覆被遥感产品精度分析与验证[J].农业工程学报,28(22):207-214.

苏伟忠,杨桂山,甄峰,2007.长江三角洲生态用地破碎度及其城市化关联[J].地理学报,62(12):1309-1317.

覃先林,李增元,易浩若,2005.高空间分辨率卫星遥感影像树冠信息提取方法研究[J].遥感技术与应用,20(2):228-232.

谭衢霖,Steve Johansen,2011.基于像元和对象分类的城区植被高分辨率遥感制图比较研究[J].应用基础与工程科学学报,19(3):441-448.

田静,王卷乐,李一凡,等,2014.基于决策树方法的蒙古高原土地覆盖遥感分类——以蒙古国中央省为例[J].地球信息科学学报,16(03):460-469.

王纲胜,夏军,牛存稳,2004.分布式水分模拟汇流方法及应用[J].地理研究,23(2):175-182.

王计平,杨磊,卫伟,等,2011.黄土丘陵沟壑区景观格局对流域侵蚀产沙过程的影响——斑块类型水平[J].生态学报,31(19):5739-5748.

王建芳,包世泰,2006.面向对象解译方法在遥感影像地物分类中的应用[J].热带地理,26(03):234-238,242.

王峻岭,2015.关于策克口岸边境经济贸易发展研究[J].科技与企业,(4):6-6.

王丽娟,陈兴鹏,庞芳兰,等,2007.兰州市土地利用变化及其社会驱动力研究[J].西北师范大学学报(自然科学版),02:88-92.

王灵桂,2015.蒙古国简介[M]//海丝列国志.北京:社会科学文献出版社:393-406.

王永兴,2002.新疆宏观生态的空间分异与变化[J].干旱区地理,25(1):4-9.

魏云洁,甄霖,刘雪林,等,2008.1992—2005年蒙古国土地利用变化及其驱动因素[J].应用生态学报,19(9):1995-2002.

吴健生,潘况一,彭建,等,2012.基于QUEST决策树的遥感影像土地利用分类——以云南省丽江市为例[J].地理研究,31(11):1973-1980.

吴健生,王政,张理卿,等,2012.景观格局变化驱动力研究进展[J].地理科学进展,31(12):1739-1746.

肖烨,2012.大熊猫生境适宜性评价和景观格局分析[D].南京:南京林业大学.

叶延琼,陈国阶,2006.GIS支持下的岷江上游流域景观格局分析[J].长江流域资源与环境,15(01):112-115.

于洪洋,欧德卡,巴殿君,2015.试论"中蒙俄经济走廊"的基础与障碍[J].东北亚论坛,01:96-106,128.

于敏,程明虎,刘辉,2011.地表温度—归一化指数特征空间干旱监测方法的改进及应用研究[J].气象学报,69(5):0922-0931.

余晓敏,湛飞并,廖明生,等,2012.利用改进SEaTH算法的面向对象分类特征选择方法[J].武汉大学学报·信息科学版,37(8):921-924.

岳东霞,杜军,刘俊艳,等,2011.基于RS和转移矩阵的泾河流域生态承载力时空动态评价[J].生态学报,09:2550-2558.

岳秀贤,2011.蒙古高原种子植物区系研究[D].呼和浩特:内蒙古农业大学.

战金艳,邓祥征,岳天祥,等,2004.内蒙古农牧交错带土地利用变化及其环境效应[J].资源科学,05:80-88.

张金屯,邱扬,2000.景观格局的数量研究方法[J].山地学报,18(4):346-352.

张俊,周成虎,李建新,2006.新疆焉耆盆地绿洲景观的空间格局及其变化[J].地理研究,02:350-358,371.

张雪艳,胡云锋,庄大方,等,2009.蒙古高原NDVI的空间格局及空间分异[J].地理研究,01:10-18,274.

张叶生,2011.土地整治与乡村治理协同研究[J].安徽农业科学,(16):10015-10016,10052.

赵萍,冯学智,林广发,2003.SPOT卫星影像居民地信息自动提取的决策树方法研究[J].遥感学报,7(4):309-315.

郑红星,刘昌明,王中根,2004.黄河典型流域分布式水文过程模拟[J].地理研究,23(4):447-454.

周锡饮,师华定,王秀茹,2014.气候变化和人类活动对蒙古高原植被覆盖变化的影响[J].干旱区研究,04:604-610.

朱会义,李秀彬,2003.关于区域土地利用变化指数模型方法的讨论[J].地理学报,05:643-650.

朱晓荣,2012.基于决策树的洞庭湖湿地信息提取技术研究[D].北京:中国林业科学研究院.

朱勋兵,阳利永,2011.农村土地整治与社会主义新农村建设的结合点与对策[J].安徽农业科学,(29):18224-18225,18264.

Aspinall R,2004. Modeling land use change with generalized linear models:A multi-model analysis of change between 1860 and 2000 in Gallatin Valley, Montana [J]. Environ Manag,72: 91-103.

Baatz M, Schäpe A,2000. Multiresolution segmentation:An optimization approach for high quality multiscale image[M]. In Angewandte Geographische Informationsverarbeitung XII: Beiträge zum AGIT-Symposium Salzburg.

Bakker M M, Govers G, Kosmas C, et al, 2005. Soil erosion as a driver of land-use change [J]. Agr Ecosys Environ, **105**: 467-481.

Becker F, Li Z L, 1990. Toward a Local Split Window Method over Land Surface [J]. Int J Remote Sens, **11** (3): 369-393.

Blaschke T, Griesebner G, Strobl J, 2000. Herbert Wichmann Verlag: Heidelberg, Germany: 12-23.

Cao X M, Wang J L, Feng Y M, 2016. An improvement of the $T_s$-$NDVI$ space drought monitoring method and its applications in the Mongolian Plateau with MODIS, 2000—2012[J]. Arabian Journal of Geosciences, **9** (6): 1-14.

Cao X M, Wang J L, Feng Y M, 2017. Remote sensing monitoring the spatio-temporal changes of aridification in the Mongolian Plateau based on the general $T_s$-$NDVI$ space, 1981—2012[J]. Journal of Earth System Science, **126** (4): 58.

Carlson T N, Gillies R R, Perry E M, 1994. A method to make use of thermal infrared temperature and NDVI measurements to infer surface soil water content and fractional vegetation cover [J]. Remote Sensing Review, **9**(1): 161-173.

Chubey M S, Franklin S, Wulder M, 2006. Object-based analysis of Ikonos-2 imagery for extraction of forest inventory parameters[J]. Photogrammetric Engineering & Remote Sensing, **72**(3): 383-394.

Cihar J, Huang F, 1994. Effect of Atmospheric Correction and Viewing Angle Restriction on AVHRR Composites [J]. Can J Remote Sens, **20**(2): 132-137.

Cihlar Josef, Ly Huang, Li Zhangqing, Chen Jing, 1997. Multitemporal Multichannel AVHRR data sets for land Biosphere Studies-Artifacts and corrections [J]. Remote Sensing of Environment, **60**(1): 35-57.

Deng X, Huang J, Huang Q, et al, 2011. Do roads lead to grassland degradation or restoration? A case study in Inner Mongolia, China[J]. Environment & Development Economics, **16**(06): 751-773.

Dennis C Duro, Steven E Franklin, Monique G Dubé, 2012. A comparison of pixel-based and object-based image analysis with selected machine learning algorithms for the classification of agricultural landscapes using SPOT-5 HRG imagery[J]. Remote sensing of environment, **118**, 259-272.

Frey C M, Kuenzer C, Dech S, 2012. Quantitative comparison of the operational NOAA-AVHRR LST product of DLR and the MODIS LST product V005[J]. Int. J. Remote Sens, **33**: 7165-7183.

Friedl M A, Davis F W, 1994. Source of variation in radiometric surface temperature over a tall. grass prairie [J]. Remote Sens Environ, **48**: 1-17.

Fu B J, Chen L D, 2000. Agricultural landscape spatial pattern analysis in the semi-arid hill area of the Loess Plateau, China[J]. Journal of Arid Environment, **44**(3): 291-303.

Gallo K, Lei J, Reed B, et al, 2004. Comparison of MODIS and AVHRR 160 day normalized difference vegetation index composite data[J]. Geophys Res Letters, **31**: 73-95.

Gao Bo-Cai, 1996. NDWI-A normalized difference water index for remote sensing of vegetation liquid water from space[J]. Remote Sensing of Environment, **58**(3): 257-266.

Goetz S J, 1997. Multi-sensor analysis of NDVI, surface temeerature and biophysical variables st a mixed grassland site[J]. Int J Remote Sens, **18**(1): 71-79.

Goward S N, Cruickhanks G D, Hope A S, 1985. Observed relation between thermal emission and reflected spectral radiance of a complex vegetated landscape[J]. Remote Sens Environ, **18**: 137-146.

Goward S N, Hope A S, 1989. Evapotranspiration from combined reflected solar and emitted terrestrial radiation: Preliminary FIFE results from AVHRR data[J]. Adv Space Res, **9**: 239-249.

Green K, 2009. Assessing the Accuracy of Remotely Sensed Data: Principles and Practices. 2nd ed[M]. CRC Press/Taylor & Francis: Boca Raton, FL, USA.

Griend A A, Owe M,1993. On the relationship between thermal emissivity and the normalized difference vege-
　　tation index for natural surfaces[J]. International Journal of Remote Sensing, **14** (6): 1119-1131.

Holben B, 1986. Characteristics of maximum-value composite images from temporal AVHRR data[J]. Int J
　　Remote Sens, (7):1417-1434.

Kearney M S, Rogers A S, Townshend J R G, et al,1995. Developing a model for determining coastal marsh
　　"health"[C]. Third Thematic Conference on Remote Sensing for Marine and Coastal Environments, Seat-
　　tle, Washington, 527-537.

Kexin L I, Liang T, Wang L, et al,2015. Contamination and health risk assessment of heavy metals in road
　　dust in Bayan Obo Mining Region in Inner Mongolia, North China[J]. Journal of Geographical Sciences,
　　**25**(12): 1439-1451.

Kindu M, Schneider T, Teketay D, et al,2013. Land Use/Land Cover Change Analysis Using Object-Based
　　Classification Approach in Munessa-Shashemene Landscape of the Ethiopian Highlands[J]. Remote Sens-
　　ing, **5**(5):2411-2435.

Lambin E F, Ehrlich D,1996. The surface temperature-vegetation index space for land cover and land cover
　　change analysis[J]. Int. J Remote Sensing, **17**(3): 463-487.

Lambin E F, Geist H J,2006. Land-use and Land-cover Change: Local Processes and Global Impacts [M].
　　Berlin: Springer.

Lee T Y, Kaufman Y J,1986. Non-Lambertain effects on remote sensing of surface reflectance and vegetation
　　index[J]. IEEE Trans. Geosci. Remote Sen, GE-24:699-708.

Liu L L, Liu L Y and Hu Y,2012. Comparative Analysis of Global Vegetation Phenology based on AVHRR
　　and MODIS[J]. Remote Sens Technol,Appl, **27**:754-762.

Llewellyn Jones D T, Minnett P J, Saunders R W, Zacody A M,1984. Satellite multichannel infrared meas-
　　urements of sea surface temperature of the N. E. Atlantic Ocean using AVHRR/2[J]. Quarterly Journal
　　of the Royal Meteorological Society, **110**(465): 613-631.

McClain E P, Pichel W G, Walton C C,1985. Comparative performance of AVHRR-based multi-channel sea
　　surface temperatures [J].J Geophys Res,**90**(11): 587-601.

Monteith J L,1973. Principles of Environmental Physics[M]. London: Edward Amold Press: 287.

NASA,1998. Modeling land-use and land-cover change in Europe and Northern Asia. 1999 Research Plan
　　[M]. USA:Houston: 56-68.

Navch T, Bolormaa T, Enkhtsetseg B,2006. Informal gold mining in Mongolia: A baseline survey report cov-
　　ering Bornuur and Zaamar Soums, Tuv Aimag[R].

Nemani R R,Running S W,1989. Estimation of surface resistance to evapotranspiration from NDVI and ther-
　　mal-IR ACHRR data[J]. Jouranl of Appl Meteor,**28**:276-284.

O'Neill R V, Krummel J R, Gardner R E A, et al,1988. Indices of landscape pattern[J]. Landscape ecology,
　　**1**(3): 153-162.

Paris S, Soviero V M, Schuch M, et al,2012. Assessment of topographic normalization in Jeju Island with
　　Landsat 7 ETM+ and ASTER GDEM data[J]. Modern Physics Letters B, **28**(4): 393-407.

Price J C,1990. Using spatial context in satellite data to infer regional scale evapotranspiration[J]. IEEE
　　Transactions on Geoscience and Remote Sensing, **28**: 940-948.

Sandholt,Rasmussen K, Anderson J. A,2002. Simple interpretation of the surface temperature/vegetation in-
　　dex space for assessment of the surface moisture status[J]. Remote Sensing of Environment, **79**:
　　213-224.

Sobrino I, Garcia T,1994. Biology and fishery of the deepwater Rose shrimp, Parapenaeus longirostris (Lucas，1846），from the Atlantic Moroccan coast［J］. Scientia Marina，**58**(4)：299-305.

Sobrino J A，Coll C，Caselles V,1991. Atmospheric Correction for Land Surface Temperature Using NOAA-11 AVHRR channel 4 and 5 ［J］. Remote Sens. Environ. **38**(1)：19-34.

Tischendorf L,2001. Can landscape indices predict ecological processes consistently? ［J］. Landscape Ecology，**16**(3)：235-254.

Tobu N Carlson，David A Riziley,1997. On the Relation between NDVI，Fractional Vegetation Cover，and Leaf Area Index［J］. Remote Sensing of Environment，**62**(3):241-252.

Wark D Q,Yamamoto G,Lienesch J H,1962. Methods of estimating infrared flux and surface temperature from meteorological satellites［J］. Journal of Atmospheric Sciences，**19**(5):369-384.

Yu H Y，Lue D L E and Xu J C,2010. Winter and spring warming result in delayed spring phenology on the Tibetan Plateau［J］. Proc Natl Acad Sci,**107**:22151-22156.